W0242179

STORIE

Degli stessi autori,
nelle edizioni Cairo:
La grande storia di Padre Pio

www.cairoeditore.it/libri

ISBN 978-88-6052-241-2

© 2009 CAIRO PUBLISHING S.r.l.,

I edizione: settembre 2009
II edizione: settembre 2009
III edizione: ottobre 2009
IV edizione: ottobre 2009

Finito di stampare nell'ottobre 2009

Sandro Mayer e Osvaldo Orlandini

La grande storia di Gesù

CAIRO EDITORE

1

C'era una volta un villaggio di nome Nazaret. Si trovava in quella che veniva chiamata Terra d'Israele e che poi prese il nome di Palestina. Era un villaggio adagiato sulle colline, coltivate a vite e a ulivi, a frumento e a orzo. Devi sapere, lettore, che nei giorni in cui comincia la storia che leggerai, a Nazaret c'erano circa trecento abitanti, in gran parte contadini, pastori e artigiani. Gente che non conosceva la ricchezza ma neppure la povertà; che viveva del proprio lavoro; che mangiava ciò che la natura offriva. Le strade erano sentieri sassosi e i bambini giocavano negli angusti crocicchi. Le case erano "buchi", grotte naturali o scavate nella roccia, le stanze erano fatte con pareti di fango e paglia. Per conservare più a lungo il cibo venivano create delle buche protette dal sole e dal caldo. Si dormiva su paglierici. L'acqua si andava a prenderla presso le sorgenti e i pozzi. La luce arrivava soltanto dalla porta. Eh, già, la luce: a Nazaret c'era quella del giorno e, la sera, quella dei falò e dei camini. C'erano anche le fiaccole intinte nell'olio ma soltanto nelle case di qualche commerciante.

Ai tempi che stiamo per raccontare, lettore, la Palestina era abitata dagli ebrei: la loro lingua era l'aramaico, ma molti conoscevano anche il greco e lo usavano. Gli ebrei erano arrivati in Palestina, dopo essere fuggiti dall'Egitto, guidati da Mosè per scampare alle ire del faraone, e chiamavano il loro territorio "la terra promessa". Allora era divisa in province. Mentre a occidente, per tutta la sua lunghezza, era bagnata dal Mar Mediterraneo, all'interno era attraversata dal fiume Giordano che, dopo avere formato il lago di Gennesaret, si spegneva nel mare chiamato Morto perché la sua acqua era fortemente salata e priva di pesci, il contrario del lago dove i pesci attendevano solo di essere pescati. A occidente del Giordano c'era la provincia della Giudea, con le città Gerusalemme, Betlemme, Emmaus, Primatea, Betania, Gerico. Poi c'era la provincia di Samaria, con le città Sebaste e Sichem; l'Idumea con le città Masada e Ebron; e la provincia di Galilea, con le città Nazaret, Cana, Sefforis, Naim, Magdala e Cafarnao; a oriente, sull'altra sponda del Giordano, c'erano le province di Perea, con le città Macheronte e Betania di Perea; la provincia Decapoli con Filadelfia, Gerasa e Pella e infine le province di Batanea, di Traconitide e di Auranitide con le città Cesarea, Betsaida. La capitale era Gerusalemme, considerata la Città Santa, perché qui, dicevano i profeti, sarebbe arrivato il Messia, il figlio di Dio. Aveva tra le mura il Tempio, il luogo che, oltre a essere il centro di culto e di preghiera degli ebrei, era il posto dove si decidevano le sorti politiche del Paese.

Come quasi tutto il mondo di allora, anche la Palestina faceva parte dell'Impero romano e su tutti comandava l'imperatore Cesare Ottaviano Augusto. Al nostro tempo a governare la Palestina c'era Erode il Grande, che aveva ottenuto dal senato romano il titolo di "re dei giudei", perché la reggia si trovava nella grande provincia della Giudea. Erode era un uomo ambizioso che si considerava onnipotente. Era stato lui a completare il Tempio voluto da re Salomone, inaugurato proprio quattro anni prima di questa storia e di cui attualmente resta solo un muro, detto "il muro del pianto". Tra il popolo vigevano diverse correnti religiose: quella dei farisei, ebrei che erano profondamente rispettosi sia della legge scritta nell'Antico Testamento, data da Dio a Mosè, sia della legge tramandata a voce dai dottori della Legge detti "scribi"; quella dei sadducei che credevano invece solo nella legge scritta; quella degli zeloti, i più estremisti, per i quali non poteva esserci altro re all'infuori di Dio: odiavano Roma, si rifiutavano di pagare le tasse e spesso sferravano attacchi terroristici contro i soldati romani. Infine c'era la corrente degli esseni: gruppi religiosi che vivevano in comunità, come eremiti, nel deserto. A Gerusalemme c'era il Sommo Sacerdote, che era nominato per un anno dal re: quando inizia la nostra storia era Anna e lo aveva scelto Erode il Grande. Il Sommo Sacerdote era il capo religioso e, alla scadenza del suo mandato, poteva essere riconfermato o sostituito. Sotto di lui c'erano i sacerdoti incaricati di svolgere le funzioni religiose nel Tempio o nelle sinagoghe; si diventava sacerdoti solo per via ereditaria e se si apparteneva alla tribù di Levi, figlio di Giacobbe, l'antico capofamiglia della Bibbia. Insieme con Anna, l'autorità religiosa era rappresentata dal Sinedrio, il tribunale formato dai sommi sacerdoti non più in carica, dai capi delle famiglie dei sacerdoti e dagli Anziani del popolo, considerati i saggi e, infine, dagli scribi, cioè i dottori della Legge. Il Sinedrio aveva ampi poteri in campo religioso e civile, con solo qualche limite: per esempio, non potevano condannare a morte; questo poteva farlo solo il re, Erode il Grande. Più avanti però, e ricordalo, lettore, perché nella vicenda è importante, Roma si arrogherà il diritto di condannare a morte e ne affiderà il compito al suo procuratore, che sarà Ponzio Pilato.

In ogni città e villaggio la vita religiosa aveva per centro la sinagoga, che era guidata dal rabbino, il ministro del culto della religione ebraica. La sinagoga era un edificio di forma rettangolare, diviso in due settori: uno per gli uomini e un altro, delimitato da una grata, per le donne. Un armadio conteneva le Sacre Scritture, rotoli di pergamena su cui c'era scritto il Vecchio Testamento con le leggi di Mosè, che venivano lette e commentate dal rabbino o da un fedele. Nella grande sala c'erano delle panche di legno dove sedevano i fedeli per ascoltare.

Qui, lettore, quindi, nel tempo in cui Cesare Augusto era imperatore di Roma ed Erode il Grande re della Giudea, inizia la nostra storia. Quella che stai per leggere è una storia bellissima. È la storia di un uomo che uomo non era: ma che ha vissuto come un uomo, che ha amato come un uomo e che ha sofferto come nessun altro uomo ha mai sofferto. È una storia che ha segnato l'animo degli uomini; che ha dato speranza a tutti gli abitanti della Terra; che ha diviso tanto ma che ha tanto unito. È una storia che sembra una favola, invece è storia vera, che noi racconteremo come un romanzo attingendo alle fonti ma anche ricostruendo come noi, e tanti come noi, immaginano che sia avvenuta, descrivendo quindi anche luoghi, dialoghi, emozioni, come non li trovi in nessuna fonte ma che sono racchiuse nel cuore dei tuoi romanzieri e forse anche nel tuo.

Ti dicevo, dunque, lettore, di Nazaret, di questo villaggio sconosciuto della Galilea che ora conosci ma allora non era ancora il luogo più famoso del mondo, perché la storia non era ancora iniziata.

La storia incominciò di sabato, il giorno di festa. Con l'apparizione delle prime stelle, che segnarono la fine del venerdì, tre suoni di corno comunicarono l'inizio del giorno dedicato al Signore: il sabato, appunto. Da quel momento ogni attività fu sospesa. Le donne avevano preparato il cibo. La cena era stata gioiosa perché non ci si preparava al giorno dedicato al Signore con la tristezza.

La mattina, tutti gli abitanti erano nella sinagoga. Quel sabato in cui il freddo era particolarmente pungente nonostante si fosse solo all'inizio dell'inverno, nella piccola sinagoga del villaggio di Nazaret, la riunione era accesa.

«È una vergogna», gridò Elia, un contadino che era appena tornato a casa dopo la settimana di lavoro a Sefforis, a sette chilometri a nord di Nazaret. «Questi romani ci trattano come schiavi. Che cosa significa questo editto dell'imperatore Ottaviano Augusto? È una follia ordinare il censimento generale qui in Palestina».

«Calmati, Elia, questo tono è fuori luogo qui, in sinagoga. Un censimento... Di che si tratta?», domandò l'anziano rabbino Simone, grattandosi la lunga barba che per tradizione tutti gli ebrei adulti portavano.

«Simone, tu sei un uomo di fede e conosci a memoria i testi sacri, ma sembri non capire la situazione... Il legato romano in Siria, Quirinio, sta organizzando per conto dell'imperatore la registrazione di tutti gli ebrei di Palestina. Capisci, Simone? Ci vogliono contare per sapere quanti siamo... Il popolo non sarà contento. Questa cosa è contraria alle nostre tradizioni. È una vergogna. Chiedere un censimento significa non rispettarci».

«Ma perché?», domandò il vecchio rabbino.

«Perché ogni ebreo ha le sue radici nel luogo in cui ha origine la sua famiglia, non nel posto dove vive. Questo, mio caro, costringerà molti di noi a mettersi in viaggio per ritornare nei luoghi dei genitori, dei nonni, dei bisnonni. Ti rendi conto?».

«Hai ragione Elia», intervenne Clofa il fabbro. «Ormai siamo diventati servi di Roma e nessuno ci difende, neppure questa sanguisuga di re che ci governa e che non è neppure un ebreo. Ma non facciamo come gli zeloti che odiano i romani e contestano ogni decisione. Certo, non li amiamo. Ma abbiamo forse altra scelta? Se è vero quel che dici, Elia, dobbiamo viaggiare e farci registrare».

«Dimmi un po', come dovrebbe avvenire questo censimento?», sussurrò Giuseppe il falegname.

«Questo è il punto», disse Elia, guardandolo negli occhi. «Siccome io e te, Giuseppe, siamo della tribù di Giuda e della stirpe di re Davide che è originaria di Betlemme, a quel che so, dovremo metterci in viaggio per farci iscrivere nei registri di laggiù».

Giuseppe impallidì, ma non disse nulla. Il rabbino Simone lo guardò ma neppure lui fece commenti. Lo sapevano tutti, a Nazaret, che la giovanissima moglie di Giuseppe, Maria, figlia di Anna e di Gioacchino, aspettava un bambino.

«Anch'io vengo dalla Giudea e... dovrò lasciare i miei campi per il censimento? I miei figli sono ancora piccoli...», balbettò Amos che coltivava un appezzamento di grano sulle colline attorno al villaggio. Suo fratello Ezechia, che possedeva anche lui un appezzamento, ma più brullo, dove pascolava pecore e montoni, sbottò: «E a chi lascio le mie bestie? Mia moglie ha già da macinare il grano e da tessere. Non può condurre anche il gregge al pascolo!».

«Non avete capito», ribatté spazientito Elia. «Anche tua moglie deve venire. Insomma ognuno deve partire per i luoghi dove sono nati i suoi avi e registrarsi. Anche le mogli e i figli. Fortunati quelli che sono di qui, della Galilea! Noialtri dovremo anche spendere per il viaggio gli ultimi spiccioli di rame».

Nella piccola sala della sinagoga scese il silenzio. Pochi condividevano la rabbia di Elia, ma tutti sapevano bene che Erode godeva di una rendita annuale di tredici milioni di denari grazie alle imposte sui prodotti agricoli, mentre in Galilea ognuno di loro doveva faticare dodici ore al giorno per guadagnare il mangiare quotidiano. Anche se allora bastava poco per vivere, la vita per molti era dura. Un'anfora di olio d'oliva costava un denaro, un asinello appena nato tre denari, un agnello quattro; per un vitello, ci volevano ben venti denari e a Nazaret erano pochi quelli che possedevano una mucca. Un contadino non portava a casa più di quattrocento denari all'anno e con quelli doveva sfamare e vestire la numerosa famiglia. Gli artigiani, come Giuseppe il falegname, guadagnavano un po' di più, soprattutto se, come Elia, ogni tanto se ne andavano in città, a Sefforis, per ottenere una nuova commessa di lavoro in qualche cantiere sempre aperto. Di ricchi, però, a Nazaret ce n'erano pochissimi. Gli ebrei agiati, come i funzionari, gli esattori delle tasse, chiamati pubblicani e disprezzati da tutti, i proprietari terrieri, i grandi sacerdoti e le loro famiglie preferivano le belle città come Naim o Sefforis in Galilea, Gerusalemme o Gerico o, qualche anno più tardi, Cesarea Marittima in Giudea. Lì la vita offriva tutti i lussi che i romani avevano creato in Palestina: grandi terme, teatri, anfiteatri, ville, giardini, banchetti, massaggi con oli profumati a base di prezioso nardo, schiave e schiavi a disposizione. In compenso però in tutta la Palestina i romani avevano reso l'istruzione obbligatoria. Ogni villaggio aveva la scuola e i bambini dovevano frequentarla.

La moneta corrente era il siclo: un siclo corrispondeva alla paga per due giorni di lavoro. Poi c'erano monete di minore valore: il denaro che corrispondeva alla paga per un giorno di lavoro, la ghera che corrispondeva al valore di un ventesimo di siclo. E c'erano monete di maggior valore: la mina che corrispondeva a cinquanta sicli e il talento che corrispondeva a sessanta mine.

Nei dintorni di Nazaret, ai piedi del Monte Tabor, o più a sud, verso la fertile vallata di Iezreel, si incontravano grandi e ricche fattorie fondiarie circondate da ettari di fertili terre: vere e proprie cittadelle, con un frantoio per l'olio, strutture per la pigiatura dell'uva, cantine in cui riporre le giare di vino, cinquanta, sessanta, talvolta anche cento tra servi, amministratori, contabili, mezzadri e schiavi di guerra. Gran parte delle terre coltivate della Galilea erano nelle mani di ricchi proprietari; il resto era frazionato in piccoli appezzamenti, come quelli coltivati da Amos, o in pascoli non arabili, come quelli posseduti da suo fratello Ezechia. Avrai capito, lettore, che per loro, come per tutti i nazareni originari della Giudea, il decreto romano che imponeva il censimento era proprio una brutta notizia perché Nazaret distava da Betlemme centoquaranta chilometri: un viaggio di almeno cinque giorni.

«Dobbiamo formare una piccola carovana, Giuseppe», disse Elia in sinagoga, una settimana più tardi, quando le voci del censimento si erano ormai tramutate in certezza. «Attraverseremo la Samaria insieme, sui nostri animali, accanto alle famiglie di Amos ed Ezechia. In gruppo, sarà più facile proteggerci dai predoni samaritani e aiutarci. Poi, dopo essere passati da Gerusalemme, Amos ed Ezechia si fermeranno a Betania, mentre noi due con le nostre famiglie scenderemo a Betlemme».

Giuseppe, il falegname, si guardò i calzari e sospirò: «Maria è all'inizio del nono mese. Il viaggio per lei sarà faticoso, forse anche pericoloso».

«Ce la faremo, Giuseppe», disse finalmente più calmo Elia, rivolgendosi al cugino. «E ce la farà anche Maria. Lei è giovane. E poi tu la aiuterai e la aiuteremo tutti: stai sereno», lo rassicurò.

In silenzio, Giuseppe uscì dalla sinagoga, scese le scale di pietra e imboccò un viottolo di terra battuta. Essendo sabato, il giorno festivo, nessuno lavorava; nell'aria non c'era odore di cibo poiché di festa non si cucinava né si accendeva il fuoco. Giuseppe camminò tra sentieri silenziosi. All'improvviso, udì il pianto d'un bambino e si fermò. Chiuse gli occhi per un istante. Si dovette appoggiare al muro quando la vertigine lo sommerse, di sorpresa. Si riprese: «Mi sono sentito mancare, perché per un attimo ho temuto che fossi tu a partorire», spiegò a Maria quando rientrò a casa.

Due giorni prima del viaggio, mentre Elia dava gli ultimi ordini ai muratori del cantiere di Sefforis dove lavorava, Giuseppe consegnò due rastrelli a pettine e una ramazza a un compaesano che glieli aveva ordinati e caricò sull'asino le due porte che gli erano state commissionate dal contadino nei dintorni di Cana, un villaggio poco lontano. Il giorno successivo, Elia e Giuseppe, con l'aiuto delle mogli, finirono di preparare le bisacce con le provviste per il viaggio.

Maria riempì due cestelli intrecciati con un po' di fichi secchi e una macedonia di mele essiccate condite con semi di sesamo arrostiti. Nella bisaccia ripose con cura anche un recipiente di terracotta colmo di olive conservate in olio, un contenitore in cui aveva adagiato tre formaggelle di capra, quattro cipolle sciolte e un involto di tela grezza che conteneva una decina di focacce, cotte con la farina di grano che aveva faticosamente macinato a casa, con la pietra.

«Vado alla fonte a prendere l'acqua per il viaggio», disse Maria sorridendo al marito.

«No, vado io», disse pronto Giuseppe strappandole il recipiente di terracotta.

«Ma Giuseppe... tu sei stanco...».

«E tu sei incinta».

«Ma io sono giovane...».

«Come dire che io sono vecchio?».

«Non essere permaloso, lo sai che scherzo».

Lui le osservò il viso luminoso: quando sorrideva, si disegnavano due fossette sulle guance rotonde e lisce, da quindicenne. Era bellissima. Non si sarebbe mai stancato di guardarla, e con gli occhi le accarezzò il ventre gonfio e voluminoso. «No, vado io. Tu prendi il vaso con il miele vergine accanto alla grande giara, e mettilo nella bisaccia».

«Noi non abbiamo in casa miele d'api!», si lamentò Maria.

«L'ho comprato io, in una fattoria di Cana, ieri».

«Perché Giuseppe? Non possiamo permettercelo, costa quasi il terzo di un denaro d'argento!».

Giuseppe non rispose. Prese l'otre per l'acqua e, mentre usciva dal cortile, si voltò a guardarla: «L'ho comprato per te».

Maria l'osservò uscire e quando restò sola sorrise con gli occhi e con le labbra. Le sue graziose fossette sembrarono danzare. Le piaceva ogni tanto punzecchiare il marito.

Partirono poco prima dell'alba. Amos e la sua famiglia guidavano la piccola carovana; alla vecchia mula, l'agricoltore aveva attaccato un carretto stipato di provviste e involucri di ruvida stoffa di cotone, in mezzo ai quali si erano addormentati i suoi due figli, un maschietto e una bambina alti come una giara; sulla mula era salita la moglie, coperta da un mantello che le nascondeva il volto e i capelli, come da tradizione. Amos camminava in testa e Giuseppe lo seguiva, impugnando un lungo bastone di legno per allontanare i cani randagi e i serpenti che avrebbero potuto incontrare lungo il cammino. Maria sedeva su un asino e il suo lungo velo copriva la bisaccia, mentre l'otre in pelle colma d'acqua e un grosso rotolo di stoffa pendevano dai fianchi dell'animale al quale erano legati da un fitto cordame. I due figli maschi di Elia e Sara si erano sistemati su un carro, tirato dal mulo più robusto del paese. Elia ed Ezechia con sua moglie seguivano a piedi chiudendo la carovana. Nessuno aveva voglia di parlare.

Il viaggio fu lento, spossante, soprattutto in Samaria, dove i sentieri polverosi costeggiavano e si inerpicavano lungo la distesa di colline, torcendosi secondo le asperità del territorio. Ogni curva faceva sussultare il cuore di Amos che temeva gli assalti di qualche predone samaritano, affamato e mal disposto contro gli ebrei di Galilea e Giudea.

Devi sapere, lettore, che all'epoca tra ebrei e samaritani non correva buon sangue. Gli ebrei consideravano i samaritani dei "gentili", cioè dei "non ebrei", perché erano discendenti dei coloni asiatici insediati laggiù dagli assiri, molti secoli prima. In origine adoratori di un'infinità di idoli, i samaritani si erano in seguito convertiti alla fede nell'unico Dio, creatore dell'universo, ma avevano innalzato un loro tempio sul Monte Garizim e non riconoscevano la santità del Tempio di Gerusalemme, il centro dell'intensa vita religiosa di tutto il popolo ebraico. Per Amos, come per la maggioranza degli altri ebrei, i samaritani erano un altro popolo, un'altra gente, persone impure.

A ogni curva, sussultava anche Giuseppe che non riusciva a placare l'ansia per le condizioni della moglie. La osservava spesso, senza che lei se ne accorgesse. Le sfiorava la mano, in silenzio, ogni volta che stringeva le corde sui fianchi dell'asino e controllava la tenuta del carico. Le porgeva l'otre con l'acqua nelle brevi soste, ma non riusciva ad accarezzarla come suo cugino Elia accarezzava sua moglie Sara. Avrebbe voluto sfiorarle il viso, cingerle le spalle ma non osava.

Elia, Sara, con i loro due figli, e Giuseppe con Maria arrivarono a Betlemme il pomeriggio del quarto giorno di viaggio, stanchi e coperti dalla sottile polvere che esalava dall'arida terra di Giudea a ogni lieve soffio di vento. Si erano separati da Amos ed Ezechia in mattinata, a Betania, poco prima di Gerusalemme, ma poi, dopo avere superato la capitale della Giudea, si erano dovuti fermare perché Maria si era fatta più pallida. Le sue guance risplendevano come candido alabastro, lasciando intravedere la sottile rete dei capillari azzurrini; gli occhi si erano fatti stranamente luminosi, mentre le fossette erano scomparse dalle guance. Giuseppe si era spaventato e non aveva voluto procedere nel cammino.

Sara, la moglie di Elia, si avvicinò al marito. «Elia, Maria sta per partorire», gli sussurrò in un orecchio per non farsi sentire da Giuseppe.

«Ma che dici, Sara! Non ha ancora le doglie».

«Io ho partorito due maschi per te e so quello che dico. Ascoltami, Maria è vicina. Non possiamo fermarci qui, lungo la strada. È meglio arrivare a Betlemme. È più sicuro».

«Sì, hai ragione, dobbiamo ripartire».

«Convinci Giuseppe. Maria non può partorire ai bordi della strada, tra tutti questi mercanti, filistei, viaggiatori e soldati romani».

Elia si voltò. Le strade della Giudea, a sud di Gerusalemme, traboccavano di gente: lunghe carovane, con i cammelli stracarichi, procedevano lente in direzione della rotta costiera che conduceva alla terra dei Faraoni, in Egitto, mentre gruppi di legionari romani a piedi e centurioni a cavallo chiedevano strada a gran voce. I mercanti diretti a sud trasportavano le giare di vino e olio comprate in Giudea, mentre i vasai di Ebron diretti a nord sferzavano i muli perché trascinassero i pesanti carretti pieni di mercanzia pronta alla vendita. La polvere si infilava ovunque, anche nel naso, e le voci dei viaggiatori si mescolavano in un brusio incessante; le smozzicate parole del dialetto aramaico della gente di Galilea, in marcia come Giuseppe ed Elia per il censimento, si mescolavano alle urla dei mercanti in aramaico giudeo e alle chiacchiere dei viandanti che parlavano in greco, in un concerto senza fine e senza grazia.

«Andiamo, Giuseppe. Dobbiamo arrivare in tempo a Betlemme. Lì potrai trovare un riparo a tua moglie».

Così, rallentati dalla folla e dall'ansia di Giuseppe, ripresero la marcia e, con le gambe avvolte di polvere e stanchezza, si avvicinarono al grande caravanserraglio di Chamman, il tradizionale luogo di sosta per viaggiatori e carovane, situato ai piedi dell'ampia collina su cui si serravano le basse case di Betlemme, nove chilometri a sud di Gerusalemme.

Il gruppo di Elia e Giuseppe attraversò l'ampia porta ed entrò nel caravanserraglio: era un ampio spazio a cielo aperto, circondato da quattro muri lungo i quali correva uno stretto porticato. Al centro del cortile, alla luce del tardo pomeriggio, Giuseppe vide una bolgia infernale di cammelli, asini, muli, cavalli, carri, carretti e masserizie d'ogni forma e dimensione, gettate alla rinfusa dove c'era spazio. L'odore puzzolente che saliva dal letame e dalle bestie penetrava nelle narici con violenza. Sotto i portici, si erano accampati i viaggiatori, i mercanti e le loro famiglie. Giuseppe sgranò gli occhi, vide corpi ammassati gli uni sugli altri. C'era chi piangeva, chi pregava, chi rideva o discuteva di affari e di soldi; c'era chi mangiava, chi cantava e chi dormiva su una stuoia di paglia, sul mantello o sulla terra battuta. Ogni angolo sembrava rigurgitare di gente: non c'era più spazio per nessuno. Giuseppe impallidì.

«Giuseppe, vado a chiedere ai guardiani se ci sono dei posti a pagamento. Aspettami», disse Elia.

Giuseppe si avvicinò a Maria, aggrappata all'asino. Lei chiuse gli occhi e strinse le labbra. C'era un odore cattivo, insopportabile.

«Non temere Maria, troverò un riparo. A qualunque costo. Qualunque. Te lo prometto».

Maria strinse la mano del marito. Lo guardò e sorrise; i suoi occhi si illuminarono.

Giuseppe guardò quegli occhi pieni di luce e le sussurrò: «Come stai? Pensi di farcela?».

«Stai tranquillo, Giuseppe. Ce la farò. Non voglio crearti più problemi di quelli che hai».

«Lo so, lo so che sei forte, Maria. Anche se non capisco da che cosa provenga tutta questa forza». Giuseppe finì la frase e alzò gli occhi al cielo e pensò: "Invece lo so, io lo so".

In quel momento tornò Elia. «Qui non c'è più posto, nemmeno per cento denari!», gridò.

«Oh, Signore, aiutaci!», mormorò Sara; Giovanni, il più piccolo dei suoi maschi, incominciò a piagnucolare.

«Il guardiano mi ha anche avvertito che trovare un altro alloggio in paese è difficile. Maledetto censimento! Maledetti romani!». La voce di Elia vibrò di rabbia.

«Smettila», lo interruppe decisa Sara, con un colpo di gomito nel fianco del marito. «Vuoi che qualcuno ti senta? E che ti denunci agli uomini di Erode? Talvolta sembri uno zelota per le cose che dici contro i romani».

Elia strinse le mascelle e prese in braccio il suo piccolo Giovanni in lacrime. Giuseppe si guardò i calzari, aggrottò le sopracciglia e a voce bassa mormorò: «Qui, a Betlemme, vivono i nostri lontani parenti. Ci sono i figli di Esli, i figli di Zaccaria. Forse qualcuno di loro può darci ospitalità».

«Ma certo!», gridò Elia. «Hai ragione, la stanchezza mi ha reso stupido! Saliamo al villaggio; chiederemo dove sono le loro case, strada facendo».

Si avviarono, alla luce obliqua del tramonto, lungo l'arida salita che conduceva alle prime case aggrappate alla collina. L'aria pungente dell'inverno di Giudea iniziava a farsi sentire. Non era così fredda la Galilea: lungo il Giordano, il clima era tanto mite da fare crescere le palme da datteri; Nazaret era più fresca, ma d'inverno un mantello di lana sulla tunica bastava a smorzare i brividi.

«Hai freddo?», domandò premuroso Giuseppe alla moglie.

«No. Non ancora», sussurrò lei.

Elia domandò a un uomo di passaggio se conosceva le case dei figli di Esli e di Zaccaria.

«I figli di Esli abitano sull'altro versante della collina. Ma tu sei un galileo, non è vero? Lo sento dal tuo accento che sei di lassù; i figli di Zaccaria e le loro botteghe artigiane sono qui vicino, a tre passi dal grande sperone di roccia, a due curve di questa via».

Giuseppe, Maria, Elia, Sara e i loro figli percorsero gli ultimi tornanti con il cuore gonfio di speranza e paura. Giunti a una grande casa, bussarono alla porta e un giovane, con un po' di titubanza, li fece entrare nell'ampio cortile. Tre bambini schiamazzavano giocando con i dadi in pietra, mentre dalla brace, stretta in un angolo della corte, si levava il profumo dei piccioni che arrostivano per cena. Accanto al fuoco, una donna senza il velo stava riscaldando tre grandi focacce di pane e una ragazzina accovacciata a terra puliva con cura foglie di ruta, menta, erba cipollina e senecione.

Un uomo dalla lunga barba spruzzata di bianco sbucò di corsa da una tenda, asciugandosi frettolosamente le mani in uno strofinaccio.

«Sono Nataniele, il mosaicista; sono il figlio di Zaccaria. Siate i benvenuti nella casa mia, dei miei fratelli e dei miei figli. In che cosa posso aiutarvi?».

«Ciao, Nataniele, come sono contento di conoscerti. Non immaginavo che Zaccaria avesse figli così grandi», rispose Giuseppe che aveva qualche anno in più di Elia e dunque poteva parlare a nome di tutti. «Siamo qui per il censimento e non abbiamo trovato un posto per dormire a Chamman né per noi, né per le nostre mogli e i nostri figli».

Nataniele guardò Maria. Era scesa dall'asino, con l'aiuto di Sara e del marito, e il lungo velo che le scendeva dal capo le nascondeva il viso. Nulla, però, poteva occultare la rotondità del suo ventre. Nataniele posò lo sguardo anche su Elia, Sara e i due piccoli maschietti aggrappati alla lunga tunica della mamma.

«Certo! A te Giuseppe non posso proprio dire di no. Siamo entrambi discendenti di Davide, il re di Israele, nostro antenato», disse Nataniele.

«Sì», confermò Giuseppe, «anche se essere discendenti di un re, che annunciò l'arrivo su questa Terra di un Messia appartenente alla sua stirpe, ci provoca soltanto guai. Meglio non dirlo in giro, credimi, che siamo figli di Davide. Come vedi, per questo censimento abbiamo dovuto affrontare un viaggio duro».

«Ora sei qui, caro cugino. Una sistemazione la troveremo. Ho uno spazio molto ben riparato sul tetto», disse premuroso Nataniele.

Non ti sorprendere, lettore, di questa singolare proposta. In tutte le basse case della Giudea, così come in quelle della Galilea, molte attività quotidiane si svolgevano sui tetti, spazi ampi e piatti che non conoscevano né tegole né camini. Le case, quasi tutte a un piano, avevano un soffitto di canne appoggiato su robuste travi in legno di cedro o cipresso; al di sopra di questa struttura, si usava pressare uno strato di argilla che ogni anno veniva ricompattato con un rullo prima dell'arrivo delle scarse piogge invernali. Così, i tetti potevano costituire uno spazio domestico in più, dove si poteva chiacchierare, tessere, cullare un bimbo o pregare guardando il cielo terso.

«I tuoi bambini potranno difendersi dal freddo con le coperte di buona lana che mio figlio Simone vi porterà», disse Nataniele, guardando Elia; poi gettò lo sguardo sul viso segnato di Giuseppe. «Ma temo che il tetto non sia un buon riparo per tua moglie né per quel piccolo che, sono certo, sta per nascere».

Giuseppe sospese il respiro per un istante, ma i suoi occhi non tradirono alcuna emozione. Non poteva. Doveva essere forte per la sua sposa.

«Per te e tua moglie, Giuseppe, possiedo un riparo più adatto dove potrete restare soli, se sarà necessario», aggiunse Nataniele con un'espressione bonaria. «È una grotta che uso come stalla. Credo che non possiate trovare niente di meglio per stanotte».

«Ti ringrazio, Nataniele. Ti ringrazio tanto», sussurrò Giuseppe, stanco e preoccupato all'idea che il suo bambino sarebbe nato in una stalla.

Nataniele sorrise. «Volete mangiare con noi o preferite che vi accompagni subito al riparo?».

Giuseppe guardò Maria.

«Andiamo ora, se tu vuoi», sussurrò lei.

«Nataniele, preferiamo andare subito. Siamo stanchi», fu deciso Giuseppe.

Nataniele guardò il ragazzo che aveva aperto la porta di casa agli ospiti. «Simone, prendi due coperte di lana e portale nell'angolo di tetto che è sopra la mia bottega. Di' a tua sorella di mostrare a nostro cugino Elia e alla sua famiglia dove lavarsi le mani. Io tornerò tra poco». Nataniele batté la mano sulla spalla di Giuseppe quasi a rassicurarlo: «Prendo per te una piccola lampada a olio e poi vi accompagno».

Giuseppe aiutò Maria a salire sull'asino. Sara si avvicinò.

«Sei così giovane, Maria, e io mi intendo di bambini, ne ho fatti due. Vuoi che resti con te questa notte? Ti potrei aiutare».

«Sara, ti ringrazio ma non preoccuparti. Me la caverò. Ti farò chiamare... se occorrerà».

Uscirono di casa. Faceva freddo e l'oscurità copriva ogni cosa. Nataniele sorreggeva la lampada a olio con una mano e con l'altra riparava la debole fiammella che tremolava dalla rotonda bocca disegnata nell'argilla e indurita nella fornace. Faceva strada, a passo lento, fra gli stretti vicoli di Betlemme; poi svoltò verso il fianco della collina e nel giro di pochi minuti arrivarono.

La grotta poteva essere lunga cinque metri e larga quattro. In fondo si sentiva il respiro sbuffante del bue che ruminava un mucchio di foglie e di foraggio. «È tutto qui», disse ancora Nataniele rivolgendosi a Giuseppe e guardando sconsolato Maria. «Ma non ho un'altra sistemazione. Qui almeno potrete riposare».

«Giuseppe, fai scendere Maria... Ora, tieni fermo l'asino. Siamo arrivati».

«Grazie di tutto», disse Giuseppe avvicinandosi a Maria per aiutarla a scendere dall'asino.

«Se stanotte tu dovessi avere bisogno di aiuto, io e mia moglie saremmo pronti a correre qui da te e mia figlia avvertirebbe in fretta la levatrice. Se... ecco... insomma... non indugiare a chiamarmi... te ne prego», disse Nataniele restando all'ingresso.

«Vai a casa, Nataniele. Hai già fatto molto per noi e non voglio darti altro fastidio. Ti chiamerò se sarà necessario», lo rassicurò Giuseppe, con gratitudine.

Quando Nataniele uscì dalla grotta, Giuseppe prese il suo mantello e lo stese sulla paglia pulita perché Maria vi si potesse adagiare. Scaricò l'asino, lo mise vicino al bue, sistemò la paglia per farlo mangiare. Poi, finalmente, sfinito, si sedette accanto alla moglie.

«Hai sete, Maria?».

Lei scosse dolcemente il capo.

«Vuoi un po' di miele, Maria?».

Lei sorrise e scosse nuovamente il capo. Cercò la mano del marito e la strinse. Lui allora capì.

Prese lo sgabello e lo avvicinò, facendo attenzione a non fare cadere la lampada a olio. Prese un involto che aveva scaricato dal mulo e srotolò due grandi pezze pulite di cotone grezzo. Prese la borraccia in pelle e si versò un po' d'acqua sulle mani per ripulirle e purificarle. Si accorse che l'acqua era ormai alla fine e si guardò attorno. Accanto alla mangiatoia, c'era una giara chiusa. "Gli animali mangiano e bevono e qui deve esserci dell'acqua", pensò. Sollevò il coperchio della giara, riempì d'acqua l'otre, prese un coltello dalla bisaccia, lo sciacquò e ritornò accanto alla moglie.

Lei aveva gli occhi chiusi e sembrava percorsa da un brivido.

Lui le prese la mano.

Maria aprì gli occhi e lo guardò. Il suo respiro si era fatto irregolare e più pesante, ma il suo viso era rimasto luminoso, la pelle liscia e immacolata, la linea delle sopracciglia perfetta e distesa come il giorno in cui lui l'aveva incontrata per la prima volta. Giuseppe le strinse la mano e chiuse gli occhi.

2

Maria aveva dodici anni quando Giuseppe l'aveva vista per la prima volta a Sefforis, mentre camminava timidamente accanto alla madre Anna e dietro al padre Gioacchino, figlio di Mattia. Poi lei era rimasta sola: perse prima il padre, subito dopo la madre. «È sola, senza protezione», disse un giorno il sacerdote a Giuseppe portandolo da parte nella sinagoga. «Tu sei scapolo. E hai più di quarant'anni. Maria è giovane ma non può vivere così senza un uomo vicino. Maria è dolce e gentile, sarà per te la sposa ideale».

«Ma ho quasi trent'anni più di lei», si preoccupò Giuseppe, che per la verità non dimostrava i suoi anni: bello, le spalle atletiche, alto, la barba lunga nerissima che gli incorniciava il viso facendo risaltare il verde chiaro dei suoi occhi, era un uomo che le donne guardavano.

«Non è l'età che conta nel matrimonio», ribatté il sacerdote. «È l'amore. Se saprai amarla, Maria è la donna giusta per te: lei ha perduto i genitori quando ancora era bambina. Ha bisogno di avere accanto un uomo maturo, che sappia proteggerla, guidarla».

«Maria mi piace», ammise Giuseppe. «Mi piace molto. Sento che l'amerò per sempre. È vero... ma...».

«E allora? Non c'è un "ma"».

Giuseppe si convinse compiaciuto e, con gli occhi che

mostravano felicità, sussurrò: «La sposerò, seguirò il tuo consiglio. Ma mi vorrà?».

«Ti vuole, le ho già parlato io. Lei è affascinata da te».

«Davvero?».

«Davvero... fidati...».

«Però mi preoccupa un po' la differenza di età: lei è così piccola».

«Ma ha la testa di una donna», puntualizzò il sacerdote con il tono del saggio che non ammette replica.

«Va bene, va bene», disse Giuseppe come se si volesse scusare di avere detto una sciocchezza. «Puoi dirle che la chiederò in sposa ufficialmente», aggiunse convinto.

E glielo chiese. A lei si illuminarono gli occhi e sussurrò: «Grazie».

«Non devi ringraziarmi», disse Giuseppe sorridente. «Io già ti voglio bene, tanto bene».

Lei aveva quattordici anni, lo sposò e andò ad abitare nella sua casa di Nazaret. Il giorno delle nozze, per Giuseppe, era stato il più intenso ed emozionante di una vita dura: quando lei varcò la soglia della sua casa, Giuseppe ebbe l'impressione che il sole fosse entrato a illuminare le sue povere stanze. Era bellissima, ma ciò che la rendeva così splendente non era solo la perfezione dei suoi lineamenti ma la purezza e l'innocenza del suo sguardo.

I due anni che seguirono non furono facili perché in quei due anni Maria restò pura: Giuseppe aveva rinunciato ad avvicinarsi a lei.

Tutto era cominciato la prima notte di nozze. Giuseppe la desiderava e si avvicinò. Ma lei tremò, arrossendo dallo spavento. "È piccola, povero angelo. Ha soltanto quattordici anni", pensò Giuseppe. E fu ancora più premuroso e attento. «Che c'è, Maria? Stai tranquilla. Io sono il tuo sposo. Ti insegnerò tutto io. Ti spiegherò come amarmi».

«Ma io non posso, Giuseppe. Io non voglio», disse ancora più tremante Maria, tirando su, fino agli occhi, la coperta.

«Dobbiamo, Maria. Dobbiamo amarci. Lo vuole Dio...».

«Ma io... io... ho troppa paura».

«Non preoccuparti, amore. Non preoccuparti. Dormi, calmati, stai tranquilla. Se non vuoi oggi, sarà domani».

Ma accadeva ogni volta che si avvicinava.

Dopo un anno Giuseppe si infuriò: «Tu non mi desideri. Tu non mi ami. Allora perché mi hai sposato?».

«Non so che cosa mi succede. Ti prego, continua ad avere pazienza. Vedrai, con il tempo forse capirai e io cambierò», Maria glielo disse con tutta la dolcezza dei suoi quindici anni.

Giuseppe si intenerì. «Stai tranquilla. Avrò pazienza. Non ti cercherò più. Sarai tu a chiedermelo».

«Sei buono, Giuseppe. Sono fortunata. Ma tu non meriti di soffrire tanto per me».

«No, sei tu che meriti tutta la felicità di questo mondo e io non ti toccherò, né ti cercherò finché tu non vorrai avermi in te».

Passarono mesi. Una mattina Maria si svegliò con un forte mal di testa. Si alzò. Si sentiva debole. La testa le girava. Appena si avvicinò al camino per aggiungere legna al fuoco, si sentì svenire. Subito dopo vomitò. "Che cosa mi avrà fatto male?", si domandò. Cominciò ad avere paura. Giuseppe era al lavoro e lei temette di sentirsi ancora male, così quando le forze le ritornarono decise di andare da una donna che conosceva la medicina perché aveva fatto nascere a Nazaret molti bambini. Si chiamava Anìa.

Maria arrotolò la stuoia di pelle dove lei e Giuseppe dormivano, la mise a un lato della stanza. Poi prese la brocca di terracotta, versò l'acqua in una grande ciotola di legno che Giuseppe le aveva regalato il giorno delle nozze, fece scivolare la tunica di lino sul pavimento, restò nuda e si lavò.

Uscì da casa che si sentiva meglio. L'aria fresca di quelle ore del mattino dava al suo viso e alla sua pelle un colorito che la rendeva ancora più bella. Arrivò alla casa di Anìa in un baleno anche se con il fiatone. Anìa la conosceva bene. Era stata lei a farla nascere, per questo quando la vide fu contenta. «Maria, tu qui? Come sei diventata bella. Sono felice di rivederti dopo tanto tempo».

«Anìa, è da qualche giorno che non sto bene. Sono sempre stanca. Spesso mi sento svenire. Ho disturbi di stomaco. Vomito quasi tutte le mattine».

«Vieni, Maria. Stenditi lì, su quella stuoia».

Anìa a Nazaret era considerata una "saggia". "Saggi" erano definiti coloro che avevano passato la vita a leggere i libri. Lei era diventata "saggia" studiando sui libri greci e in particolare sapeva tutto di Ippocrate, il padre della medicina. Aveva imparato a studiare il corpo umano e a riconoscere molte malattie, ma soprattutto sapeva fare nascere i bambini.

Visitò Maria e poi le disse sbarrando gli occhi per la meraviglia: «Ma tu sei ancora vergine».

Maria timidamente e arrossendo sussurrò: «Sì».

«Ma come può essere?», disse Anìa portandosi una mano sulla fronte e incominciando a sudare perché non riusciva a capire. Poi desolata sospirò: «Io un caso come il tuo sui miei libri non l'ho mai studiato».

«Perché, che c'è? Sto così male?», domandò impaurita Maria.

«Maria, tu stai benissimo: sei vergine ma aspetti un bambino. Non capisco ma è così: stai per diventare madre».

Maria la guardò con gli occhi inumiditi e spaventati: «Non può essere», bisbigliò. Poi più forte: «No, non può essere. Che dirà Giuseppe?».

«E che dirà?», disse Anìa abbracciandola sorridente. «Anche se io non capisco come possa essere, il bambino c'è. E Giuseppe sarà contento, no? Siete sposati da due anni. Avrà un figlio. Sarà felice. Lui è già avanti negli anni. Deve essere contento di diventare padre. Di che ti preoccupi?».

Maria si rivestì in tutta fretta. «Sì, hai ragione», disse con un sussurro. «Hai ragione». E se ne andò.

Lungo la strada le sembrò di svenire. "Non può essere. Non può essere", si ripeteva per convincersi di essere in un sogno. Rientrò a casa e si mise a preparare la cena. Prese una pagnotta, la mise a tavola, poi preparò il pollo che aveva già cotto, una zuppa di verdure, due datteri: uno per lei, uno per Giuseppe. Riempì la brocca di acqua e una ciotola di vino che tanto piaceva a suo marito. Quando arrivò Giuseppe, Maria tremava di paura.

Giuseppe si avvicinò preoccupato: «Che cosa c'è?».

Maria lo abbracciò come mai aveva fatto. Giuseppe pensò per un attimo che finalmente lo desiderasse e volesse amarlo. Per la prima volta da quando si erano sposati, Maria gli prese con dolcezza la mano e l'appoggiò sul suo ventre. «Amore», disse Giuseppe avvicinandosi con desiderio.

«Giuseppe, sono incinta», gli disse lei d'un fiato: «Aspetto un bambino».

Giuseppe si staccò da lei con un balzo.

«Incinta? Tu... tu... Sei incinta? Come è possibile? Mi prendi in giro? Io ti ho rispettata. Non ti ho ancora sfiorata».

«Giuseppe, nessuno mi ha mai toccata... Sono vergine...».

«E allora?»

«Non so come. Anìa mi ha detto che aspetto un bambino».

«Come è possibile?».

«Un angelo, una volta...», ma il pianto le troncò la voce.

«Taci. Taci, svergognata», la interruppe.

«Giuseppe, ascoltami...».

«Non voglio sentirti. La tua voce mi dà fastidio...».

Giuseppe improvvisamente tacque. E, come fantasmi, si svegliarono nella sua mente episodi, particolari che vedeva in una luce diversa. Più cupa. Poi con il cuore che stava per scoppiare come le vene del suo collo, esplose ancora con una durezza che spaventò Maria.

«Ora capisco!», urlò come se parlasse a se stesso. «Ora capisco. Che stupido sono stato. Tutti sapevano, eccetto me. Ora capisco perché tutti cercavano di convincermi a sposarti. Solo uno, il mio amico Amos mi aveva messo in guardia. "C'è un soldato romano che le gira attorno", mi disse. "Stai attento, quel soldato te la porterà via. Si chiama Pantera"».

«Pantera?», lo fermò decisa Maria. «Ma come puoi pensare una cosa simile? Sì, Pantera, quel soldato, veniva alla sorgente. Mi diceva delle parole carine. Mi diceva che ero bella, che gli sarebbe piaciuto portarmi a Roma. Ma io non gli ho mai risposto, Giuseppe, credimi... Io ho sempre pensato a te».

«Basta! Non sei degna di parlarmi». Giuseppe urlò con rabbia. «Basta! Mi hai ingannato. Ti ripudierò». Uscì dalla casa che fino allora aveva diviso con lei. Girovagò come un ubriaco per Nazaret, poi si diresse verso la campagna. L'amore che fino ad allora aveva provato per Maria si era trasformato in odio. Vide una quercia, si appoggiò al suo tronco e si lasciò cadere.

Pianse, chiuse i pugni e si scagliò contro l'albero. Maledisse se stesso, la propria stirpe e quella della moglie. Poi si acquietò, intontito e svuotato di ogni forza. Appoggiato al tronco della quercia, guardò la terra. Avrebbe voluto essere un misero, sudicio insetto piuttosto che Giuseppe il falegname.

Era lacerato come uomo e come marito. "Che cosa potrò fare?", si domandò e poi pensò a quello che gli aveva insegnato il rabbino: "La Legge prescrive di denunciare una moglie adultera", sospirò: "Quindi dovrò correre dal rabbino Simone e dirgli tutto; Maria potrebbe essere lapidata e punita come dice l'antica giustizia. Ma come posso fare una cosa del genere alla donna che ho amato? No, la mia rabbia non giustifica una sanguinosa vendetta; non io, almeno, che mi reputo un uomo buono e onesto. Potrei consegnare al rabbino la domanda scritta di ripudio. Ma no. No. Anche così Maria sarebbe sottoposta al pubblico disonore e rimandata nella casa dei suoi genitori. Ma lei resterebbe sola, il padre e la madre non ci sono più. Che vita avrebbe? Una donna ripudiata è considerata una prostituta. Una donna disonorata che futuro potrebbe dare al suo bambino?".

Giuseppe tornò a pensare al bambino che sarebbe venuto al mondo: "E se Maria non avesse veramente colpa? E se quel bambino fosse soltanto il frutto di una violenza patita forse proprio da quel soldato romano? Violenze così accadono. Maria è timida. Forse non ha avuto il coraggio di confessarle. Forse per questo mi ha implorato di crederle, forse non ha trovato il coraggio di rivelarmi che ha subito violenza... Però...". Gli vennero in mente le parole di Maria che lui aveva interrotto con un urlo: «Un angelo... una volta...». "Che voleva dire? Ma perché mi ha detto di essere ancora vergine?".

Sfinito dalle sue domande e dalle emozioni, Giuseppe si addormentò sotto le stelle. Mentre dormiva sognò. Non fu un sogno come tanti: quel sogno si trasformò in una visione tanto era reale. Vide un angelo del Signore, luminoso come le stelle nella notte, trasparente come il vetro. Si sentì sveglio e impaurito e ascoltò. Furono parole strane quelle dell'angelo: «Giuseppe, figlio della tribù di Giuda e della stirpe di Davide, non avere paura di tenere con te Maria, la tua sposa: il figlio generato da lei è figlio dello Spirito. Tu lo chiamerai Gesù, il "Salvatore", perché lui è il Messia: il re Davide annunciò che sarebbe nato dalla sua stirpe; è il Messia che salverà il vostro popolo dai suoi peccati e salirà sul più alto dei troni». L'angelo come era apparso, altrettanto repentinamente sparì. Giuseppe si svegliò di colpo. Il suo cuore batteva come il martello nelle mani di un fabbro. Non si riaddormentò. Un pensiero gli percorreva la mente. Se credeva a Dio, a se stesso e al proprio sogno, avrebbe dovuto credere anche a Maria. "Se l'angelo ha parlato a me, che ragione c'è di non credere a Maria? Devo credere a Maria, come credo in Dio, nel suo Spirito, nei suoi angeli, nella venuta d'un Messia della mia stirpe, quella di re Davide. Se non credo a Maria, non posso credere più a niente".

Si arrovellò il cervello fino a quando, di colpo, alle prime luci dell'alba, tutto gli apparve chiaro.

Giuseppe, deciso, ritornò a casa. Maria, disperata, aveva passato la notte piangendo rannicchiata in un angolo della casa che per lei improvvisamente quella notte si era trasformata in una tomba. Anche lei, come Giuseppe aveva pensato a quello che poteva accaderle. Alla vergogna se lui l'avesse ripudiata. Al rischio di essere lapidata. Quando lo sentì arrivare, chiuse gli occhi in attesa della tempesta. Invece sentì le mani forti di Giuseppe sulle sue. «Alzati, Maria. Ti chiedo perdono. Ma tu potrai mai perdonarmi per avere dubitato di te?».

Giuseppe ritornò a essere tenero con lei. Le raccontò la visione dell'angelo. E Maria tornò a tremare, ma questa volta non fu per paura. Fu per l'emozione di quello che stava per dire: «Giuseppe, è incredibile quello che ti è successo. Come è incredibile quello che è successo a me».

«Perché che cosa ti è accaduto di altro?», le domandò timoroso.

«Non te ne ho parlato prima perché avevo paura che tu non mi avresti creduta».

Maria tremava e la sua voce perse la sua abituale nota squillante. «Giuseppe, ascoltami. Quattro mesi prima che ci sposassimo, una sera mentre ero da sola, sentii una strana presenza accanto a me. Un'apparizione inaspettata.

Prima ci fu una luce luminosissima che mi spaventò. Poi udii una voce. Un angelo disse parole strane, difficili: "Non temere, Maria! Su di te è scesa la grazia di Dio. Tu concepirai e partorirai un figlio senza conoscere uomo alcuno, e lo chiamerai con il nome di Gesù, il 'Salvatore', perché sarà grande, sarà il figlio dell'Altissimo e discenderà dal trono di Davide. Sarà il re del suo popolo e il salvatore del suo popolo". Io non capii. "Come è possibile?", gli domandai. "Non conosco nessun uomo". L'angelo rispose: "Lo Spirito Santo scenderà su di te, su di te scenderà la potenza dell'Altissimo. Colui che nascerà sarà dunque santo e chiamato figlio di Dio". "Ma perché proprio io?", gli domandai. "Perché tu hai trovato grazia presso Dio". Pensai di avere sognato... ma... adesso che ho saputo che sono incinta e dopo avere sentito quello che è accaduto anche a te, devo convincermi che era tutto vero».

«Un'altra cosa, Giuseppe», sussurrò ancora guardandolo con gli occhi tremanti e pieni di lacrime.

«Che altro, Maria?».

«Quell'angelo mi disse pure che mia cugina Elisabetta, anche se ormai è tanto vecchia, avrebbe partorito un figlio. Ti ho parlato di Elisabetta e suo marito Zaccaria che è un sacerdote, ricordi? Mia cugina è sempre stata sterile e suo marito ormai è troppo in là negli anni. A me sembrava impossibile che aspettassero un bambino. Per questo, sei mesi fa, andai a trovarli. Volevo capire... quelle parole dell'angelo mi avevano sconvolto».

«E che cosa hai capito, Maria?».

«Che quell'angelo mi aveva detto la verità: Elisabetta era incinta davvero. Non solo. Si aspettava la mia visita così, appena mi vide, mi venne incontro e mi disse delle strane parole».

«Quali parole, Maria? Quali?».

«Elisabetta mi accolse abbracciandomi e mi disse: "Benedetta sia tu fra le donne e benedetto il frutto del tuo seno". E poi aggiunse: "Come mai la madre del mio Signore si è degnata di venire da me?"».

Giuseppe era turbato: «Quindi lei sapeva. Sapeva già che tu eri stata scelta da Dio?».

«Sì, sapeva. Mi disse anche che il bambino che aveva nel suo ventre aveva avuto un sussulto al mio arrivo».

«Maria, ma allora è tutto vero? E perché, perché tutto questo sta capitando proprio a noi?».

«Non so, Giuseppe, perché. Certo è che Elisabetta, in età avanzata e con un marito vecchio, ha partorito un bambino e lo ha chiamato Giovanni».

«Ma allora», la interruppe timidamente Giuseppe, «è tutto deciso. Tu sei incinta così... per volere di Dio. E... Come sarà questo bambino? Ho timore, Maria. Ora capisco tante cose. Tutti qui a Nazaret dicono che è imminente l'arrivo di un bambino che appartiene alla stirpe di re Davide, e io vi appartengo; e che sarà il Messia, colui che salverà il nostro popolo proprio come re Davide aveva annunciato. Anche il rabbino, tante volte in sinagoga, ha parlato di questo Messia. È capitato proprio a noi?».

«Non so se sarà così. Ma non ne parliamo con nessuno Giuseppe», disse Maria.

«Sì, non ne parliamo con nessuno», confermò Giuseppe. «Teniamo per noi questo segreto».

3

I ricordi continuavano ad affiorare numerosi e confusi, quando un urlo di Maria riportò Giuseppe alla realtà, in quella grotta, dove il bambino stava per nascere. L'urlo ruppe il silenzio e perfino l'asino e il bue, tranquilli fino a quel momento, si mossero come spaventati.

«Giuseppe...», gridò ancora Maria. «Giuseppe sto male, aiutami...».

«Sono qui, non temere, Maria. Sono qui».

«Oh, mio Dio! Giuseppe».

«Non spaventarti, Maria. Sono qui».

«Giuseppe... Che mi succede... Ho vergogna... Mi sono bagnata...».

«Maria, stai tranquilla, forse è arrivato il momento... Sta per nascere... Ti senti bagnata perché si sono rotte le acque».

«Aiutami».

«Stenditi qui vicino alla mangiatoia».

«Il dolore è terribile».

«Sono i dolori del parto. È arrivato il momento!».

«Sì, il dolore... Prima andava e tornava... Ma ora... Non mi lascia un istante...»

«Quando tutto ti sembrerà dolore, sarà finita».

«Aiutami...».

«Eccolo... È qui... È nato, Maria... È un maschio... È nato Gesù... Il nostro Gesù. È bello, Maria... Come è bello...», disse Giuseppe aiutandola a partorire.

Maria respirò libera. Alzò gli occhi al cielo. Ringraziò Dio e si lasciò andare a un riposo senza forze.

Giuseppe prese il bambino delicatamente tra le sue robuste braccia e lo adagiò sulla paglia accanto a Maria, tra l'asinello e il bue. «Ti scalderanno», disse Giuseppe mentre il suo viso si bagnò di lacrime. Maria aprì gli occhi, lo vide e si intenerì.

«Giuseppe, ora mi credi?», gli disse prendendogli la mano.

«Maria», disse Giuseppe accarezzandole la fronte e stendendosi accanto. «Ti credo, Maria, ma ti ho sempre creduto anche quando la mia mente vacillava e pensavo che mi avessi tradito».

«Ma mi credi in tutto?», insistette Maria.

«In tutto, Maria, in tutto. Tu sei pura come una vergine anche se è nato questo figlio».

«E il bambino, Giuseppe, come è il bambino? È normale?».

«Maria, è normale. È come tutti i bambini. È bellissimo».

«Ma lui è il figlio di Dio».

«Maria, è un bambino».

«Allora è normale?».

«Sì, Maria, è normale, guardalo».

«È bellissimo, Giuseppe, devo allattarlo anche se è il figlio di Dio?».

«Sì, Maria, ma da questo momento dimentica che è figlio di Dio, anzi non ne parliamo più. Questo bambino è figlio nostro. Mio e tuo, Maria. Non diremo neppure a lui chi è».

«Lo capirà da solo, se Dio vorrà».

«Ma è lui Dio, Maria... Lo ha detto l'angelo. L'hai detto tu. L'hai generato senza che io ti abbia mai toccato».

Maria rassicurata, sorrise dolcemente, chiuse gli occhi, strinse il bambino a sé. Poi abbassò la tunica dalla spalla. Con una mano sollevò il seno e lo offrì alle labbra del bambino. Giuseppe si intenerì. Poi prese una bacinella piena d'acqua, lavò i panni sporchi di sangue, li stese sulla mangiatoia, poi si adagiò a sua volta. Dopo pochi minuti si addormentò anche lui.

Si era appena addormentato quando sentì uno strano calpestio. Trasalì, spalancò gli occhi. "Arriva qualcuno", pensò. La fiammella della torcia si era spenta ma stranamente nella grotta c'era luce. Pensò all'arrivo dei predoni. Vide dietro la mangiatoia una roncola e uscì dalla grotta. Aveva capito bene. Il rumore c'era davvero: vide arrivare tre uomini su tre grandi cammelli. Si domandò come potesse esserci tanta luce in piena notte, con le stelle che facevano cornice alla luna. Guardò il cielo e notò una stella diversa dalle altre, con una coda luminosa che rischiarava tutta la collina. Armato della roncola, Giuseppe attese, fermo davanti all'ingresso della grotta, guardando e trattenendo il respiro.

I tre uomini si dirigevano verso di lui su cammelli bianchi. Quello davanti era seduto sotto una specie di tenda che aveva posto sulla groppa. Gli altri due gli erano vicini, ma più indietro, e stavano sdraiati su una stuoia sul dorso del loro animale.

Giuseppe li vide fermarsi, li vide scendere dai loro animali e iniziare a piedi il sentiero che portava alla grotta.

Nonostante la paura, Giuseppe non poté fare a meno di osservare stupito il loro aspetto. Il primo aveva la barba abbondante che arrivava sul petto. Il suo viso era scuro, coperto da un fazzoletto rosso fino agli occhi; i suoi abiti erano lunghi, ampi e svolazzanti. Il secondo era alto e magro, la barba e i capelli bianchi, la carnagione olivastra quasi del colore del bronzo; indossava un costume mai visto; in testa aveva uno scialle avvolto a grandi pieghe a formare un turbante; i suoi calzoni erano ampi ma stretti in vita; il suo aspetto era imponente. Il terzo era più basso e aveva la pelle bianca; i suoi capelli erano chiari e camminava dondolandosi; indossava un ampio mantello e muovendosi scopriva una tunica con le maniche corte, stretta alla vita da una cintura di cuoio; ai piedi aveva sandali.

«Chi siete? Che volete?», urlò spaventato Giuseppe mostrando la roncola.

«Non temere. Siamo amici. Ci chiamiamo Melchiorre, Gaspare e Baldassarre», disse quello più giovane e più intraprendente, fermandosi e allargando le braccia per bloccare gli altri due. «Siamo qui perché abbiamo saputo che è nato il "Re dei Giudei". Abbiamo fatto un lungo viaggio per vederlo. Siamo dei re anche noi e per questo vogliamo rendere onore a colui che definiscono il re dei re. Siamo riusciti ad arrivare sin qui perché tutti e tre amiamo guardare il cielo e le stelle. Studiando gli astri riusciamo a capire come va il mondo e il comportamento degli uomini, per questo i nostri sudditi, oltre che re, ci considerano dei maghi».

«Ma come siete arrivati fin qui?», chiese stupito, ma anche un po' rassicurato, Giuseppe.

«La vedi quella stella? L'abbiamo vista tutti e tre, anche se proveniamo da Paesi diversi e lontani. Spinti da una forza misteriosa l'abbiamo seguita, ci siamo incontrati e siamo arrivati qui. È lì, la vedi. Illumina proprio questa grotta».

Giuseppe guardò il cielo, osservò attentamente la stella e annuì.

«Io mi chiamo Baldassarre», si presentò finalmente l'intraprendente personaggio.

«Che nome strano», disse Giuseppe. «Sembra il nome di un faraone».

«Hai detto bene. Sono un re appartenente a una regione dell'antico Egitto. Sono nato ad Alessandria», iniziò a raccontare, «e sono stato educato come il mio stato e il mio futuro richiedevano. Ma più che le leggi a me piacevano le dottrine della religione. I miei educatori mi avevano sempre spiegato che dopo la morte l'anima passa nel corpo di un altro uomo. Invece, dopo avere letto altre scritture religiose e dopo avere studiato la bellezza del firmamento, mi sono convinto che al di là della morte c'è un mondo diverso: dove i buoni vivono in un mondo migliore e i cattivi, invece, restano perduti per sempre. Cercai di parlare di questa mia convinzione prima con i miei cortigiani. Parlai loro di Dio, di un Dio unico, dell'esistenza dell'anima e di quella del Bene e del Male, del Cielo e della ricompensa finale. La reazione fu deludente: prima si meravigliarono e poi risero di me e del Dio in cui credo, che premia o punisce. Deluso e amareggiato, lasciai la mia reggia e andai a parlare tra i poveri, tra i pastori e i contadini del mio regno. Essi capirono. Mi credettero. E dissero che avevo ragione. Allora mi convinsi che Dio aveva per me altri progetti. Lasciai il potere e decisi di partire per visitare città e Paesi lontani, parlando di Dio e del Paradiso. Prima però andai a vivere nel deserto per purificarmi. Una notte, guardando il cielo, vidi una stella bellissima e luminosissima. Appariva e scompariva; si avvicinava e si allontanava come se volesse farmi capire di seguirla. Poi udii una voce: "La redenzione è vicina, Baldassarre. Segui questa stella. Vai a Gerusalemme e vedrai il Salvatore. Quando sarai là domanda al popolo: 'Dove è nato il Re dei Giudei? Vengo dall'Oriente e voglio adorarlo'". Così feci, andai a Menfi, comprai il cammello e venni fin qui. A Gerusalemme incontrai questi due miei compagni. Anche loro come me chiedevano in giro dove fosse nato il Re dei Giudei».

Baldassarre finì il suo racconto. E per un attimo ci fu il silenzio.

Giuseppe ne approfittò per dare uno sguardo nella grotta. Maria era sveglia e il bambino dormiva. Si tranquillizzò.

«E tu chi sei?», disse a quello che più lo aveva colpito con il suo abito strano.

«Io mi chiamo Melchiorre», rispose. «Sono un maragià e sono nato là dove scorre il fiume Gange, in India. La mia famiglia ha cercato in tutti i modi di insegnarmi a comandare, ma a me, più che studiare le leggi, piaceva studiare gli astri. E, guardando il cielo, ho scoperto che l'armonia dell'Universo non può essere stata creata che dall'Amore. Da un Dio che non può odiare o essere crudele come gli dèi che ci fanno adorare i nostri sacerdoti. Così cominciai a parlare con tutti dicendo che esiste un Dio che regala amore. Cercai di convincerli che con l'amore non ci sarebbero state più guerre, si sarebbe superato ogni dissidio, sarebbero scomparse caste e divisioni per nascita: né ricchi né poveri. Tutti saremmo stati uguali dopo la morte. Mi considerarono un eretico e fui costretto a isolarmi e a nascondermi. Una notte, mentre riflettevo sulla mia vita, vidi apparire una stella dal fondo di un lago e una voce misteriosa mi disse: "Hai ragione Melchiorre: Dio è amore. La redenzione è vicina. Tu vedrai il Redentore. Segui questa stella: ti porterà a Betlemme a conoscere Dio". Seguendo la stella attraversai molte città; con il cammello arrivai a Bagdad e da lì a Gerusalemme, dove ho incontrato Baldassarre e...».

«... E me», intervenne il terzo personaggio misterioso guardando i suoi due compagni di viaggio.

Giuseppe gli sorrise e lui continuò: «Mi chiamo Gaspare. Provengo da un Paese lontano, verso Occidente. Una terra che ha insegnato al mondo tutto. Parlo della Grecia. Anch'io dovevo essere un re in Tessaglia, là dove c'è una montagna famosa chiamata Olimpo e che da sempre è stata considerata la dimora degli dèi. Un giorno il filosofo di corte mi parlò dell'Anima e dell'Immortalità. Fui folgorato e capii che non potevo accettare di adorare dèi come Zeus, Venere, Minerva, Bacco e mille altri. Ma per l'immortalità dell'Anima ci deve essere un solo Dio. Confuso, mi allontanai dalla reggia e andai a vivere in una grotta aspettando una rivelazione. Ero sicuro che Dio mi avrebbe dato un segno. Una mattina, mentre guardavo il mare dalla grotta, di fronte a me, vidi cadere un uomo da una nave che passava in quel momento. Per fortuna, sapeva nuotare e arrivò a riva. Lo accolsi e lo curai. Mi disse che era un ebreo, un rabbino, un maestro che insegnava le leggi di un Dio che a me era sconosciuto. Da lui capii che quel Dio di cui parlava era il Dio in cui già io credevo. Dio mi aveva accontentato: era la rivelazione che aspettavo. Quell'uomo mi disse pure che i profeti delle Sacre Scritture avevano previsto che Dio sarebbe sceso presto tra di noi».

Giuseppe, che fino ad allora era rimasto ad ascoltare stupito il racconto di Gaspare, trasalì: "Sono parole simili a quelle che l'angelo ha detto a me parlandomi di Maria e del bambino che aveva in seno", pensò. Poi sentì ancora la voce di Gaspare che diceva: «Quell'uomo precisò anche che colui che stava per giungere sarebbe nato in Palestina e sarebbe stato il Re dei Giudei. L'ebreo dopo qualche giorno se ne andò e io rimasi di nuovo solo a pensare alle sue parole. Una notte apparve nell'oscurità una stella luminosissima che avanzò rapidamente e si fermò sopra di me. Svenni per lo spavento. Quando mi ripresi, udii una voce: "Gaspare, la tua fede ha vinto. Sii benedetto. Alzati e segui questa stella: sarà la tua guida. Ti porterà dal re dei re". Guardai il cielo e vidi la stella ancora sopra di me. Mi alzai, lasciai i miei abiti da eremita, indossai quelli che avevo deposto nei miei bagagli, presi i tesori che avevo portato con me dalla reggia e salii su una nave diretta a Oriente. Ad Antiochia acquistai un cammello, attraversai Damasco e numerose altre città. A Gerusalemme ho incontrato Baldassarre e Melchiorre. Ed eccoci qui».

Giuseppe li guardò non più incredulo; i suoi occhi si

addolcirono e sorrise quando i tre sovrani insieme chiesero sommessamente: «Possiamo vederlo?».

Giuseppe guardò nella grotta. Si assicurò che Maria fosse in ordine.

«È lì dentro», disse Giuseppe con dolcezza facendo con la mano il segno di entrare. I tre re entrarono e videro Gesù addormentato su un giaciglio di foglie tra il bue e l'asinello. Accanto c'era Maria che sussurrava al suo bambino una dolce ninna nanna.

I tre re si inginocchiarono davanti al bambino. «Ecco il re di Israele che porterà la giustizia in questo mondo», disse Baldassarre. Restarono a lungo in silenzio a guardarlo. Poi si alzarono e, prima di andare, lasciarono ai piedi del bambino i loro doni: «Questo è l'oro, il metallo più prezioso, è simbolo dei re», disse Baldassarre.

«Ma no, lasciate stare», intervenne Giuseppe lanciando uno sguardo a Maria. «Non ne abbiamo bisogno. Non sapremmo che cosa farne. Sono cose da re».

«Infatti», spiegò Baldassarre, «lo dono a lui perché è un re».

«Dalla mia terra ho portato questo dono», disse Gaspare, «è incenso, il profumo che testimonia la sua divinità».

«No, non posso accettare», lo interruppe Giuseppe con più decisione.

«Buon uomo, questo bambino è Dio. E va adorato».

«Questo invece è il mio dono», disse poi Melchiorre lasciando un'ampolla. «È mirra, il balsamo della sua umanità».

«Sono confuso», disse ancora Giuseppe. «Questo mio... nostro bambino. È tutto questo?».

«Sì», risposero i tre re, «è tutto questo».

Baldassarre precisò: «Questo bambino è Dio, è re ed è anche uomo».

Giuseppe non parlò, chinò la testa. Poi disse solo: «Grazie».

Baldassarre invitò i suoi compagni a fare in fretta: «Dobbiamo andare dal re Erode», disse, «a dare la notizia della nascita di Gesù». Ma proprio mentre scendevano dal pendio dove c'erano i loro cammelli, videro una moltitudine di persone. In città, nei villaggi vicini, per le campagne, per i monti, si era diffusa la voce del loro arrivo. La curiosità dei loro abiti e la descrizione delle loro cavalcature avevano fatto arrivare, di bocca in bocca, la notizia della loro presenza.

«Sono elegantissimi, indossano abiti lussuosi, hanno detto che stavano andando a trovare il Re dei Giudei», bisbigliavano alcuni.

«Che cosa cercano?», domandavano altri.

«Vogliono conoscere il Re dei Giudei».

«Devono essere ricchissimi».

«Sì. Sono tutti vestiti di seta dai colori sgargianti».

«Hanno collane e fermagli tutti di oro».

«E dove sono andati?»

«Là, sulla collina, fuori Betlemme».

«Allora è là che è nato il Re dei Giudei».

«Ma là c'è soltanto una grotta, è quella di Nataniele, il mosaicista».

«Possibile che il Re dei Giudei sia nato là?».

«Io vado a vedere».

«Voglio vedere anch'io», disse una donna al marito.

«Vengo con voi», disse una giovane.

Ben presto il sentiero e tutta la campagna vicino alla grotta furono invasi da una moltitudine di gente: erano cittadini comuni, pastori, commercianti, artigiani, ma anche dotti e aristocratici. Tra di loro c'era anche chi aveva letto le Sacre Scritture ed esclamava: «Oggi nella città di Betlemme il nostro Salvatore è venuto al mondo per noi. Pace in terra agli uomini di buona volontà». Erano andati per vedere i tre misteriosi e affascinanti forestieri, ma poi tutti entrarono nella grotta tra preghiere e canti. Guardavano il bambino e lasciavano doni: pane, formaggio e altre piccole cose.

Giuseppe ogni volta guardava Maria con uno sguardo interrogativo. «Che cosa sta succedendo, Maria?», le sussurrò.

«Io sapevo dall'inizio che sarebbe successo tutto questo. Me l'aveva annunciato l'angelo quando mi disse che avrei partorito lui». Maria guardò Gesù con gli occhi pieni d'amore, si avvicinò, gli asciugò le labbra umide di latte. In quel momento sentì Giuseppe che la chiamava: «Guarda Maria, vieni a vedere».

«Faccio fatica ancora. E poi non voglio lasciare un attimo da solo il bambino».

«È incredibile Maria quello che sta succedendo. Qui fuori si è formato un villaggio. C'è tanta gente che, dopo essere entrata a vedere il bambino, si è fermata intorno a tutta la collina».

I pastori avevano lasciato pascolare le loro greggi e lì sul posto producevano i loro prodotti: latte e formaggio. Si allestirono addirittura bancarelle dove ognuno offriva quello che aveva. Ci fu chi riusciva a fare il pane. Ci fu anche il fabbro per i cavalli. In poche ore si formò intorno alla grotta un villaggio.

Intanto i tre sovrani, dopo avere salutato Giuseppe, con i loro cammelli si diressero verso la reggia di Erode.

Erano arrivati alle porte di Gerusalemme quando, nonostante il cielo fosse limpido, un fulmine scoppiò davanti a loro. I cammelli si bloccarono di colpo e loro caddero a terra.

Doloranti e sporchi di polvere, udirono una voce misteriosa che disse: «Fermatevi. Non andate da Erode, il re della Giudea. Egli vuole uccidere il bambino. Teme che un giorno possa rubargli il trono».

«Avete sentito?», disse pallido in volto Baldassarre. «Avete sentito quello che ho udito io?».

«Sì», risposero gli altri due.

«Torniamo nei nostri Paesi senza passare da Gerusalemme», disse Gaspare.

«Ma prima avvisiamo Giuseppe del pericolo», disse Melchiorre.

«Non riusciremo a passare con i nostri cammelli attraverso questa folla», intervenne Baldassarre.

Allora senza perdere altro tempo, Gaspare fermò una carovana di pastori che stava recandosi con canti e preghiere alla grotta e li scongiurò di fare in fretta ad arrivare: «Dite al padre del bambino che sono in pericolo. Erode vuole uccidere loro e il piccolo. Ditegli di prendere la sua famiglia e di fuggire in Egitto. Lì, re Erode non ha alcun potere. Soltanto in Egitto potranno salvarsi. Raccomandategli di non perdere tempo».

Quando i pastori arrivarono alla grotta videro Giuseppe e la sua famiglia già pronti per fuggire. «Sì, sappiamo quello che sta accadendo, siamo stati già avvertiti: non so da chi ma certo chi lo ha fatto è stato un angelo», spiegò Giuseppe. «Mi ha detto: "Prendi con te il bambino e sua madre e fuggi in Egitto e resta là finché non ti avvertirò, perché Erode sta cercando il bambino per ucciderlo"».

Arrivarono anche il cugino di Giuseppe, Nataniele, insieme con Elia, la moglie Sara e i due loro figli. Erano trafelati. Anche loro avevano saputo dell'ordine di Erode. «Andiamo nella mia casa», disse Nataniele, «dovete prepararvi. Non potete partire così senza nulla con voi. Abbiamo qualche ora di tempo prima che i soldati di Erode arrivino da Gerusalemme».

«Ecco che cosa ho pensato», disse Nataniele. «Questa sera, al calar del sole, vi accompagnerò fuori dal paese. Tu, Giuseppe, a piedi, Maria e il piccolo sull'asino, dovrete approfittare dell'oscurità e scendere a sud, verso Ebron, fino a raggiungere Bersabea, attraversando un breve tratto di deserto. Laggiù incrocerete le carovane che scendono verso la Filistea e la costa. Vi aggregherete a una di esse e, raggiunta Gaza, scenderete lungo la strada carovaniera fino al delta del Nilo. Laggiù Erode non ha alcun potere».

«Ma... non abbiamo provviste... denaro...».

«Alle vostre provviste, sta pensando mia moglie», disse Nataniele.

«Quanto al denaro», aggiunse Elia, «avete le monete d'oro offerte dai sovrani stranieri».

«Il nostro bambino...», la voce di Giuseppe tradiva il

suo tremore interno, «non è stato ancora circonciso... non ha neppure ricevuto il suo nome...».

Giuseppe sapeva bene che tutti i neonati maschi d'Israele dovevano essere circoncisi entro l'ottavo giorno dalla nascita, nel corso di una cerimonia sacra.

«Faremo la circoncisione qui, a casa mia, senza rabbino e senza estranei, questo pomeriggio. Così tuo figlio, il nostro Messia, avrà il suo nome e la sua identità», mormorò Nataniele.

E così fecero. Fu Nataniele, assistito da suo figlio e da Elia, a circoncidere Gesù, su un tavolo, accanto alla tradizionale coppa di vino. Il bambino pianse. «È il suo primo dolore», disse Maria stringendosi a Giuseppe mentre due righe di lacrime scendevano sul suo volto. Poi Nataniele disse solenne: «Dio nostro e Dio dei padri nostri, mantieni sano questo bambino all'affetto di padre e madre, e che il suo nome in Israele sia...», s'interruppe, guardando Giuseppe.

Lui e Maria si scambiarono uno sguardo ed esclamarono insieme: «Gesù».

Allora Nataniele riprese il rito. «... E che il suo nome in Israele sia "Gesù" e possa rallegrarsi re Davide, il padre della sua progenie».

«Ora su, su andiamo, affrettiamoci», disse poi rivolgendosi a Giuseppe. «Abbiamo pochissimo tempo. I soldati di Erode stanno per arrivare. Cercheranno Gesù in ogni casa».

Giuseppe aiutò Maria a salire in groppa all'asino, poi prese dalle mani di Sara il bambino e lo consegnò tra le braccia della moglie. Si girò verso il cugino Nataniele, lo abbracciò e gli sussurrò: «Ti sarò riconoscente per tutta la vita». Poi si diresse verso Elia e la moglie Sara che stringeva a sé i suoi piccoli, Simeone e Giovanni: «Miei cari cugini, salutatemi Nazaret e tutti coloro che ci vogliono bene. Raccontate al rabbino quello che avete visto».

Senza aspettare la risposta, Giuseppe dette un colpo al dorso dell'asino: «Su, avanti», disse deciso senza più voltarsi indietro.

Maria piangeva, ma anche sul viso di Giuseppe scesero lacrime che gli bagnarono la barba. Proseguirono per ore in silenzio. Percorsero la strada più difficoltosa, di sentieri e mulattiere. La frontiera per l'Egitto non era lontana ma irta di ostacoli.

«Giuseppe», la voce di Maria lo fece sobbalzare.

«Che c'è, Maria?», disse Giuseppe preoccupato. «Che cosa c'è?».

«Fermiamoci, Giuseppe, non ce la faccio ad andare avanti. Ti prego, fermiamoci».

«Maria, ho paura, i soldati potrebbero arrivare ancora».

«Prima di capire e sapere che siamo fuggiti, passerà del tempo, Giuseppe. Fermiamoci solo il tempo di allattare il bambino e di stendere le gambe. Poi riprenderemo il cammino».

«Va bene, Maria, facciamo come dici tu. Riposare un po' ci farà bene. Mentre tu allatti Gesù, raccoglierò un po' di legna e porterò l'asino a bere un po' d'acqua. Ho visto un'oasi qui vicino. Ci sarà la sorgente, così potremo anche lavarci».

Giuseppe prese prima Gesù, lo adagiò sul suo mantello. Poi aiutò Maria a scendere e mentre la prendeva tra le sue forti braccia, sentì che l'amava tanto. «Più di prima», le sussurrò senza accorgersene.

«Hai detto qualcosa, Giuseppe?».

«No, Maria, nulla», arrossì lui. Poi prese le redini dell'asino e lo tirò verso la sorgente.

Quando tornò, Maria, sfinita dal viaggio, era addormentata mentre Gesù era attaccato al seno a succhiare il latte. Senza rumore, mise la paglia per l'asino, poi si distese accanto alla moglie.

Il sole ancora non si era completamente alzato quando Giuseppe fu svegliato da voci di uomini che parlavano la sua lingua. Si alzò di scatto pensando ai predoni, invece capì subito che erano fuggiaschi come loro. Guardò Maria, poi il bambino. Non li svegliò e si avvicinò al gruppo. «Da dove venite?», domandò Giuseppe.

«Da Betlemme».

«Ah, come noi», bisbigliò Giuseppe.

«Perché scappate?», si incuriosì.

«Per lo stesso motivo per cui stai scappando tu», rispose quasi irritato l'uomo che aveva con sé una donna e un bambino di circa due anni.

«Ma io ho Gesù...», disse Giuseppe fermandosi perché stava per svelare l'identità del suo bambino.

«E allora?», replicò l'uomo.

«Ma il mio bambino è appena nato».

«Erode cercava il bambino che sarebbe diventato un giorno il Re dei Giudei. Non lo ha trovato e allora ha ordinato ai suoi soldati di uccidere tutti i bambini con meno di due anni».

«È mostruoso», disse Giuseppe tornando rattristato verso Maria e Gesù.

In quel momento arrivò un altro gruppo ancora più numeroso.

«Anche voi da Betlemme?», domandò ancora più ansioso Giuseppe.

«Sì», rispose un uomo. «Io e queste altre famiglie abbiamo figli piccolissimi. Siamo riusciti a fuggire per fortuna».

«Ma che sta accadendo?», insistette Giuseppe.

«È una strage. La strage di innocenti creature che hanno soltanto la colpa di essere nate in questi ultimi due anni. I soldati entrano nelle case e uccidono tutti i bambini di quell'età, ma spesso uccidono anche i bambini più grandi e anche i genitori che tentano di difenderli».

Giuseppe inorridì. Pensò a suo cugino Elia e alla sua famiglia: Sara e i suoi bambini Simeone e Giovanni. "Si saranno salvati", si disse. "Mio cugino Nataniele li avrà messi al sicuro". Poi spinto dalla curiosità domandò: «Conoscete Nataniele? È di Betlemme ed è mio cugino».

«Sì, lo conosco», rispose uno del gruppo. «È il mosaicista, no?».

«Sì, è lui», disse Giuseppe. «Sapete nulla di lui?».

«So di certo che i soldati sono entrati nella sua casa. Avevano ospite una famiglia di pellegrini provenienti da Nazaret».

«Sì, e allora?», Giuseppe chiuse gli occhi.

«Una strage. Hanno ucciso il bambino. Credo si chiamasse Giovanni, perché in questi giorni giocava con il mio piccolo che aveva la stessa età. Ma non solo, hanno ucciso anche la madre che tentava di difenderlo».

Giuseppe non ascoltò più. Si allontanò sconvolto. Alzò gli occhi al cielo: «Dio. Dio, perché tutto questo!», urlò disperato e decise di non dire nulla a Maria per non turbarla.

In quel momento udì il pianto di Gesù. Corse verso di lui, lo staccò dal seno della madre e lo strinse al petto. Poi si rivolse a Maria: «Andiamo. Seguiamo questo gruppo, arriveremo in Egitto più tranquillamente».

Viaggiarono per cinque giorni con poche soste. La carovana attraversò il deserto. Si parlò pochissimo, tutti pensavano a quello che avevano lasciato. Ricordi bene impressi nella mente: i familiari, le loro voci, le loro cose.

E finalmente un giorno prima che il sole calasse, un grido annunciò: «Siamo in Egitto. Siamo in Egitto».

4

Il viaggio fu duro, spossante, carico di tensione. Maria era pallida, nonostante il sole del deserto, e il piccolo Gesù piangeva per la stanchezza.

«Giuseppe... non ce la faccio più... anche Gesù è stanco, lo senti come piange?».

«Sì, lo sento... che cosa vuoi fare?».

«Possiamo fermarci?».

«Qui è tutto fango e sabbia. Facciamo uno sforzo, Maria: arriviamo a quel paese che si vede laggiù... Forse troveremo un rifugio per riposarci».

Giuseppe, Maria e Gesù si fermarono qualche giorno nel piccolo villaggio di Tamiathin, due chilometri prima del grande porto di Pelusio, nell'estremo lembo orientale della foce del Nilo. Erano impauriti perché davanti a loro si vedeva la vasta terra d'Egitto, una delle più ricche province annesse all'impero di Roma. E sapevano che li attendeva un futuro incerto in un mondo sconosciuto. Giuseppe era preoccupato anche delle più piccole cose perché non parlava la lingua del posto e neppure il greco, che era diffuso in tutti i domini dell'imperatore Ottaviano Augusto. Ma si tranquillizzò quando scoprì che nel villaggio di Tamiathin c'erano una sinagoga e una piccola comunità ebraica. E andò subito dal rabbino per chiedere aiuto.

«Che cosa sai fare?», gli chiese l'anziano maestro della sinagoga, grattandosi la lunga barba bianca.

«A Nazaret, avevo una bottega di falegname», spiegò Giuseppe. «E ho anche lavorato come carpentiere in alcuni cantieri della città di Sefforis, in Galilea».

«Qui, da queste parti, non c'è lavoro per te», fu brusco il rabbino.

«Ma io devo lavorare per mantenere la mia famiglia!».

«Vai a Heliopolis. La conosci?».

«No, no. Dov'è?».

«È una grande città a sud. C'è una nostra comunità laggiù e molti di noi lavorano da Amenhotep».

«E chi è?».

«È un ricco e potente sacerdote egizio che possiede un grande laboratorio dove lavorano il legno per costruire le barche. Se ti prende, potrai mantenere la tua famiglia».

«Maria», disse Giuseppe rientrando a casa. «Dobbiamo riprendere il viaggio. Ci fermeremo qui vicino, però. Andiamo a Heliopolis. Troverò sicuramente un lavoro».

Maria, che stava allattando Gesù, sospirò, guardò Giuseppe negli occhi, capì che non c'era alternativa e sorrise per dare fiducia al suo sposo.

Con le gambe tremolanti per la stanchezza, e con il cuore colmo di speranza, raggiunsero la città di Heliopolis. Andarono dal rabbino della sinagoga e, seguendo il suo consiglio, presero in affitto una stanza nella casa di Abigail, una vedova della Giudea che risiedeva in Egitto da molti anni.

«Maria, ora riposa. Domani andrò in cerca di un lavoro», disse Giuseppe prima di addormentarsi sfinito.

Ma non fu facile. Giuseppe capì subito che per un ebreo era difficile trovare lavoro in Egitto.

«Qui ci odiano», disse a un passante, quando stremato dalla stanchezza si sedette per terra lungo la strada.

«Proprio odio, no. Diciamo che gli egiziani non amano noi ebrei. Del resto, anche noi che viviamo qui, non li amiamo».

«Ancora questa diffidenza», disse Giuseppe. «Perché?».

«Noi abbiamo più fiuto di loro per gli affari e hanno paura che gli portiamo via qualcosa. E certo noi non ci facciamo trattare da schiavi come al tempo di Mosè».

Ma Giuseppe continuò il suo cammino e fiducioso si presentò nella falegnameria di Amenhotep, che lo scrutò dalla testa ai piedi con diffidenza.

«Arrivo dalla Terra d'Israele», balbettò. «Sono con mia moglie e mio figlio. Ho bisogno di lavorare».

«Ah, sei ebreo. No, qui da me non c'è lavoro», fu lapidario l'egiziano.

«Eppure», replicò Giuseppe, «ho sentito dire che c'è molto da fare. Sono molto bravo con il legno. Faccio il falegname sin da bambino...».

«Vai, vai...», lo cacciò l'uomo spingendolo verso la porta. «I tempi sono difficili e le bocche da sfamare sempre troppe».

Giuseppe uscì mortificato. Tentò in altri tre laboratori, senza esito. Appena sentivano il suo accento, con una scusa lo accompagnavano alla porta.

«Maria», si lamentò la sera, mentre seduti mangiavano un piatto di lenticchie comprate con una parte dei pochi soldi rimasti. «Sono preoccupato. Sembra quasi che in questa città ci sia un ordine dall'alto che proibisca di dare lavoro agli ebrei. Non so che cosa fare».

Maria guardò Giuseppe con i suoi occhi profondi. Poi allungò il braccio e gli accarezzò la mano. «Giuseppe, c'è lui», sussurrò invitandolo a guardare l'angolo dove dormiva Gesù. «Qualcuno penserà a noi, lo farà per lui. Vedrai, domani si risolverà tutto».

«Speriamo. Ora andiamo a dormire. Domani mi aspetta una giornata dura».

Maria immerse le ciotole di creta in una bacinella piena di acqua anch'essa di creta. Poi si avvicinò a Gesù, si fermò a osservare il suo sonno. «Gesù, proteggici tu», sussurrò, baciandolo in fronte. E si distese serena accanto a Giuseppe. Prima di addormentarsi gli strinse la mano. «Domani, Giuseppe, il nostro Gesù ci farà capire che cosa fare».

La mattina, all'alba, Giuseppe si svegliò deciso: «Aprirò una falegnameria».

«Ma non abbiamo il denaro», sottolineò Maria.

«Ce l'abbiamo, ce l'abbiamo. I sovrani stranieri ci hanno dato i doni perché il nostro bambino sia trattato come un sovrano. Il re Baldassarre ci ha dato l'oro, tanto oro. Ebbene, io questa mattina ne venderò una parte. Con il denaro comprerò il legno, aprirò una bottega e insegnerò il mestiere di falegname».

«Ma è l'oro di Gesù», tentò di opporsi Maria.

«Sì, è di Gesù. Ma ci è stato dato per farlo vivere da re. Finché starà nella casa con noi, Gesù non dovrà patire la fame. Quei tre sovrani erano anche astrologi. Avevano previsto che i doni ci sarebbero stati utili».

Il progetto di Giuseppe si realizzò. Andò da un mercante e gli vendette qualche oncia dell'oro che re Baldassarre aveva donato. Con il denaro comprò una partita di legname e gli attrezzi da lavoro. Chiese ad Abigail un locale più grande, che gli serviva come deposito, e iniziò la sua attività di falegname. In breve tempo si diffuse la voce che assumeva operai e apprendisti ai quali avrebbe insegnato il mestiere.

Giuseppe, nel suo laboratorio artigianale, si dedicò alla costruzione delle "figlie del Nilo", agili imbarcazioni per il trasporto fluviale. Tagliava grossi tronchi di alberi di cedro, li piallava e poi con abilità dava forma alle barche. Il lavoro era faticoso ma fruttò bene. Il Nilo era pieno di barche e i mercanti spostavano le loro merci via fiume per farle arrivare fino al Mar Rosso. E Giuseppe aveva aperto il laboratorio in una posizione strategica, proprio vicino al fiume, così per ogni problema i mercanti si rivolgevano a lui.

«Hai visto?», disse soddisfatto a Maria. «Gli affari vanno a gonfie vele. Gesù sta crescendo bene. Sono contento, perché non gli manca nulla e vive sereno».

«Sì, per merito tuo, Giuseppe, l'esilio qui in Egitto non è pesante. Ma sono preoccupata per Gesù, c'è qualcosa di strano in lui».

Giuseppe smise di tagliare il grosso tronco che aveva davanti. «Che cosa vuoi dire, Maria?», domandò ansioso.

«Non so, Giuseppe: Gesù è un bambino diverso. Cresce troppo velocemente. Ha solo sei mesi ma già si alza e cammina. Mi ha già chiamato mamma. Giuseppe, cammina e mi chiama mamma, mi chiede le cose, capisci? Gli altri bambini lo fanno a un anno...».

«Maria, forse è perché Gesù è un bambino speciale. Forse è perché...», Giuseppe non osò dirlo a voce alta e lo sussurrò: «Forse perché è il figlio di Dio, Maria».

«Ti prego, Giuseppe», disse con un filo di voce Maria come se temesse che qualcuno l'ascoltasse. «Non ripeterlo. Non dirlo. Non farmi ricordare che siamo stati scelti da Dio perché si realizzino le Sacre Scritture. Voglio credere che il mio bambino sia un bambino come gli altri. Gesù è mio, Giuseppe. È mio. Ti prego, dimmi che appartiene a me».

«Maria, calmati». Giuseppe si avvicinò alla moglie e l'abbracciò per rassicurarla. «Sì, Maria, Gesù è figlio tuo e mio. Il resto vedremo, chissà, ma ti prego, non ne parliamo più», aggiunse quasi spaventato perché sentiva in cuor suo che prima o poi qualcosa sarebbe successo e che le loro vite sarebbero cambiate. Gli si inumidirono gli occhi e, per non farsi scorgere da Maria, diventò improvvisamente brusco: «Ora fammi lavorare: domani questo tronco deve diventare una barca».

I giorni passarono. Giuseppe lavorava e Maria non lasciava Gesù da solo neanche un momento. Un giorno però le sfuggì: aveva un anno e mezzo. Maria stava stendendo i panni e, quando si girò, non lo vide.

«Gesù, dove sei?», gridò.

Maria gettò l'occhio in cortile: ma di Gesù non c'era traccia.

«Abigail! Gesù è lì da te?».

Abigail sbucò da una tenda. «No, Maria, ma l'ho visto qui in cortile qualche minuto fa...».

«Gesù», Maria gridò di nuovo, questa volta con una leggera inquietudine. Si guardò attorno, frugò ovunque ma la casa di Abigail non era certo un palazzo reale: tre stanze, una scala che portava al tetto, una piccola cantina; eppure Gesù era scomparso.

«Abigail, è scomparso», Maria impallidì di colpo.

«Calmati, Maria, ora lo cerchiamo. Non può certo essere andato lontano, ti pare?».

«Sì... però... se in casa non c'è... è uscito...».

«Diamo un'occhiata al vicolo, sarà lì, vedrai».

Ma nel vicolo su cui si apriva la casa di Abigail, Gesù non c'era. E non c'era neanche nella piccola piazzetta in terra battuta che si apriva poco distante.

Maria, con gli occhi inumiditi dalla tensione e dalla paura, iniziò a percorrere tutte le strade del quartiere ebraico.

«Avete visto mio figlio? Qualcuno ha visto il mio bambino?», chiedeva con l'ansia che le fermava la voce in gola.

Abigail la seguiva, fermandosi ogni tanto a scambiare qualche parola con i vicini. Ester, la moglie di un ciabattino, la fermò: «Abigail, vai a controllare lungo il canale. Se il bambino ci cade dentro, annega...».

Abigail si spaventò ma pensò che la donna poteva avere ragione. Rincorse Maria e la fermò.

«Maria, se Gesù è qui, in qualche casa, prima o poi qualcuno ce lo riporterà; piuttosto, andiamo a vedere nella zona del canale: là è un po' più pericoloso...».

Maria si irrigidì, ma si riprese subito: «Sì, sì, andiamo, andiamo».

Si misero a correre e imboccarono con il fiatone il viottolo che dalle case portava alla distesa di canne, lungo le rive del canale.

Correvano tra le erbe selvatiche con i capelli al vento, quando lo videro. Gesù stava seduto sull'erba, accanto a una cagnetta nera, dal muso lungo e le orecchie piegate, e accarezzava i suoi sette cuccioli. Intorno a lui si era formato un gruppo di ragazzi e uno di loro, quando vide Maria e Abigail, urlò: «Non avvicinatevi. Quel cane è pericoloso. Non riusciamo a capire come quel bambino sia riuscito ad andargli vicino. Lo vedete quell'uomo? È stato azzannato perché si era avvicinato per prendere uno dei suoi cuccioli. La cagna lo ha afferrato tra i suoi denti e non avrebbe mai mollato la presa se non fosse arrivato quel bambino».

«È mio figlio», sorrise Maria, «e si chiama Gesù».

«Questo bambino o è un diavolo o un dio», continuò il ragazzo. «È arrivato all'improvviso. È così piccolo che non lo avevamo visto. Mentre tutti tremavamo per la paura, lui si è avvicinato a quella bestia inferocita che, appena lo ha visto, ha mollato la presa per andargli incontro. Abbiamo urlato terrorizzati: "Ora lo sbrana". Invece si è fermata vicino a lui e lo ha leccato e gli ha fatto le feste. E adesso guardate là: il vostro Gesù coccola lei e i suoi cuccioli».

Maria e la sua amica Abigail videro che con la sua piccola mano Gesù accarezzava il muso della cagnetta, le grattava le orecchie, le lisciava il pelo sul collo.

Quando vide la madre, Gesù si alzò sorridente e, con passo sicuro, più sicuro di quello dei bambini della sua età, le andò incontro, la prese per la mano e la tirò per farsi seguire.

«Gesù, andiamo via», disse Maria.

«Mamma, con me», insistette Gesù con una proprietà di linguaggio che lasciò esterrefatti i ragazzi che gli stavano intorno. Trascinò la madre vicino all'uomo che era stato azzannato. Era disteso per terra, sanguinante. Il collo e il torace erano stati straziati e dalla tunica si poteva intravvedere una gamba ridotta a brandelli. Gesù gli si avvicinò. Come aveva fatto con la cagnetta, allungò la manina, accarezzò l'uomo, lo abbracciò. E, come per incanto, quell'uomo si alzò: le ferite non sanguinarono più. L'uomo poi sistemò la tunica impolverata, la scosse e senza una parola si allontanò.

Se ne andarono stupiti anche tutti gli altri. «Avete visto?», dicevano. «Quel bambino non è un bambino normale». Maria, Abigail e il gruppo che le aveva seguite rimasero senza parole. Poi Maria, come se non fosse accaduto nulla di speciale, si rivolse al figlio: «Gesù, mi hai fatto spaventare. Non ti allontanare più senza di me. Hai capito? Non devi farlo!».

Gesù la fissò in silenzio, con gli occhi azzurri grandi, luminosi, ombreggiati da lunghe ciglia dorate.

«Va bene, mamma», disse poi, aggrappandosi alla sua veste. «Va bene».

A sera Maria raccontò l'episodio a Giuseppe. Alla fine domandò con un filo di voce che temeva la risposta: «Giuseppe, che cosa pensi? Gesù ha fatto questo perché è il figlio di Dio?».

Ma Giuseppe non volle rispondere. Si avvicinò invece a Gesù, lo prese tra le sue grandi braccia, lo sollevò in aria e cominciò a baciarlo sul collo, sul viso, sulle braccine dicendo: «Ecco il mio bambino, coraggioso, coraggioso proprio come il padre».

«Adesso, però, a dormire», intervenne Maria decisa.

Ma Gesù non riusciva a addormentarsi se il padre non

gli raccontava una storia. Gli piacevano quelle che parlavano degli avi.

«Vuoi che ti racconti quella di Davide?», domandò Giuseppe mentre lo adagiava sulla stuoia.

«No, quella me l'hai già raccontata. Davide prese la fionda e colpì sulla fronte il gigante Golia, diventò re. So anche che è un nostro antenato. Sarò anche io come re Davide?».

«Tu sei già il mio re».

«Bene, allora raccontami un'altra storia».

«Ti racconterò allora la storia di Noè».

«So anche questa, me l'hai raccontata. Dio chiamò Noè e gli disse: "Costruisci un'arca e mettici tutti gli animali della Terra". Anche io amo gli animali. Mi piacciono tutti, le lucertole, i gatti, i cani, i topolini. Tutti. E loro lo sanno, per questo amano me».

«Va bene. Ti racconterò allora la storia di Giuseppe e i suoi fratelli».

«Giuseppe?», lo interruppe Gesù, sorpreso. «Tu sei Giuseppe».

«Sì, io mi chiamo Giuseppe. E l'uomo di cui ti sto per raccontare si chiamava Giuseppe come me».

«Allora sarà una storia bella. Raccontamela e continua anche se chiuderò gli occhi».

«Va bene. Iniziamo. Giuseppe, figlio di Giacobbe, era un ragazzo bellissimo e aveva undici fratelli. Giuseppe era il figlio preferito perché Giacobbe lo aveva avuto quando ormai era vecchio. Proprio per questo i fratelli erano gelosi di lui fino a odiarlo. Un giorno Giuseppe ricevette dal padre in regalo un magnifico vestito con colori molto belli. Giuseppe stava benissimo con il vestito nuovo e i fratelli si ingelosirono a tal punto che, quando furono soli in campagna a pascolare il gregge, decisero di ucciderlo. Il primogenito di Giacobbe, di nome Ruben, però si oppose e per salvargli la vita propose di spogliarlo e di gettarlo nel pozzo. Ruben sapeva che quello era un pozzo senza acqua e non molto profondo. In quel momento arrivò una carovana di mercanti che andavano a vendere le loro mercanzie in Egitto. Uno dei fratelli, Giuda, disse agli altri: "Non facciamolo morire. Tiriamolo fuori dal pozzo e vendiamolo come schiavo a questi mercanti". Così fecero. Dalla vendita ricavarono trenta denari e tornarono a casa dal padre portando con loro il vestito del fratello sporco del sangue di una pecora. "Questo è il vestito di Giuseppe", dissero. "Mentre pascolavamo il gregge è stato sbranato da animali feroci". Giacobbe si convinse e, disperato, si chiuse nel suo dolore. Invece Giuseppe era vivo ed era stato portato in Egitto per essere venduto come schiavo. "Lo compro io", disse Putifarre, il capitano delle guardie del faraone. "Così potrà badare alla mia casa". Giuseppe si mostrò abile negli affari tanto che Putifarre lo fece diventare amministratore dei suoi beni. La moglie di Putifarre, però, si innamorò di Giuseppe».

«Che cosa significa che si innamorò?», interruppe Gesù.

«Si innamorò significa che l'amava, le voleva bene».

«Come tu con la mamma?».

«Sì, proprio così. Ma adesso stai calmo e cerca di addormentarti. Allora, si innamorò di Giuseppe ma lui la rifiutò e per questo finì nei guai. "Mi ha offeso", disse la donna al marito. Non era vero ma Putifarre fece imprigionare Giuseppe. Un giorno il faraone fece un sogno strano: dal Nilo, il fiume, uscirono prima sette vacche grasse e poi sette vacche magre e poi vide sette spighe piene e sette spighe vuote. "Che cosa significa?", chiese il faraone ai saggi. Nessuno lo sapeva e uno di loro disse: "C'è un ebreo in carcere che è bravo a interpretare i sogni. Si chiama Giuseppe". "Portate qui Giuseppe", disse il faraone. Giuseppe fu portato davanti al faraone e gli disse: "Il sogno significa che ci saranno buoni raccolti per sette anni e poi seguiranno sette anni di carestia". Il faraone fu così colpito dalla capacità di Giuseppe di interpretare i sogni che lo fece uscire di prigione e lo nominò viceré in Egitto con l'incarico di amministrare i raccolti. Durante i sette anni buoni Giuseppe organizzò un piano per mettere da parte una grande quantità di provviste. Così, quando arrivarono i sette anni di carestia, l'Egitto superò senza problemi quel periodo mentre tutte le popolazioni vicine soffrirono la fame. La carestia arrivò fino in Terra d'Israele».

«La nostra terra?», domandò Gesù con un filo di voce perché si stava addormentando.

«Sì, Gesù».

«La nostra casa è lì?».

«Sì, la nostra casa è lì. Allora», riprese dolcemente Giuseppe «dalla Terra d'Israele Giacobbe mandò i figli a fare scorte di cibo in Egitto dal faraone e fu allora che Giuseppe li vide. "Questi sono i miei fratelli", pensò, "ma non mi hanno riconosciuto". I fratelli riempirono le loro sacche di cibo, ma lungo la strada del ritorno le guardie li fermarono. In un sacco c'era una coppa d'oro. Ce l'aveva nascosta proprio Giuseppe. I fratelli furono arrestati come ladri e vennero portati davanti al fratello viceré. “Potete tornare a casa, ma dovete lasciare qui vostro fratello Beniamino, il più piccolo”, disse Giuseppe. “No, per favore! Tieni noi ma fai tornare a casa Beniamino o a nostro padre si spezzerà il cuore”, implorarono i fratelli. “Piuttosto metti in prigione me”, disse Giuda. Giuseppe capì che i fratelli erano cambiati: non erano più malvagi. “Sono vostro fratello Giuseppe”, disse allora. “Andate a prendere nostro padre Giacobbe e vivremo tutti insieme in Egitto”. Grande fu la gioia di Giacobbe quando seppe che il suo amato Giuseppe era vivo. E così tutta la famiglia visse felice nella terra d’Egitto».

Gesù si era addormentato e Giuseppe si soffermò a osservarlo. Non riusciva a capire perché ogni volta che gli stava vicino si inteneriva al punto di commuoversi fino alle lacrime. In quel momento si avvicinò anche Maria. Si appoggiò sulle sue spalle, avvicinò il viso fino a sentire la sua barba e insieme guardarono Gesù in adorazione.

«Ama molto sentirti parlare e raccontare le storie», disse Maria. «Sai, Giuseppe, la mattina me le ripete ricordando ogni tua parola».

Giuseppe prese la mano di Maria, la tirò verso il loro giaciglio e le disse: «Sarà un grande oratore. Da grande chissà quante storie saprà raccontare. Ma adesso andiamo a dormire anche noi. Domani ci attende un’altra giornata dura».

La notte passò tranquilla. Giuseppe, come sempre, si alzò all’alba. Era sabato e, come ogni sabato, era festa. Aspettò che Maria e Gesù si svegliassero e tutti insieme andarono alla sinagoga. Giuseppe entrò, Maria e Gesù, come prescriveva la legge, assistettero alla cerimonia nel settore riservato alle donne dietro la grata. Dopo la lettura delle Sacre Scritture e il commento del rabbino, Giuseppe andò incontro a Maria nella piazzetta davanti alla sinagoga. Lei arrivò poco dopo, camminando lentamente sotto il sole, tenendo per mano Gesù che aveva ormai compiuto tre anni, ma, ti ricordo, lettore, parlava e conversava, inspiegabilmente per i genitori, come se ne avesse dieci.

«Maria! Maria!», gridò Giuseppe per attirare la loro attenzione.

«Giuseppe... non correre! Sono qui... che c'è?».

«Maria! Re Erode è morto!».

Maria restò senza parole.

«Maria, tutti gli uomini della comunità ne stanno parlando ora, in sinagoga. È sicuro. Ne parlano i mercanti fenici, i romani, gli idumei, i nabatei, anche i nostri marinai. Dicono che Erode è morto a Gerico all'inizio della primavera, vecchio, malridotto, divorato dalla cancrena e dai dolori».

Maria sospirò: «Forse possiamo tornare a casa, Giuseppe...».

«Sì, bisogna prepararsi, però non posso chiudere la bottega improvvisamente. Ci sono tante ordinazioni in sospeso, dobbiamo consegnare. E poi ci sono i miei operai, i miei apprendisti, la scuola. No, non possiamo chiudere subito».

«Già...», mormorò Maria stringendo la mano di Giuseppe con spontanea complicità. «Decideremo domani».

Si incamminarono lentamente, sotto il sole del pomeriggio, lungo i vicoli in terra battuta; Giuseppe seguiva assorto il filo dei suoi pensieri, mentre Maria stringeva Gesù in braccio: «Oh, come sei diventato pesante!», si lamentò compiaciuta.

«Maria», disse all'improvviso Giuseppe. «Ho avuto una idea. Potrei chiedere ai miei operai di lavorare di più per velocizzare le consegne. E poi...».

«E poi?», domandò ansiosa Maria.

«E poi lascerò tutto a loro. Sì, Maria, ho deciso: lascerò tutto ai miei operai e ai miei apprendisti. Il laboratorio, la scuola... Tutto, Maria. Tutto. Non abbiamo bisogno di fare un guadagno con la vendita. Abbiamo ancora parte dell'oro di re Baldassarre».

«A me è rimasto poco dei doni degli altri due re», disse Maria con un sorriso malizioso.

«Poco?», si sorprese Giuseppe.

«Sì, devi sapere che ogni mattina dopo il bagnetto ho spalmato Gesù con la mirra, il balsamo che Melchiorre ci ha regalato a Betlemme. Grazie a quel balsamo vedi che pelle dorata ha il nostro bambino».

«E l'incenso, Maria?».

«Ho usato anche l'incenso del re Gaspare. Non ti sei nemmeno accorto che la nostra casa è sempre profumata?».

«Hai ragione, Maria. Ora capisco, a casa mi sembra di vivere nella sinagoga, pensavo che fossero i nostri abiti a profumare così. Perché, Maria, hai consumato quei doni?».

«Per lo stesso motivo per cui tu hai usato e vuoi usare l'oro del re Baldassarre. Ci hanno detto che Gesù è il re dei re e allora abbiamo il dovere di trattarlo come un re».

Una notte, era la fine dell'inverno, Giuseppe sentì una voce in sogno: "Alzati, prendi con te il bambino e sua madre e torna a casa. Gesù non corre più alcun pericolo perché sono morti coloro che insidiavano la sua vita". Quando si svegliò, scosse Maria e le disse: «Partiamo, Maria. Il tempo di prepararci e partiamo. È quasi primavera e la traversata del deserto è più facile ora che in piena estate. E poi Gesù ha più di tre anni e può affrontare la fatica del viaggio».

Abigail, quando seppe della partenza imminente, pianse. «Perderò una sorella!», disse a Maria portandole in dono alcune coperte di lana grezza.

«Così nessuno di voi batterà i denti di notte, per il freddo del deserto», mormorò Abigail con gli occhi rossi. «Forse anch'io un giorno tornerò nella terra promessa e potrò rivedervi, se Dio lo vorrà!».

«Non piangere, Abi», le disse Gesù tirandole la tunica. «Io ti voglio tanto bene. Tantissimo!».

E iniziarono il viaggio. «Percorreremo a ritroso la via che abbiamo fatto come fuggiaschi», disse Giuseppe rivolgendosi a Maria che, contrariamente al viaggio di andata, quando aveva appena partorito, camminava a passo veloce accanto al marito. Gesù stava in groppa all'asinello.

5

Arrivarono a Gerusalemme. «Andiamo al Tempio», disse Giuseppe. «Facciamo tutto quello che non abbiamo potuto fare quando Gesù è nato. Dobbiamo ufficializzare la sua nascita e comunicare al rabbino che il bambino è stato circonciso secondo la legge ebraica».

All'ingresso del Tempio c'era un uomo anziano che da anni viveva di elemosina. Appena sentì passare Giuseppe con Maria, che teneva Gesù in braccio, si alzò, li seguì, si avvicinò ed esclamò: «Ora posso morire. Lascia che il tuo servo se ne vada in pace, o Signore, secondo la tua parola. Non sorprendetevi di quello che dico. Mi chiamo Simeone, sono un vecchio che ha tanto atteso il giorno della sua salvezza. Ora i miei occhi possono contemplare colui che Iddio ha mandato in terra. Colui che darà la salvezza a tutti gli uomini». Poi si rivolse a Maria: «A te, madre del re di Israele, un giorno una spada trapasserà il cuore».

Simeone poi si chinò verso Gesù, gli sorrise. «Posso?», domandò alzando i suoi occhi buoni e imploranti. Maria rispose di sì con un cenno. Simeone prese in braccio Gesù e mormorò soddisfatto: «I miei occhi hanno visto il re di Israele».

Il rabbino restò molto turbato dalle parole di Simeone e, quando tornò a casa, ne parlò alla moglie: «Forse oggi ho conosciuto il Messia, l'uomo che salverà il nostro popolo».

Prima di lasciare la Giudea, Maria si ricordò dei cugini di Betlemme: «Andiamo a salutare Nataniele», disse. «Dobbiamo ringraziare lui e la sua famiglia. Se siamo vivi, è grazie a loro».

«No, lasciamo stare», rispose Giuseppe. «Sono accadute molte cose tristi dopo la nostra partenza per l'Egitto».

«Ma voglio avere notizie dei nostri cugini di Nazaret: Elia, Sara e i loro due figli», insistette Maria.

Giuseppe si accarezzò la barba come usava fare quando qualcosa lo preoccupava. Poi si decise: «Maria, non ci sono più».

«E dove sono?».

«Perdonami, non te l'ho mai detto per non turbarti. Seppi tutto da una carovana di fuggiaschi che incontrammo nel deserto durante il nostro viaggio in Egitto. Gli uomini di Erode hanno ucciso Giovanni, il bambino più piccolo di Elia e Sara. È stata uccisa anche Sara. Elia e l'altro figlio, Simeone, se ne sono tornati a Nazaret. Li troveremo lì».

«Giuseppe», sussurrò Maria terrorizzata mentre le lacrime le fermavano il respiro. «Perché è accaduto questo?».

Giuseppe non rispose.

Maria insistette: «È per colpa nostra?», domandò. «È per colpa sua? Di Gesù?».

«Non lo so, Maria. Forse è scritto così. Forse un giorno sapremo qual è il disegno divino».

In Giudea la situazione era ancora difficile. Devi sapere, lettore, che dopo la morte di Erode, c'era ancora il terrore. Erode aveva lasciato il regno di Giudea diviso in tre parti ai suoi tre figli: Archelao in Giudea, e quindi sovrano di Gerusalemme; Erode Filippo, tetrarca, nella Transgiordania superiore, con le città di Cesarea di Filippo e Betsaida; Erode Antipa, anche lui tetrarca, nella Galilea e nella Perea.

Archelao era più crudele del padre e l'imperatore di Roma, Augusto, aveva mandato un console per placare la sua tirannia. In Giudea, anche Archelao, come il padre Erode, aveva spie dappertutto e ogni forestiero era guardato con sospetto.

Giuseppe capì che era meglio non farsi notare e decisero di riprendere subito il lungo viaggio a piedi per Nazaret.

«Fermiamoci qui», disse una sera Giuseppe dopo tanta strada. «Là in fondo c'è una carovana: forse sono pellegrini come noi. Non disturbiamoli ma, stando vicino a loro, saremo più sicuri se dovesse assalirci qualche bestia feroce».

Maria stese la stuoia vicino alle rocce. Appoggiò le spalle e fece cenno a Gesù di avvicinarsi per allattarlo.

È importante che tu sappia, lettore, che a quei tempi le madri allattavano i figli, anche fino a quattro anni. Se il latte era buono, anche più avanti. Maria lo aveva ancora nutriente e abbondante e così poteva viaggiare senza preoccuparsi del cibo per il bambino.

Quella sera Giuseppe liberò l'asino dai bagagli. Poi, come era solito fare, divise le sacche che contenevano l'oro e le mise in due posti diversi. Una la nascose sotto una grande pietra, l'altra sopra la stuoia che gli faceva da cuscino. Raccolse la legna e accese un falò.

«Farà luce e ci scalderà per la notte», disse Giuseppe che si sentì improvvisamente afferrare alle spalle. Due ladroni silenziosamente si erano avvicinati: avevano gli occhi duri di cattiveria, il viso seminascosto dal mantello di lana e dal turbante quasi calato sugli occhi. Impugnavano un pugnale lungo quanto un braccio. Giuseppe sentì la lama pungergli il collo.

«Che cosa volete?», urlò mentre l'uomo gli storceva il braccio dietro la schiena.

«Dacci tutto quello che avete», minacciò il ladrone che sembrava il più cattivo e che si era diretto verso Maria.

«Vi darò tutto quello che abbiamo», tentò di calmarlo Giuseppe e fece cenno con gli occhi di cercare nella sacca sopra la stuoia.

Ma l'altro, il cattivo, aggredì Maria. «Ah, che bel bocconcino», disse. Poi si rivolse al compagno: «Tito, tieni a bada l'uomo che ho voglia di divertirmi con questa fanciulla».

«Non fateci del male: è mia moglie, là c'è il nostro bambino», pregò disperato Giuseppe. «Prendete tutto quello che abbiamo. Ma non fatele del male».

Il ladrone si avvicinò a Maria. La strappò da Gesù e la bloccò sulla roccia. Le tolse il lungo velo bianco e le fece scivolare la tunica dalla spalla.

«Ora ci divertiremo. Sei giovane e bella. Tito, chi l'avrebbe mai immaginato che in questa zona sperduta avremmo fatto questo incontro?».

Gesù si svegliò e scoppiò a piangere.

«Lasciatemi», implorò Maria. «Sono una madre, lui è il mio bambino».

«Una bella madre. Devi essere anche sfrontata, se tu, così giovane, hai sposato quel vecchio. Ora vieni perché voglio divertirmi con te».

Gesù piangendo si avvicinò al ladrone che il compagno aveva chiamato Tito e che stringeva alla gola Giuseppe. Sempre piangendo, si aggrappò alla sua gamba e gli tirò la tunica.

Tito incrociò i suoi occhi e, come fulminato, mollò la presa sul collo di Giuseppe urlando al compagno: «Dumaco, lascia la donna. Ti darò anche la mia parte. Qui c'è una sacca colma d'oro. Ti basterà per tutta la vita. Se lasci quella donna, anche il mio oro sarà tuo».

Dumaco restò sorpreso e allentò la presa. Maria ne approfittò per correre accanto a Gesù e al marito. Tito lanciò la sua sacca al compagno e ordinò: «Andiamo, Dumaco. Per stasera basta».

«Donna, chissà quale dio ti ha protetto», disse sprezzante Dumaco. «Ma sento che ci rivedremo. E allora non ci sarà questo idiota di Tito a fermarmi».

Se ne andarono, ma ricorda, lettore, i nomi dei ladroni: Dumaco, il cattivo, e Tito, il buono. Questi due li ritroverai alla fine della storia.

6

A Nazaret, Giuseppe spinse la porta di casa che cigolò con il rumore della ruggine. Entrarono: il tempo aveva ricoperto tutto di polvere; aveva sfondato il tetto; aveva arrugginito ogni cosa. L'orto si era riempito di foglie secche e di sporco.

Maria abbassò lo sguardo sugli occhi di Gesù: «Non importa», disse decisa. «Siamo tornati a Nazaret. Questo conta».

Il paesaggio e le case del borgo erano rimasti come li avevano lasciati: vederli bastò a farli stare meglio. Giuseppe toccò ancora la porta per sentirne meglio il cigolio. Sorrise: «Sarà il mio primo lavoro. Domani questo rumore non ci sarà più». Allungò poi la mano verso lo stipite destro della porta: «Ah, meno male, è al suo posto», e afferrò un astuccio di legno.

«Vedi, Gesù», disse, «in questo astuccio c'è la pergamena su cui è scritta la preghiera che tutti i giorni noi ebrei recitiamo: "Ascolta Israele. Il Signore è il nostro Dio, il Signore è uno". È l'astuccio dei nostri avi. A me l'ha dato mio padre che, a sua volta, l'aveva ricevuto da suo padre. Io lo darò a te. Ora lo rimetto al suo posto e lo toccheremo ogni volta che entreremo e usciremo».

La casa fu ripulita in poco tempo. La bottega, però, era in pessime condizioni: gran parte degli attrezzi erano stati rubati. Giuseppe si domandò come potesse lavorare senza sega, senza tenaglie e senza pialla.

«Soldi per ricomprare gli attrezzi, non ne abbiamo, Maria», disse sconsolato.

«Abbiamo ancora parte dell'oro del re Baldassarre», gli ricordò Maria.

«Sì, per fortuna sono riuscito a salvarne una sacca dalle mani di quei due ladroni, quella che avevo nascosto sotto la grande pietra. Però non la toccherò. È di Gesù. E gliela darò quando avrà compiuto la maggiore età».

Maria alzò gli occhi dalla tela che stava ricamando. «Che cosa pensi di fare, allora?».

«Andrò a Sefforis a cercare lavoro in un cantiere...».

«Padre», la vocetta trillante di Gesù interruppe la conversazione. «Padre, c'è un signore alla porta... dice che è venuto per te...».

«Fallo entrare».

Gesù andò alla porta e, dopo qualche minuto, ritornò accanto a un omone dal viso scurito dal sole.

«Elia!», Giuseppe balzò in piedi.

«Giuseppe! Ho saputo del vostro ritorno!».

Si abbracciarono e si commossero ricordando quante cose erano accadute da quando si erano separati a Betlemme: Giuseppe era scappato con la famiglia in Egitto ed Elia aveva visto la sua vita distrutta dalla follia di Erode che gli aveva ucciso la moglie e il figlio Giovanni.

«E questo frugoletto è il tuo Simeone?», domandò Giuseppe.

«Sì, è Simeone. È l'unico figlio che mi è rimasto. Hai saputo di Sara e di Giovanni?».

«Sì, ho saputo. Mi dispiace», disse Giuseppe con la voce strozzata dalle lacrime, abbracciando ancora il cugino.

«E questo giovanotto?», disse Elia sorridendo a Gesù.

«È mio figlio. Tu non puoi ricordartelo. È Gesù. Era appena nato...».

«Gesù, non è possibile... È così cresciuto. È più alto di Simeone che ha quattro anni di più. Vieni, Gesù, abbracciami».

Gesù lo abbracciò velocemente e, un attimo dopo, era già fuori per strada a giocare con Simeone.

«Siediti con noi, Elia, e raccontaci che cosa è successo qui, mentre eravamo in Egitto», disse Maria preparando le panche intorno alla tavola, mentre Giuseppe si preoccupò di prendere la brocca del vino.

Elia si lasciò cadere sulla sedia e sospirò: «Della mia tragedia non voglio più parlare».

«Come vuoi, Elia. Parliamo di Nazaret».

«Allora non sai niente, Giuseppe...».

Giuseppe sollevò le sopracciglia, con aria interrogativa.

«Stiamo vivendo momenti duri in tutta la Galilea. Dopo la morte di Erode il Grande, sono diventati sempre più difficili i rapporti tra i giudei e i romani. Ci sono i guerriglieri zeloti che stanno rendendo la vita dura ai soldati dell'imperatore Augusto. Continuano a organizzare agguati, a preparare attentati contro i romani e contro tutti coloro che hanno rapporti con Roma. Viviamo nel terrore di attentati e, di conseguenza, nel terrore delle rappresaglie dei romani. Nei giorni scorsi un certo Giuda il Galileo alla testa di un gruppo di ribelli è entrato nel palazzo reale di Sefforis e ha rubato molte armi, poi, con i suoi zeloti, ha guidato una rivolta antiromana. Per stanarli i romani hanno distrutto la città. Ora la stanno ricostruendo».

«Sì, lo so. Sto cercando lavoro proprio da quelle parti».

Rimasero in silenzio.

«Ma che cosa vogliono questi zeloti? Perché non riusciamo a vivere tranquilli?», tornò a domandare Giuseppe.

«Sono ribelli armati, rivoluzionari. Sono convinti che riusciranno a sconfiggere i romani e a liberare la Palestina. Illusi. Dicono anche che presto arriverà un liberatore che li aiuterà a cacciare i romani. Aspettano il Messia, un discendente del re Davide che, a loro dire, diventerà il nuovo re d'Israele».

Elia e Giuseppe rimasero a lungo a parlare.

«Si è fatto tardi», disse Elia alzandosi. «Domani, Giuseppe, ti aspetto in sinagoga».

«Ci sarò».

Giuseppe seguì con lo sguardo Elia che si allontanava tenendo per mano Simeone.

"È cambiato", pensò. "Non è più l'uomo che conoscevo. È come se mi nascondesse qualcosa". Ne parlò anche con Maria, che sospirò: «Con quello che ha passato, è già una fortuna che riesca a vivere. Io sarei diventata pazza». Quella sera andarono a dormire esausti.

La mattina dopo Maria ebbe una sorpresa. Gesù rientrò in casa dall'orto mangiucchiando una mela. L'aveva colta dall'alberello.

«Ma come? Mangi la mela?», si sorprese Maria che con tenerezza aggiunse: «Allora ti sei svezzato da solo. Quasi quasi oggi, se vuoi, ti preparo una minestra».

«Sì, mamma, la voglio. Ormai sono grande. Simeone mi ha detto che presto andrò a scuola».

Maria però aveva ancora molto latte e così, dopo la sorpresa e la gioia per l'improvviso svezzamento, sorse il problema di come perderlo. Maria pensò di rivolgersi ad Anìa che, come ricorderai, a Nazaret era considerata un medico.

«Maria!», esultò Anìa quando la vide. «Come stai? Quanto tempo! E il bambino cresce bene?».

«Sì, ormai è un ometto, cara Anìa. Se sono venuta qui da te, è proprio perché voglio parlarti di lui. Questa mattina ha improvvisamente mangiato una mela e rifiuta il mio latte. Insomma, si è svezzato da solo. Io però sto già male, il seno mi scoppia di latte e non so come fare».

«Stai serena. Vedrò come farlo finire. Certo è un peccato. Il tuo latte deve essere proprio buono se, come mi dici, Gesù è cresciuto bene. Tu sei giovane, sei sana... Se solo volessi...».

«Se volessi che cosa, Anìa?».

«Se volessi fare un'opera buona, potresti per qualche tempo fare da balia a tanti bambini che non hanno una mamma».

«Che cosa vuoi dire?».

«Potresti allattare qualche bambino che ha perduto la madre o potresti sostituire una mamma che di latte non ne ha proprio. Tanti neonati muoiono proprio perché le mamme non hanno latte. Perché allora buttare via il tuo?».

«Oh, Anìa, io potrei aiutarli?... Dovrei sostituirmi alle loro mamme?».

«Se tu lo volessi, sì».

«E Gesù? Ne soffrirebbe?».

«No, penso che sarebbe invece contento. Avrebbe intorno a sé tanti fratellini e tu stessa saresti felice di fare crescere altri bambini».

«Allora, prima parlerò con Giuseppe e Gesù. Ti farò sapere».

Maria se ne andò dalla casa di Anìa con la testa in subbuglio. L'idea di fare da madre a bambini condannati a sicura morte la incoraggiava a dire di sì. Nello stesso tempo, però, aveva paura di togliere qualcosa al marito e al figlio.

Maria parlò prima con Gesù che fu entusiasta: «Mamma, è bello. Sono felice. Avrò così dei fratellini».

Giuseppe, invece, restò perplesso: «Maria, come ti è venuto in mente? Ancora non riusciamo a comprendere che cosa ci è accaduto con Gesù e adesso vuoi occuparti di altri bambini?».

«Ma per Gesù sarebbe bello crescere con dei fratelli», insistette Maria.

«Va bene», si convinse Giuseppe, «fai in modo però che in casa per noi, per te e per Gesù non cambi nulla».

«Stai tranquillo, Giuseppe. Non ti accorgerai di niente. Le mamme mi porteranno ad allattare i loro bambini quando tu sarai al lavoro nella tua bottega».

Maria cominciò a fare da mamma a due bambini: Giacomo, che aveva più o meno l'età di Gesù, e Simone, nato pochi giorni prima e rimasto subito orfano perché la madre era morta di parto. Poi arrivarono Giuseppe e Giuda, perché le loro madri avevano poco latte.

«Sono i miei fratellini», diceva Gesù a tutti. Il bambino a cui si affezionò di più era Giacomo, figlio di un vicino. Il padre lavorava come tagliapietre e spesso andava al lavoro insieme con Giuseppe.

I bambini erano arrivati malaticci e deperiti ma in poco tempo, grazie al latte di Maria, crebbero anche loro sani e forti.

Un giorno la casa si riempì improvvisamente di allegria. Era arrivata Elisabetta, la cugina di Maria che abitava ad Ain Karin, la città sui monti della Giudea.

Ti ricordi di lei, lettore? Maria anni prima era andata a trovarla quando l'angelo le aveva annunciato che anche la cugina era incinta, nonostante fosse già in età avanzata. Elisabetta aveva poi avuto un figlio che aveva chiamato Giovanni. Il padre, molto anziano anche lui, era il sacerdote Zaccaria.

«Appena ho saputo dai nostri cugini di Betlemme che eri tornata a Nazaret, ho subito fatto di tutto per venirti a trovare, per vedere il tuo bambino e per farti conoscere il mio», disse Elisabetta, mentre metteva a posto i suoi bagagli.

In quel momento entrò in casa come una saetta un bambino inseguito da Gesù.

«Ecco, Giovanni», disse Elisabetta prendendo per un braccio il figlio e fermando la sua corsa.

«Ed ecco Gesù», sorrise Maria.

I due bambini erano sporchi di fango. I visi erano una maschera; le mani e le ginocchia erano nere come la pece. Erano diventati subito amici e del resto avevano la stessa età: Giovanni era più grande solo di sei mesi.

«Voglio stare un po' di tempo con te», disse Elisabetta. «Ormai gli anni per me sono tanti. Mi resta poco e voglio fare capire a Giovanni che, anche dopo di me, potrà contare su una famiglia. Non so, Maria, che cosa Iddio ha programmato per lui. È così strano. In verità anche la sua nascita è stata strana. È arrivato quando né io, né tanto meno mio marito, Zaccaria, pensavamo più a un figlio. Ma ora parla tu, Maria. Raccontami che cosa è stata la tua vita dopo che venisti da me».

Maria raccontò tutto. Accennò ai problemi che aveva avuto con Giuseppe quando gli aveva detto che era incinta nonostante fosse pura, ma sorvolò sui particolari della discussione che aveva avuto con lui. Le raccontò, invece, con ricchezza di particolari, il giorno della nascita di Gesù, la visita dei tre sovrani stranieri, la fuga in Egitto, la rapina dei due ladroni e il ritorno a Nazaret.

«Anche per me non è stato un periodo facile», riprese Elisabetta. «Mio marito Zaccaria è morto ormai da qualche anno: era così vecchio, stanco».

«Lo immaginavo. Quando ero venuta a trovarti, aveva problemi di parola».

«Sì, era diventato muto per una punizione divina».

«Punizione divina?».

«Sì, non credette alle parole dell'angelo che gli annunciava la nascita di nostro figlio, nonostante fossimo vecchi e nonostante io fossi sterile».

«Ma allora, perché muto?», balbettò Maria rabbrividendo.

«L'angelo annunciò che il nostro bambino sarebbe stato un profeta e avrebbe aperto la strada all'arrivo del Messia. Ci disse anche che avremmo dovuto chiamarlo Giovanni».

Maria scosse la testa e abbassò gli occhi per farle capire che quel discorso non si sentiva di affrontarlo. Poi ripeté la domanda: «Ma perché Zaccaria diventò muto?».

«Zaccaria non credette alle parole dell'angelo. "Io sono vecchio", gli disse, "e mia moglie è troppo avanti negli anni per diventare madre". "Io sono Gabriele", replicò la voce, "e sono stato inviato da Dio per parlarti e darti questa buona notizia. Ma, giacché dubiti, tu sarai muto e non potrai parlare fino al giorno in cui si realizzerà ciò che ho detto"».

Maria strinse la mano di Elisabetta: «Oh, povero Zaccaria».

«Sì, proprio così», sospirò Elisabetta che poi continuò a raccontare: «Zaccaria uscì dal Tempio senza riuscire più a parlare. Tutti quanti pensarono che avesse avuto una paralisi».

«E poi, che cosa è accaduto?», domandò sbalordita Maria.

«È accaduto tutto quello che l'angelo Gabriele aveva annunciato. Io ho partorito il bambino e il giorno della circoncisione, quando arrivò il momento di ufficializzare il suo nome, i nostri parenti volevano dargli il nome di suo suocero, Zaccaria. Io invece dissi che volevo chiamarlo Giovanni, come l'angelo mi aveva detto di fare. "Ma non c'è nessuno della famiglia che si chiami con questo nome", insistettero i parenti che poi domandarono a Zaccaria come voleva che fosse chiamato. E Zaccaria chiese una tavoletta e vi scrisse sopra: "Il suo nome deve essere Giovanni". Subito dopo cominciò a parlare: la punizione era finita, Dio aveva perdonato la sua diffidenza».

Maria si commosse e sospirò: «Elisabetta, questa storia è simile alla mia. Anche con me l'angelo Gabriele fu chiaro. Ma io a questa cosa non ci penso mai, non ci voglio pensare. Nemmeno con Giuseppe ne parlo, anche se questo pensiero è sempre nei nostri cuori». Poi fissò Elisabetta negli occhi, la sua voce si fece tremante: «Che cosa sarà dei nostri due bambini?».

Elisabetta si asciugò le lacrime con le mani. Maria vide i suoi occhi spaventati mentre le diceva. «Non so, Maria. Non capisco. Ho tanta paura per loro».

Quella notte, tormentate dai ricordi e dalle preoccupazioni per il futuro, fecero fatica a addormentarsi.

Elisabetta decise di fermarsi più a lungo di quanto aveva previsto perché Giovanni e Gesù stavano bene insieme: giocavano tutto il giorno e la sera parlavano a lungo prima di addormentarsi. Era Giuseppe che li zittiva con la sua voce burbera e roca minacciandoli di portarli in bottega a lavorare, se non avessero dormito.

Una mattina tutti furono bruscamente svegliati da forti colpi alla porta. Giuseppe andò ad aprire.

Era Amos: «Nascondetevi, presto. Ci sono i soldati romani. Gli zeloti hanno messo a ferro e fuoco le città della Galilea con una serie di attentati alle guarnigioni romane. La rappresaglia dell'imperatore Augusto non si è fatta attendere. Ha mandato qui da Roma ventimila soldati sotto il comando di Quintilio Varo e sta succedendo l'inferno. Stanno arrivando a Nazaret. Fate presto, uscite. Nascondetevi».

Maria impallidì. Giuseppe si preoccupò: «Ma dove andremo?».

«I soldati di Roma hanno raso al suolo Sefforis. Quintilio Varo ha fatto crocifiggere duemila ebrei...», disse con crudezza Amos facendo capire che non c'era tempo da perdere.

«Oh mio Dio!», Maria si nascose il volto tra le mani.

«Giuda il Galileo, il capo degli zeloti, è sfuggito alla cattura insieme con il suo braccio destro, un uomo che tu, Giuseppe, conosci bene...».

Giuseppe diventò bianco come la pezza di lino che Maria aveva tra le mani.

«Di... di chi stai parlando, Amos?», balbettò.

«Di tuo cugino Elia», rispose Amos a voce bassa nel timore che qualcuno potesse ascoltare. «Dopo che re Erode gli ha ammazzato la moglie Sara e il figlio più piccolo, Giovanni, lui, Elia, è diventato zelota e ora non si sa che fine abbia fatto. È sparito anche il primogenito Simeone. Alcuni dicono che sia stato ucciso durante la rappresaglia di Quintilio Varo. Potrebbe essere stato crocifisso».

«Ma che dici?», alzò la voce Giuseppe. «Elia mi ha fatto visita. Mi ha parlato male degli zeloti. Li odiava. Com'è possibile che stia con loro? Suo figlio ha giocato con Gesù. Anche Simeone è sparito?».

«Sì, anche di lui non si sa più nulla. Sono tutti così», insistette Amos. «È la loro strategia. Gli zeloti nascondono le loro idee per non destare sospetti. Solo quando sono insieme, tra loro, manifestano l'odio verso Roma».

Maria sentì un dolore al petto, come se fosse stata trafitta da una lama e fece scivolare sul viso le lacrime che aveva trattenuto fino a sentire male agli occhi.

Giuseppe era spaventato e restò seduto senza forze perché non sapeva che cosa fare. Amos ancora una volta lo invitò a fuggire: «Non abbiamo tempo, andiamo a nasconderci», alzò la voce.

Senza che qualcuno potesse fermarlo, il piccolo Giovanni, che aveva visto la porta aperta, approfittando della grande confusione, corse fuori gridando: «Vado a vedere i soldati». E in quel momento tutti furono presi dal panico perché la terra tremò sotto gli zoccoli dei cavalli. Da fuori arrivarono urla concitate. Elisabetta si affacciò sulla strada e vide donne, uomini e bambini a piedi nudi che correvano terrorizzati. Gridò disperata: «Giovanni!». Maria, Giuseppe e Gesù gridarono: «Giovanni!». Sotto il sole caldissimo giacevano distesi decine di corpi lungo la strada, sotto gli alberi, vicino alla sorgente. Alcuni corpi stavano rigidi, altri si torcevano e i lamenti tormentavano l'aria.

«Giovanni!», gridò ancora più forte Elisabetta, finché il pianto le strozzò la voce.

Giovanni era sparito. Giuseppe domandò a un uomo se avesse visto il bambino. Glielo descrisse. L'uomo, barcollando e ansimando, rispose: «Ho visto un soldato a cavallo. Si portava via un bambino. Galoppavano verso il deserto».

Elisabetta gridò per l'ultima volta, poi si portò una mano alla gola che strinse come se volesse strappare la sensazione di soffocamento; appoggiò l'altra mano sul cuore: «Giovanni», mormorò con l'ultimo filo di voce. Poi si inginocchiò, guardò Maria con gli occhi sbarrati che chiedevano di aiutare il suo Giovanni, e si lasciò cadere senza vita.

Gesù restò in silenzio a guardare Giuseppe che sollevava il corpo di Elisabetta. Strinse la mano della madre che non riusciva a frenare le lacrime spinte dalla disperazione fuori dagli occhi.

«Mamma, non piangere», disse Gesù. «Elisabetta non

è morta. Adesso vivrà per sempre. Non piangere. Anche Giovanni non è morto».

La corsa dei cavalli era finita. I soldati, dopo avere ucciso senza pietà, si erano allontanati.

Il villaggio sembrava un deserto di morti e l'aria si fece improvvisamente silenziosa. Nessuno fiatava. La gente cominciò a cercare i propri familiari tra i corpi senza vita, a contarli, a seppellirli. Il lamento dei superstiti cominciò a rompere il silenzio: «Anche lui... Questo è tuo figlio... E questo è il mio». Giuseppe e Maria seppellirono Elisabetta senza mai perdere d'occhio Gesù, come se temessero che potessero rubarglielo.

Fu solo a sera, quando si ritirarono in casa, che Maria e Giuseppe tornarono in sé e con sgomento pensarono alle parole del figlio.

«Ha detto che Elisabetta non è morta, che vivrà per sempre, che nemmeno Giovanni è morto. Questo nostro figlio parla come un adulto. Le sue parole mi sconcertano», sussurrò Maria.

«Forse lui è nel giusto», cercò di placare l'ansia Giuseppe. «La nostra mente vacilla davanti a cose come quelle che abbiamo visto oggi. Ma lui... Lui forse vede oltre, se... Se è il figlio di Dio».

Maria restò sgomenta: «Sì, a volte dimentico chi... chi è... Suo padre. Forse Gesù sa tutto prima e conosce la ragione di quel che accade... Noi non possiamo capire... Ma, Giuseppe, ho paura: lui è così piccolo».

Anche quella notte per Maria e Giuseppe fu difficile prendere sonno. Ancora all'alba Giuseppe era sveglio e sentiva il lamento di Maria. Solo Gesù dormiva sereno.

7

Nelle settimane che seguirono Giuseppe trovò lavoro a Sefforis, dove c'erano molti cantieri aperti. Erode Antipa stava ricostruendo la città seguendo lo stile architettonico dei romani. Maria pianse per molte notti la morte di Elisabetta e la scomparsa del piccolo Giovanni; Gesù iniziò a frequentare la scuola della sinagoga, insieme con gli altri bambini del villaggio.

A Nazaret l'inverno arrivò e passò, senza scosse; e così per anni. Tutto seguiva il ritmo quieto delle stagioni, sebbene con il nuovo re, Erode Antipa, le tasse non fossero diminuite.

Gesù stava subendo un cambiamento fisico e psichico così veloce da sembrare inspiegabile; egli stesso ne era turbato, si confrontava con i compagni, ne parlava con i maestri a scuola e soprattutto con la madre. Un giorno tornò con il viso stravolto. Maria se ne accorse e si avvicinò. Gesù tremava: «Mamma, chi sono io? A volte non capisco».

«Che cosa ti accade, Gesù? Dillo a tua madre».

«Non so spiegarlo. Talvolta mi sembra di non fare parte di questo mondo. Vorrei essere come i miei compagni».

«E non lo sei?», fu dolce Maria.

«Mi capita di fare cose che altri non fanno».

«Parlamene», lo abbracciò Maria.

E Gesù raccontò d'un fiato: «Un giorno, mentre passeggiavo per le strade di Nazaret insieme con Giacomo, ho incontrato un mendicante: era cieco. Ci siamo incrociati, io l'ho guardato e lui mi ha salutato chiamandomi per nome e dicendomi: "Gesù, mio Signore, fa' che io veda". Perché mi ha parlato così? Come faceva a conoscere il mio nome? Io, senza rendermi conto di quel che dicessi, gli ho sussurrato: "Non è arrivato il mio tempo". L'ho detto così senza pensare. Perché?».

«Forse quell'uomo conosceva la tua voce, forse aveva sentito il tuo nome da qualcuno oppure voleva semplicemente un aiuto», rispose calma Maria, ancora convinta che non spettasse a lei rivelargli la verità sulla sua nascita.

Gesù si innervosì, sentì una vampata di calore avvolgergli la testa, afferrò un pezzo di pane e ne mangiò un grosso boccone masticando velocemente come se volesse mandare giù l'ansia che lo spingeva a gridare per sfogarsi. «Ma no, madre, non è così. Allora senti quest'altra cosa. Ero a scuola, il maestro aveva lasciato un libro di greco sul tavolo. Io non conosco il greco, tu lo sai. Però ho aperto il libro e ho letto come se quella lingua fosse la mia. Giacomo, che era vicino, mi ha detto: "Ma tu sembri appartenere a un altro mondo". Quale mondo, madre?».

Maria gli rispose con un abbraccio lungo, stretto, intenso. Cercò le parole, ma non le trovò e si addolorò a lasciare Gesù con le sue incertezze e le sue paure.

La sera, quando Giuseppe tornò dal lavoro, lo accolse con preoccupazione e gli raccontò tutto. «Forse dovevo spiegargli», si lamentò. «Ho fatto male a tacere ancora? Spetta a noi parlargli?».

Giuseppe era stanco perché aveva dovuto finire un tavolo, un pezzo unico lungo quattro metri in rovere, e poi lo aveva portato a spalla, sia pure aiutato da due persone, a un ricco commerciante di Sefforis. E tagliò corto perché non voleva affrontare l'argomento: «Lascia che le cose vadano come devono andare. Qualcuno ci dirà se e quando gli dovremo parlare. Ora dammi qualcosa da mangiare, poi vado a dormire».

Gesù aveva dodici anni quando, all'inizio della primavera, Giuseppe e Maria decisero di unirsi ad altre famiglie di Nazaret in un grande pellegrinaggio a Gerusalemme per festeggiare la Pasqua ebraica nella Città Santa. Li aveva coinvolti il rabbino Simone, anziano e malfermo: «Gesù è bravo a scuola e legge le Sacre Scritture con molta scioltezza. A volte la sua sapienza mi spaventa un po'. Perché per questa Pasqua non lo portate a Gerusalemme? Lì ci sono i dottori della Legge. Per lui sarà un viaggio interessante».

Viaggiarono quattro giorni per strade e sentieri animati da migliaia di pellegrini provenienti da tutta la Palestina: camminavano accalcati e si accampavano con le tende nei sobborghi delle città che attraversavano, come Betfage e Betania.

I pellegrini non sentivano la stanchezza, stavano allegri cantando, danzando, scambiandosi benedizioni e parole di conforto.

A Betania, Giuseppe si fermò per riposare e fece amicizia con uno del posto. Si chiamava Simone. Aveva tre figli più o meno della stessa età di Gesù: Maria, Marta e Lazzaro. Simone invitò Giuseppe e la famiglia a fermarsi nella sua casa per qualche giorno. Nacque così una bella amicizia tra i ragazzi, soprattutto tra Gesù e Lazzaro che si sedevano all'ombra di una grande palma fuori dalla città, lontani dai rumori del pellegrinaggio. Gesù parlava e Lazzaro ascoltava: erano affascinati l'uno dall'altro e stavano isolati dai coetanei, preferendo entrambi la conversazione ai giochi. Lazzaro stava attento a ciò che Gesù diceva e Gesù era invogliato ad aprirsi completamente davanti agli occhi dell'amico che lo fissavano incantati.

«Dove hai imparato tutte queste cose?», disse Lazzaro mettendo nella sua voce tutta l'ammirazione che gli riempiva il cuore. «Non si studiano a scuola».

«No, non si studiano a scuola. E io non so dove ho imparato. Queste cose le ho sempre sapute, hanno sempre fatto parte di me», disse Gesù e a Lazzaro sembrò che ci fosse tanta malinconia nella sua risposta.

Furono interrotti da Maria, la sorella più piccola di Lazzaro, che era un po' gelosa della loro amicizia. Anche lei era affascinata da Gesù, ma non per le sue parole: con l'innocenza dei suoi dodici anni, era incantata dall'azzurro dei suoi occhi che sapevano guardare con dolcezza. «È come se», confessò alla sorella più grande Marta, «ti parlassero di amore in ogni momento, anche quando la voce non si sente. Io mi addormento sentendo i suoi occhi che mi guardano e mi sveglio vedendo i suoi occhi accanto a me. Come può essere?».

«Ti stai innamorando, sorellina», la prese in giro Marta facendola arrossire prima che ribattesse: «Che dici? Io gli voglio bene come ne voglio a Lazzaro. Se la sua voce mi arriva al cuore, non è nel modo in cui pensi tu».

Furono giorni belli per i tre ragazzi, che si sentirono un po' tristi quando si salutarono perché Giuseppe aveva deciso che era ora di riprendere il viaggio. «Non piangere, Maria», l'abbracciò Gesù. «Ci ritroveremo, sento che le nostre vite si incroceranno ancora». Abbracciò anche Marta e poi sussurrò a Lazzaro, stringendolo al petto: «Non ti abbandonerò mai, ricordalo: neanche quando penserai che ti avrò abbandonato».

Lazzaro non capì come non capiva tante delle parole che diceva Gesù. Ma gli credette.

A Gerusalemme, come tutti, Giuseppe, Maria e Gesù, prima di partecipare alle solenni cerimonie della Pasqua, mangiarono azzimi, pani non lievitati, ed erbe amare come l'amarezza della schiavitù patita dagli antenati ebrei. Poi con gli altri pellegrini andarono al Tempio per ascoltare gli insegnamenti dei sacerdoti e per versare un obolo d'obbligo di mezzo siclo. Stettero ammassati ad aspettare che le porte si spalancassero per entrare nel Cortile degli Israeliti, dove i sacerdoti avrebbero bruciato l'incenso sull'altare d'oro e avrebbero sacrificato, come di rito, gli agnelli che erano considerati un'offerta di ringraziamento. Giuseppe prese Gesù per un braccio temendo che la confusione e la calca li separassero.

«Figliolo, con tutta questa ressa sarà facile perderci. Se non mi dovessi più vedere, non ti spaventare, mi raccomando! E ricordati che la nostra carovana ripartirà domani mattina: ci troveremo tutti presso le mura della città, a nord, e passeremo dalla Porta di Beniamino. Non te ne dimenticare».

Giuseppe aveva ben previsto: nella Sala del Tesoro, dove i pellegrini lasciavano il proprio obolo e pagavano la tassa per il Tempio, la folla era straripante e perse di vista

Gesù. Maria era rimasta invece in un altro Cortile perché quello degli Israeliti era precluso alle donne.

Gesù, spinto dalla folla, si trovò fuori dal Tempio. Guardò il cielo che quel giorno era grigio e minacciava pioggia. Mise la sacca delle provviste e la borraccia a tracolla e pensò di ripararsi dalla folla facendo una passeggiata per le strade della città.

Lettore, ricorda che Gerusalemme era situata su una collina, lontana dal mare e che era sempre stata considerata "la Città Santa". Fu re Davide, originario come Gesù di Betlemme, circa mille anni prima di questa vicenda, a fissare la capitale della Palestina a Gerusalemme. E fu re Salomone, discendente di Davide, a iniziare i lavori per la costruzione del Tempio, ponendo così la città al centro della coscienza religiosa del popolo ebraico. In seguito, molti anni dopo, Gerusalemme fu conquistata dal re babilonese Nabucodonosor che distrusse il Tempio e fece deportare migliaia di ebrei nella Babilonia che conosci ora come Iraq. Il dominio persiano ebbe termine duecento anni dopo, quando Gerusalemme fu conquistata da Alessandro Magno. Poi, sessantatré anni prima della vicenda che stiamo narrando, la città e tutta la Palestina caddero sotto il dominio romano: Roma, per evitare disordini, le lasciò una certa indipendenza permettendo che si autogovernasse. Quando Erode il Grande divenne re, il Tempio di Gerusalemme fu ricostruito e diventò meta di pellegrinaggi per tutti gli ebrei nei giorni della Pasqua. In questo periodo iniziò, prima sotterranea poi sempre più manifesta, la ribellione degli ebrei che volevano liberarsi dei romani. E negli anni in cui Gesù era fanciullo si formò il gruppo politico-religioso i cui adepti si chiamavano zeloti, che hai già incontrato in questa storia: dagli ebrei erano considerati partigiani accaniti dell'indipendenza politica del loro stesso popolo, e dai romani erano invece considerati terroristi. Il fondatore del gruppo era stato Giuda il Galileo che, lettore, ti abbiamo già fatto conoscere. E il centro della loro attività era proprio Gerusalemme. Ma, con gli zeloti, nacque anche una forma di banditismo, quella dei "sicari": li chiamavano così, come i piccoli pugnali che usavano per commettere assassini in pieno giorno e che nascondevano sotto le vesti. Poi, dopo il delitto, i sicari si univano a coloro che piangevano i loro morti e piangevano anch'essi, tanto disperatamente, da essere creduti familiari delle vittime.

Dunque, quel giorno Gesù era assorto a guardare il Tempio, quando udì un precipitoso scalpitio di cavalli. Si girò e fece appena in tempo a scansarsi per non essere travolto. Era un manipolo di soldati romani che trascinavano un prigioniero. Aveva gli abiti laceri e le mani legate davanti al petto. Una corda stretta stretta ai suoi polsi era tirata da un cavallo.

Gesù guardò il prigioniero. Era giovane. Il comandante del drappello fece cenno al gruppo di fermarsi vicino a un pozzo per placare la sete e per abbeverare i cavalli. Intorno si formò una folla di curiosi. Il prigioniero cadde a terra, sfinito. Quasi tramortito. Gesù si avvicinò lentamente, senza timore. Domandò sicuro a un soldato: «Di che cosa è colpevole?».

«È un ribelle. State lontani. Ha anche ucciso».

La folla intorno divenne ancora più rumorosa.

«State lontani!», urlò il comandante alzando la spada.

Gesù non gli fece caso. Si chinò verso il prigioniero e

gli allungò la borraccia. Prima che i soldati intervenissero, lo sventurato bevve tutta l'acqua. Poi alzò gli occhi e incrociò quelli azzurrissimi di Gesù che gli domandò: «Come ti chiami?».

«Sono Barabba».

«Io sono Gesù».

Fu un attimo.

Il comandante, temendo qualche sommossa per liberare il prigioniero, ordinò ai soldati di ripartire. Gesù rimase a lungo a guardare Barabba che veniva tirato senza pietà dai cavalli. E pianse per lui.

Lettore, ricorda il nome di Barabba: egli sarà ancora un protagonista, alla fine di questa storia.

La folla, che si era formata velocemente, altrettanto velocemente si disperse. Sul ciglio della strada rimase un piccolo gruppo di persone. Confabulavano e, nello stesso tempo, guardavano Gesù.

"È meglio che vada", pensò Gesù, raccogliendo la borraccia da terra e ponendosela a tracolla. Ma in quel momento un uomo si discostò dal gruppo e gli si avvicinò: «Salve, Gesù».

«Come conosci il mio nome?».

«Tutti abbiamo sentito il tuo nome quando lo hai detto a quel prigioniero. Abbiamo anche visto con che coraggio ti sei avvicinato a lui, sfidando quei bastardi che lo trattavano come una bestia. Ma la pagheranno. Pagheranno tutto. E tu ci aiuterai».

«Io?», domandò incredulo Gesù.

«Sì. Noi zeloti abbiamo bisogno di giovani come te».

«In che cosa credete?».

«Aspettiamo colui che ci guiderà. Che libererà Israele dagli oppressori. Quel prigioniero, Barabba, è uno dei nostri».

«È uno zelota?».

«Sì. Uno zelota. Odia Roma come tutti noi. Anzi, più di noi. La sua rabbia nei confronti di Roma è infinita. Pur di vedere morire un romano, si farebbe tagliare un braccio».

«Ho visto infatti l'odio nei suoi occhi», disse Gesù.

«Sì, è l'odio che c'è in tutti noi».

«Odiare non è bello, è più bello amare».

«Gesù, noi amiamo solo le donne. Se vieni con noi, festeggeremo la Pasqua come si conviene».

«Ma io sono con i miei familiari. Mi stanno aspettando».

«Sentite il nostro eroe», urlò divertito lo zelota dandogli una pacca sulla spalla come si usa tra amici e andando incontro agli altri compagni. «Vuole ancora il padre e la madre».

«Su, vieni con noi, Gesù. Questa sera ci divertiremo», lo invitò l'uomo. «Tu sei zelota, è vero?».

«Io, veramente, sono ebreo».

«Anche noi lo siamo», disse con aria complice colui che sembrava il capo e che, sollevando il mantello, mostrò un pugnale infilato alla cintola. «Ora, Gesù, ti porteremo in giro per la città. Ai luridi romani penseremo un altro giorno».

Gesù era incuriosito e pensò di non contraddirli e di seguirli anche per festeggiare il suo primo viaggio da quasi adulto: "Mio padre e mia madre penseranno che sono insieme con gli amici o con i miei parenti. Domani ci incontreremo", giustificò la sua decisione.

Gli zeloti fraternizzarono subito con Gesù. Decisero di portarlo in giro per fargli conoscere i loro luoghi. Uscirono oltre le mura di Gerusalemme. Poco fuori dalla città vecchia, Gesù rimase incantato dal paesaggio che si presentò ai suoi occhi.

«Questo è il giardino Getsemani», gli disse uno degli zeloti. «Vedi quanti ulivi?».

Gesù rimase in silenzio. La pace di quel luogo gli dava una serenità mai provata. Sentì la voce dell'uomo che gli diceva: «È ai piedi del monte chiamato "degli Ulivi", qui noi zeloti ci riuniamo in tutta segretezza. È un posto sicuro. Qui prepariamo i nostri attacchi. Qui ci nascondiamo. I bastardi romani hanno paura di arrivare fin qui. Lo frequentiamo soltanto noi zeloti e ora lo conosci anche tu. Da qui partirà la nostra liberazione. Aspettiamo colui che ci guiderà e ci porterà alla vittoria. Il nostro capo, Giuda il Galileo, è morto e ora siamo alla ricerca del nuovo condottiero. Sarà il nostro re. Il re di Israele. Il Messia che ci libererà dall'oppressore».

Gesù restò nel giardino Getsemani tutta la notte mangiando e bevendo in abbondanza con loro, scherzando e ridendo. Ascoltò affascinato i loro discorsi. Dopo essersi riposato, la mattina, con le prime luci del sole, salutò quegli uomini, soddisfatto perché gli avevano fatto trascorrere una giornata diversa, anche se le loro parole lo avevano turbato. Per ritrovare la serenità, quando rientrò a Gerusalemme, decise di recarsi al Tempio.

"Chiederò a Dio di illuminarmi", pensò. "Gli zeloti in parte hanno ragione. Roma ci ha schiavizzato. Io stesso sono stato costretto a fuggire in Egitto. Ma perché continuano a dire che sta per arrivare il Messia? Perché continuano a parlare di un re di Israele? E chi sarà questo re?".

Gesù entrò nel Tempio ponendosi queste domande. Ma la sua attenzione venne disturbata quando sentì le grida e i litigi dei mercanti. Ognuno cercava di attirare su di sé l'attenzione sul proprio banco, esaltando con urla il valore della propria merce. Alcuni, addirittura, bestemmiavano. Erano venditori di incenso, di profumi, di olio, di vino e perfino di tuniche e veli. C'erano anche agnelli legati, uno addosso all'altro, da acquistare e da sacrificare sull'altare.

Gesù si sentì disgustato a vedere che il Tempio era stato trasformato in un mercato.

Giuseppe intanto lo stava cercando ovunque insieme con Maria, che era disperata.

«Stai calma», Giuseppe cercò di tranquillizzarla. «Si sarà unito alla sua compagnia di amici. Dobbiamo convincerci che nostro figlio sta crescendo. Non è più un bambino. Dobbiamo lasciarlo vivere».

«Sì, però ho paura che faccia brutti incontri. Ci sono banditi e lestofanti ovunque. E lui mi sembra così indifeso».

«Vedrai che lo incontreremo. E poi gli ho detto che questa mattina ci saremmo ritrovati tutti qui».

A sera, come le altre donne della carovana, Maria cominciò a preparare la cena, ma ancora Gesù non si vedeva.

«Giuseppe! Trova Gesù, per favore, è tempo di pregare, di cenare e stare un po' insieme».

Giuseppe sospirò. «Sì, hai ragione, vado a cercarlo ancora».

Ma Gesù sembrava sparito.

Maria si spaventò. «Non è possibile! Gesù deve essere da qualche parte nella carovana...».

«Io non l'ho visto».

«Per l'amor del cielo, non avrai cercato bene! Aspettami, vengo anch'io».

«Avete visto mio figlio? È lì da voi?», chiedeva Giuseppe con insistenza.

Nessuno lo aveva visto.

«Oh mio Dio!», esclamò Maria con l'affanno nel cuore. «Gesù non è con la carovana!». Chiuse gli occhi per un istante e poi li sgranò sul marito: il suo sguardo era stravolto. «Giuseppe... Che cosa facciamo adesso?».

«Torniamo a Gerusalemme. Si sarà perso in città».

Maria sembrò di colpo invecchiata di dieci anni.

«Non ti preoccupare, Maria. Sarà rimasto bloccato in mezzo alla folla, forse ha perso la strada...».

«Andiamo subito».

«Sì, è meglio. Mi faccio dare il grosso mulo da Amos. Con quella bestia potremo viaggiare anche di notte».

«Non sarà pericoloso, Giuseppe?».

«Sì, ma ho più paura per Gesù...».

«Hai ragione... andiamo da Amos».

Giuseppe e Maria arrivarono a Gerusalemme in piena notte. E Maria era fuori di sé per la preoccupazione. Si misero a cercare Gesù per le strade, per ogni vicolo. L'affanno e lo smarrimento cominciavano a trasformarsi in angoscia. Dopo l'intera notte passata a setacciare ogni angolo di Gerusalemme, Gesù e Maria si sedettero sugli scalini del Tempio. Maria iniziò a piangere. Giuseppe le strinse la mano, ma avrebbe voluto piangere insieme con la moglie. Tutti i più brutti pensieri avvolsero le loro menti.

«Abbiamo cercato ovunque... Tranne dentro il Tempio. Andiamo», disse esausto Giuseppe.

«Sì, andiamo, Giuseppe, andiamo a vedere... magari è in qualche cortile, lì dentro!».

Giuseppe e Maria salirono i gradini della scalinata quasi a rotta di collo. Avevano imboccato il grande Portico di Salomone, quando sentirono la voce del figlio.

«È Gesù», trasalì Maria. Poi non respirò più per sentire meglio.

La voce di Gesù risuonava chiara nel Tempio: «Io ho un'altra domanda da porvi: vorrei un chiarimento perché la citazione è controversa». Maria si fermò, sapendo che le era impedito proseguire. Giuseppe proseguì. E vide quello che non avrebbe mai pensato di vedere. Gesù era seduto in mezzo a un gruppo di scribi. Stava discutendo con loro: poneva le domande con sicurezza, gli scribi rispondevano citando le Sacre Scritture e lui obiettava citando altri testi sacri. L'autorevole sacerdote Anna lo osservava con curiosità. «Non sei ancora un figlio della Legge ma sei convinto di quello che dici. Tu mi sorprendi, ragazzo! La tua saggezza non è comune e le tue obiezioni ci hanno colpito. Dove hai imparato tutte queste nozioni? Da dove ti viene tutta questa saggezza?».

Un grido fermò la risposta e risuonò sotto il portico: «Gesù! Figlio mio! Come hai potuto farci questo? Ti abbiamo cercato dappertutto in città. Tuo padre e io siamo diventati pazzi dal dolore e dalla paura e tu... E tu...», disse emozionata Maria.

Gesù si voltò verso di lei e, anche se la vide sconvolta, le fece cenno di non preoccuparsi. «Perché mi avete cercato? Non sapete che devo occuparmi delle cose del Padre mio? Del Padre di tutti voi?».

Giuseppe e Maria restarono in silenzio. Aspettarono, senza capire il significato di quel che diceva, ma si resero conto che qualcosa nella loro vita stava per cambiare e che da quel giorno niente sarebbe stato più lo stesso.

Il ritorno a Nazaret non fu sereno. C'era un pensiero fisso nel cuore di Giuseppe e di Maria: quelle parole di Gesù: "Perché mi avete cercato? Non sapete che devo occuparmi delle cose del Padre mio?".

Parole che anche per Gesù erano nate da un mistero. «Non so perché le ho dette», si confidò con la madre. «Ero confuso dopo tutte quelle ore passate tra i dottori della Legge. Le parole mi sono uscite senza che me ne rendessi conto. È stato come quella volta che in sinagoga ho letto i papiri scritti in greco. Li leggevo, li capivo eppure non avevo mai studiato quella lingua. Così lì, nel Tempio di Gerusalemme. Tra quei dottori ho parlato, ho parlato, ho parlato. Ma era come se le mie parole fossero guidate da qualcuno. Tu sai spiegarmelo, madre?».

Maria ancora una volta capì ed ebbe la sensazione che stesse per perderlo. Sorrise: «Vieni qui. Abbracciami. Ma stai tranquillo. Verrà un giorno in cui sarà tutto chiaro».

Gesù non parlò mai del suo incontro con gli zeloti, anche se non riusciva a dimenticarlo. Perfino i suoi giochi incominciarono a essere influenzati da quell'incontro.

«Facciamo un nuovo gioco», disse un giorno ai suoi compagni. Era diventato il capo di un gruppo di dieci ragazzi: oltre ai suoi fratelli di latte Giacomo, Giuda e Simone, si erano aggiunti altri. «Dividiamoci in due squadre. Giochiamo agli zeloti contro i romani. Io, Giacomo, Giuda e Simone faremo gli zeloti. Voi dell'altra squadra farete i romani. Dobbiamo conquistare il ponticello che costeggia la strada per Sefforis».

I ragazzi facevano a gara per appartenere alla squadra degli zeloti, tra i quali c'era sempre Gesù, che si dimostrava molto preparato: studiava le strategie, sceglieva luoghi e nascondigli. La sua abilità colpiva non solo i compagni ma anche gli adulti e incuriosiva soprattutto i veri zeloti che in quei luoghi della Galilea erano numerosi. Così il nome di Gesù, le sue doti di stratega e la sua simpatia per i nemici di Roma diventarono argomento di discussione a Nazaret.

Gli anni passarono velocemente. Gesù cresceva: sempre più sapiente, sempre più alto, sempre più bello; con i capelli biondi lunghi fino a coprirgli orecchie e collo; con la barba pure bionda che incorniciava il suo viso e metteva in risalto i suoi occhi azzurri, gli unici, del suo fisico, a essere rimasti con la dolcezza di quando era bambino.

Pur continuando a frequentare la scuola della sinagoga, seguiva il padre anche nel lavoro della falegnameria e nei suoi spostamenti in città vicine, come Cana, Endor e Naim. Durante i viaggi, il legame tra padre e figlio diventava sempre più forte e Gesù si lasciava andare a confidenze. E un pomeriggio gli raccontò il suo incontro con una donna, che lo aveva emozionato e turbato: era una prostituta, veniva chiamata la Maddalena, ma non era il suo vero nome. L'avevano soprannominata così perché era di Magdala.

8

La Maddalena a cinque anni viveva a Magdala, in un villaggio poco lontano da Nazaret. Era una bambina povera, ma i genitori, che lavoravano la terra, non le facevano mai mancare il cibo necessario per crescere sana. Era bella: scura di carnagione, con i capelli lunghi e neri, con gli occhi, pure neri, vispi e lucenti che mostravano furbizia e intelligenza. Era felice, perché le bastavano le attenzioni e l'amore dei genitori.

A cinque anni, la sua vita fu travolta dall'odio della guerra. Durante una rappresaglia di soldati romani che cercavano nel villaggio un covo di zeloti, i suoi genitori restarono uccisi; la madre con la gola tagliata; il padre con una lama nel cuore. Maddalena pianse disperata, abbracciata ai due corpi senza vita che non voleva lasciare portare via per la sepoltura. Ma li portarono via, strappandola con la forza dalle vesti dei genitori e lasciandola a piangere distesa nella terra arrossata dal sangue. Voleva morire anche lei e malediva i bambini che al mattino l'avevano portata a giocare nei campi, lontana da casa, salvandole così la vita.

Non aveva più una casa e viveva per la strada, ma i sopravvissuti del villaggio ebbero pietà del suo destino e ogni giorno le offrivano i pochi avanzi della loro tavola.

A dieci anni, la sua bellezza stava nascosta sotto lo sporco che la ricopriva dai piedi alla testa; i suoi capelli erano il nido dei pidocchi; l'orlo dei suoi occhi era il giaciglio delle mosche a riposo durante il volo.

La gente del villaggio cominciò a evitarla e impedì ai figli di avvicinarsi a lei: «È sporca, porta le malattie, non voglio che la chiami a giocare con te», dicevano le madri che le sbarrarono anche le porte di casa, non offrendole più gli avanzi della loro cena.

Fu facile per un soldato romano convincerla: «Vieni con me. Ti laverò, ti vestirò, ti farò mangiare e ti darò anche un denaro».

Lei lo seguì, senza capire che il soldato avrebbe voluto da lei una ricompensa. Lo capì poco dopo, quando lui le toccò con le mani grosse il seno non ancora fiorito. Maddalena d'istinto si tirò indietro, ma il soldato si riprese il denaro e le tolse dalle mani il pezzo di pane che le aveva dato e che lei non era ancora riuscita a mettere in bocca.

Sentì nello stomaco il dolore del vuoto che aveva bisogno di cibo per placarsi. Si riavvicinò al soldato, lo lasciò fare. Mentre lui la accarezzava, lei mangiò con avidità il pane, strappandolo con i denti e ingoiandolo senza masticare, temendo che l'uomo potesse ancora una volta portarglielo via.

«Torna ancora quando hai fame», le disse il soldato. «Troverai altro cibo e un altro denaro. Mangerai tutti i giorni, perché ci sono tanti altri soldati che ti daranno cibo se gli lascerai fare quello che ho voluto io».

Maddalena diventò da quel giorno la prostituta del villaggio. A vent'anni, gli anziani la cacciarono, lei raccolse le sue cose e andò a vivere in una casa isolata, alla periferia di Nazaret. Aveva cibo tutti i giorni e anche un po' di denari in una ciotola che teneva nascosta sotto una pietra del pavimento.

Fu davanti alla sua casa che Gesù la vide per la prima volta. Erano stati i compagni a portarlo lì una sera. «C'è una donna che si fa pagare per farsi vedere nuda dagli uomini», gli dissero. Lui non voleva seguirli, ma loro insistettero e si lasciò trascinare svogliatamente. Per fare uscire la Maddalena, due ragazzi lanciarono sassi contro la porta. Lei si affacciò arrabbiata, urlante, volgare; ma soprattutto nuda.

Dalla casa uscì anche un uomo spaventato per il trambusto, trattenendo la veste arrotolata attorno alla sua nudità. La Maddalena lanciò dei sassi contro i ragazzi che, coprendosi la testa con le braccia, si allontanarono di corsa. Gesù restò immobile tra quella pioggia di sassi, senza paura: neanche uno lo colpì. Lei, in una mano, teneva le monete che aveva gettato per terra l'uomo prima di fuggire; e con l'altra fece un gesto per invitare Gesù ad avvicinarsi.

«Tu sembri buono, perché allora ti diverti a umiliare le donne come me?», domandò lei.

«Non volevo umiliarti. Volevo soltanto vederti», fu dolcissimo Gesù.

«E ora che mi hai visto? Che cosa vuoi fare?», fu invitante lei.

«Niente», sussurrò Gesù.

Lei gli sorrise e lo guardò maternamente, facendolo entrare in casa. Gesù varcò la porta timidamente e non si pentì nemmeno quando le labbra di lei coprirono i denti, per diventare volgarmente sensuali e per invitarlo a baciarle. Ma la fermò. «È tardi», disse con la freddezza nella voce, con la dolcezza negli occhi, con la tenerezza nel sorriso.

«Va bene, vai», sussurrò lei incantandosi a guardare i suoi occhi azzurri. «I tuoi sono occhi diversi da quelli degli uomini che frequento. Chi sei?».

«Sono Gesù».

«Io sono la Maddalena. Vai ora. Perdonami», disse lei coprendosi con un lenzuolo il corpo che improvvisamente sentì avvolto da un profondo senso di pudore.

«Perdonarti di che cosa?», fu tenero Gesù.

«Mi stai trattando da essere umano. Per me è la prima volta», disse lei tremante. «Ed è tanto».

«Non tremare, Maddalena. Noi ci incontreremo ancora, lo sento». Si allontanò pensando che in quella donna c'era del buono e accorgendosi di essere rimasto emozionato dalla sua dolcezza, tanto in contrasto con il mestiere che faceva.

Il giorno dopo, dunque, parlò dell'incontro con il padre, rivelandogli anche il suo turbamento. E la sera, Giuseppe raccontò tutto a Maria, aspettando che lei dicesse qualcosa.

Ma Maria non ebbe nulla da dire. Continuò a fare il suo lavoro in silenzio. Solo a sera, prima di dormire, Giuseppe sentì che sussurrava: «Forse ha raccontato questa storia perché sente che davvero questa Maddalena tornerà nella sua vita». Maria sospirò: «Ma che cosa può avere a che fare una donna così con il mio Gesù?».

9

Passarono altri dieci anni. Gesù era diventato un uomo. Il suo fisico si era fatto vigoroso perché il lavoro di falegname aveva irrobustito i suoi muscoli. Ormai aveva sostituito Giuseppe, vecchio, stanco e malato, in tutte le sue mansioni. Frequentava sempre più spesso la sinagoga e le sue letture delle Sacre Scritture erano quelle più seguite. Veniva circondato, perfino fuori dalla sinagoga, dai saggi del paese che cercavano il suo parere per confrontarsi.

Un sabato, fuori dalla sinagoga si parlava di politica e degli ultimi avvenimenti che stavano scuotendo la Palestina.

Ti ricordiamo, lettore, che, dopo la morte di Erode il Grande, a governare la Terra d'Israele erano stati designati i suoi tre figli: Erode Antipa, Filippo e Archelao. In realtà, di essi secondo la volontà di Erode il Grande, avrebbe dovuto diventare re solo Archelao. Ma la volontà di Erode non fu rispettata dall'imperatore Augusto; egli non la rinnegò ma la rinviò: «Diventerà re, quando avrà dimostrato di esserne meritevole», e lo nominò soltanto etnarca, di rango inferiore al re, e gli diede nove anni di tempo per dimostrare di sapere governare.

«A Roma l'imperatore è scontento», dissero i saggi di Nazaret parlando con Gesù. «Innanzitutto perché, nonostante le sue disposizioni, Archelao si fa chiamare ugualmente re della Giudea; e poi perché la sua condotta morale e la sua crudeltà verso il popolo stanno superando ogni limite. Non solo: si dice che sia in pericolo anche il Sommo Sacerdote Anna, perché mette sotto silenzio tutti i crimini di Archelao, anzi talvolta ne è anche complice. A sostituirlo dovrebbe subentrare il genero Caifa».

«Ma c'è di più», intervenne un altro. «Si parla anche dell'arrivo di un procuratore romano che prenderà in mano il potere che ora ha Archelao».

Gesù stava ascoltando questi discorsi quando arrivò trafelato il suo fratello di latte, Giacomo.

«Gesù, Gesù. Vieni subito a casa. Giuseppe, tuo padre...», gridò.

Gesù si allontanò dal gruppo e gli andò incontro.

«Che cosa c'è, Giacomo?».

«Vieni a casa. Giuseppe, tuo padre, sta male, è crollato a terra. Non parla più. Adesso pare che si sia ripreso, ha detto che vuole vederti. Ha bisogno di parlarti. Gesù, corriamo. Ho paura che stia molto male».

Con il cuore che gli scoppiava, Gesù arrivò a casa.

«Gesù... Lo stiamo perdendo», disse Maria abbracciandolo mentre si asciugava le lacrime con un panno candido come il suo viso.

Giuseppe era disteso. Sollevò la mano facendo cenno a Gesù di avvicinarsi. Maria, appoggiandosi al braccio di Giacomo, si allontanò per lasciarli soli.

«Gesù... Sto lasciando questa vita. Iddio mi chiama a sé ma ho tante cose da dirti...».

«Padre, stai tranquillo... C'è tempo».

«No... figlio mio. Non... C'è più tempo. Stringimi la mano».

«Ecco, ti stringo la mano. Te la accarezzo».

«Ti ho dato poche carezze, figlio. Perdonami. Ti ho baciato soltanto una volta: quando sei nato. Poi mai più».

Gesù strinse gli occhi per frenare le lacrime.

«Mi hai però dato tanto affetto, padre».

«Avrei voluto... dartene di più. Ma non osavo, non sapevo se potevo. Se dovevo...».

«Che cosa dici, padre: osavo, potevo, dovevo?».

Giuseppe con la mano fece cenno a Gesù di avvicinare ancora di più l'orecchio alla sua bocca.

«Sì... Gesù... Non sapevo se potevo... Ascoltami e non interrompermi. Le forze mi mancano sempre più, Gesù: ascoltami...».

«Sì, padre».

«Gesù... Non so come dirtelo. Ma devo... Tu... Tu... Tu... sei figlio, figlio...». La voce si fece sempre più flebile. Gesù avvicinò l'orecchio alle labbra del padre. Sentì ancora sussurrare da una voce che si spegneva: «... di... D... i... o...».

Poi più niente. Gesù alzò il viso per guardare Giuseppe, che non respirava più. Sentì risuonare nella sua mente le ultime parole del padre: "figlio di Dio". Non capì. Poggiò la mano destra sugli occhi di Giuseppe, glieli chiuse.

Sai, lettore, quando ti senti frastornato, addolorato, impaurito e non hai la forza di muoverti perché senti il bisogno che qualcuno ti dica che cosa devi fare? È così che si sentiva Gesù dopo le ultime parole del padre: "figlio di Dio", di cui non comprendeva il significato. Restò pochi minuti impietrito, ma gli sembrarono eterni. Improvvisamente si sentì abbandonato e asciugò le lacrime.

Fu Maria, entrando nella stanza, a riportarlo nella realtà. Lei gli accarezzò i capelli: «Gesù, se n'è andato sereno. Questo deve consolarci».

«Mi ha detto», mormorò Gesù, «mi ha detto e non ho capito...».

«Che cosa ti ha detto?», domandò con un filo di voce Maria, continuando ad accarezzare i suoi capelli senza accorgersi che li stava bagnando con le sue lacrime.

«Mi ha detto: "Tu sei figlio di Dio". Che significa?».

«Ha sicuramente un significato, se tuo padre ha parlato così. Vedrai, un giorno capirai le sue parole», disse Maria sospirando, sicura più che mai che non dovesse essere lei a rivelare a Gesù il mistero della sua nascita. Non sapeva da dove nascesse la sua convinzione; pensava che avrebbe, sì, voluto che Giuseppe finisse il suo discorso, ma se non ne aveva avuto il tempo, qualcuno aveva deciso così. Ricordò l'angelo che le aveva annunciato la nascita del suo bambino e pensò che il figlio stesse vivendo un disegno completamente stabilito fino alla fine. «Vedrai, Gesù», sospirò, «in futuro si chiarirà tutto».

Seppellirono Giuseppe e, con la ferita nel cuore, ripresero a vivere, ma Maria si convinse che sempre meno poteva essere padrona della sua vita. Gesù parlava poco: sembrava che i pensieri legassero la sua lingua tra le labbra. E lei aveva la sensazione di infastidirlo quando gli parlava. "Non vuole essere distolto dalle sue preoccupazioni, dai suoi dubbi, dalle sue domande", decise dentro di sé con tristezza. E, sia pure con tristezza, ammise che il figlio aveva bisogno di restare un po' solo e così decise di andare a trovare i parenti a Cana, la piccola città situata ai piedi di una montagna a due ore e mezzo da Nazaret. Lo disse a Gesù e lui la guardò negli occhi senza parlare. Ma lei capì che quegli occhi le dicevano: «Sì, vai. È meglio».

Gesù restò solo a pensare di continuo a Giuseppe e alle sue ultime parole. Continuò il lavoro nella falegnameria, ma soltanto quando era nella sinagoga ritrovava la serenità e così le sue visite nel luogo sacro divennero sempre più frequenti.

Un giorno il rabbino lo fermò: «Gesù, ti osservo da tempo. Vedo che la lettura delle nostre sacre leggi ti appassiona. Vorresti diventare un sacerdote e un domani un rabbino?».

«No, maestro», Gesù fu deciso.

La risposta netta e precisa stupì molto il rabbino.

«Come mai? Tutti i tuoi comportamenti mi hanno portato a pensare che il tuo futuro sarebbe stato nella sinagoga. Ormai da anni il tuo tempo libero lo passi qui dentro».

«Ho altri progetti, rabbino. Anzi, ci sono altri progetti per me».

«Non capisco. I progetti sono quelli che noi vogliamo realizzare, Gesù».

«Solo Dio sa dire che cosa dobbiamo fare. L'uomo è soltanto uno strumento utile per fare ciò che Dio ha deciso. Vedi, rabbino, sin dalla mia infanzia mio padre Giuseppe mi ha fatto maneggiare la pialla e il martello. Mi ha insegnato a levigare i mobili pensando che un giorno avrei preso il suo posto. Sarebbe più logico quindi che facessi il falegname. Invece ho quasi trent'anni e non ho ancora deciso se continuare il suo lavoro o lasciare tutto e fare altro. Adesso mi chiedi di diventare rabbino soltanto perché frequento la sinagoga. Ma io credo che qualcuno a noi superiore può decidere per noi qualcosa di diverso. Aspetto».

Il rabbino non capì. Senza dire altro si allontanò pensando che nella testa di Gesù qualcosa non funzionasse.

Qualche giorno dopo la sinagoga era particolarmente affollata. Le notizie che arrivavano da Gerusalemme avevano destato preoccupazione. Dopo la morte di Augusto, era diventato imperatore Tiberio. E il primo provvedimento di Tiberio era stato quello di sostituire, come si vociferava da tempo, il Sommo Sacerdote Anna con Caifa.

«Roma si intromette nella nostra religione», disse un fedele. «L'ultima traccia di autonomia rischia di scomparire. Prima l'ha fatto con la politica: ha destituito Archelao e l'ha mandato in esilio nella Gallia. E qui ha mandato il suo procuratore Ponzio Pilato, che praticamente è l'ombra dell'imperatore. Va bene tutto ma che adesso i romani scelgano anche il Sommo Sacerdote è troppo. Per fortuna la Giudea è lontana ma anche qui in Galilea le cose non vanno meglio. Erode Antipa è un principe infingardo. È solo un adulatore dell'imperatore e nel suo palazzo chi comanda è quella donna, Erodiade. Qui, in Galilea, ha portato solo corruzione. Fino a oggi siamo stati sempre energici, laboriosi. Ora della Galilea si parla soltanto per gli scandali di Erode Antipa».

«Ha ragione quell'uomo, che chiamano Battista e che definiscono profeta, a gridare allo scandalo. Quello sì che è un uomo di coraggio. Predica sulle rive del Giordano e dice che il Messia è già fra di noi», disse un altro fedele e un altro ancora aggiunse: «Sì, ho sentito parlare anch'io di questo profeta, il Battista».

«Battista? Che nome è?», domandò qualcuno.

«Battista, perché battezza sul Giordano», provò a spiegare uno.

«Ah, ho capito: Battista deriva da battesimo», sorrise soddisfatto un altro.

Gesù ascoltava. Improvvisamente, inspiegabilmente, immotivatamente, non solo per gli altri ma anche per se stesso, disse: «Andrò da questo Battista». E si avviò verso il fiume Giordano, guidato da una forza misteriosa che sentiva dentro: nel profondo del suo cuore e nel mistero della sua mente.

10

Il sentiero che portava alle rive del Giordano, non lontano dalla città di Gerico, era gremito ma Gesù non sentiva le voci che soffocavano l'aria, né si curava di tutta la gente che lo circondava. In compagnia solo di se stesso, camminava a passo lento; il suo mantello svolazzava dietro la sua figura spinto dal vento; il suo viso, incorniciato dalla fluente barba, che tuttavia non nascondeva i suoi lineamenti delicati e la sua espressione imperscrutabile, si lasciava accarezzare dal fresco sole del mattino.

Il sentiero, sempre più scosceso, sbucò presso un'ansa del fiume le cui acque tiepide e calme luccicavano al sole. Gesù si fece largo a fatica tra i capannelli di curiosi e di pellegrini e salì su un rialzo roccioso. Lì si fermò e si girò a osservare la folla assiepata lungo la riva e l'uomo che stava in piedi nel fiume con l'acqua che gli arrivava alle ginocchia.

La voce del Battista, chiara e profonda, vibrava nell'aria. «Pentitevi, pentitevi. Il figlio di Dio sta per arrivare. Fate penitenza perché vi possa trovare purificati». Gesù lo scrutò da lontano. Notò subito che, nonostante i capelli lunghi e selvaggi e la barba irsuta, aveva più o meno la sua età. Indossava una pelle di cammello, cinta alla vita, che l'acqua lambiva. La folla a riva lo osservava e ascoltava le sue parole gridate con voce chiara e potente. Gesù sentì un uomo chiedere al vicino: «Chi è costui?».

«Lo chiamano Battista ma penso che non sia il suo nome vero. Lo chiamano così perché battezza i seguaci».

«E perché lo fa?».

«Per farci trovare purificati quando arriverà il Messia. Almeno così dice lui».

In quel momento la voce del Battista tuonò ancora più forte: «Il Regno dei Cieli è vicino. Guardatevi: siete incrostati di peccati e di avidità. Come potrebbe il Signore accogliervi nel suo Regno? Pentitevi! Pulite il vostro cuore e cambiate le vostre vite! Che cosa state aspettando?».

La gente entrava nel fiume chiedendo di essere battezzata e il Battista la faceva immergere fino alla cintola, poi versava l'acqua sul capo.

Devi sapere, lettore, che il rito del battesimo risaliva a secoli prima ed era praticato da molte religioni. Era una cerimonia che stava a indicare l'appartenenza a un particolare gruppo o a una setta, non necessariamente religiosi. L'iniziato doveva impegnarsi a rispettare le regole del gruppo in cui aveva chiesto di entrare. I primi a praticare il battesimo erano stati i sacerdoti egiziani di Iside, la dea della maternità e fertilità; in seguito lo praticarono i faraoni e, più avanti nel tempo, i dignitari politici e gli ufficiali. Fu infine esteso a tutti, compresi i ceti più umili. In pratica, univa le persone in un ideale: credere nella divinità del faraone. Dopo il dilagare del battesimo tra gli egiziani, nei secoli a seguire tutte le religioni del Medio Oriente, sostenute da governi autoritari, adottarono questo rito. Ma non pensare, lettore, che il battesimo donato dal Battista sul Giordano avesse qualcosa in comune con il passato. Il suo era nuovo, invitava alla speranza, aiutava a credere in un futuro migliore. Però, chi lo riceveva doveva impegnarsi a cambiare vita e prepararsi all'arrivo del Messia che avrebbe fatto scoprire un mondo nuovo: un mondo con valori che avrebbero cambiato l'umanità.

Quando arrivò sulle rive del fiume Giordano, in Galilea, il passato del Battista era sconosciuto a tutti: nessuno sapeva chi fosse e da dove venisse. Si sapeva solo che, come i grandi profeti, era stato a meditare nel deserto prima di iniziare la sua predicazione. Quel che diceva però colpiva l'animo e il cuore, e li colpì fin dall'inizio, perché per ascoltarlo accorsero subito moltissimi da Gerusalemme e da tutta la Giudea. E questo, lettore, come sai, succede solo quando arriva qualcuno a dirti le cose che aspettavi di sentire. Certo, per le sue invettive contro i potenti, e soprattutto contro il sovrano Erode Antipa, molti lo giudicavano un rivoluzionario. Ma non la gente semplice, la quale pensava invece che il Messia, l'uomo che avrebbe liberato Israele, fosse proprio lui. E ci credeva anche se lui diceva di no, che il Messia sarebbe arrivato, che lui non era degno di esserlo: aveva solo il compito di comunicarne l'arrivo. Anche gli zeloti erano convinti che fosse il Messia. «È uno dei nostri», dicevano. «Odia Antipa e per noi questo basta per credere alle sue parole».

Gesù si avvicinò mescolandosi alla folla e sentì il Battista dire: «Il Regno dei Cieli è vicino. Io vi battezzo con acqua, ma sta arrivando, proprio ora, uno più forte di me, al quale io non sono degno di sciogliere neppure i legacci dei sandali: costui vi battezzerà e vi pulirà dei vostri peccati».

Gesù scese dal rialzo di roccia. Era ormai a pochi passi dal Battista. Nella fila di persone, che in silenzio aspettavano il proprio turno per ricevere il battesimo, Gesù attese; quando l'anziano, con la barba bianca, austero, davanti a lui fu battezzato e uscì dal greto del fiume, entrò nell'acqua. Il Battista alzò la testa e incrociò i suoi occhi sentendo dentro di sé un'emozione che lo lasciò immobile; non riuscì neppure a sorridere, perché ebbe la sensazione che il suo viso, le sue mani, le sue gambe si fossero improvvisamente paralizzate. Sentì anche salire dal suo stomaco una vampata di calore che arrossì le sue gote, come se una febbre altissima stesse avvolgendo la sua testa. Cercò di trovare nella bocca la lingua per parlare, ma non riuscì a muoverla. Si accorse che la folla non rumoreggiava più: tutt'intorno era silenzio. Guardò ancora gli occhi di Gesù, che gli sorrise. Il Battista cercò di rispondere al suo sorriso e questa volta ci riuscì. Trovò anche la forza di muovere la lingua, ma la voce era flebile. Mormorò scandendo le sillabe, come se cercasse di dire ciò che in quel momento si agitava nella sua mente, ma riuscì solo a fare uscire dalle sue labbra: «Gesù... Gesù... Tu... Tu sei... Qui».

Poche parole soltanto; ma sufficienti per rendere familiare quella voce a Gesù che, in un lampo, fu assalito dal ricordo del suo compagno di giochi rapito tanti anni prima da un soldato romano. Gesù ne fu sicuro, anche se l'aspetto dell'uomo che gli stava davanti non era più quello di un tempo: il Battista era suo cugino Giovanni, il figlio di Elisabetta.

«Giovanni, allora sei tu il Battista?», sorrise Gesù. «Quanti anni sono passati. Mai e poi mai ti avrei riconosciuto. Soltanto i tuoi occhi mi ricordano quel bambino con cui giocavo e con cui dividevo il mio pasto».

«Anche tu, Gesù, hai conservato la dolcezza dei tuoi occhi azzurri», finalmente liberò la sua voce il Battista. «Ti avrei sicuramente riconosciuto tra mille, anche perché ti stavo aspettando».

«Aspettavi me, Giovanni?».

«Sì, Gesù. Aspettavo il Messia, il figlio di Dio. E tu sei il Messia, il figlio di Dio in Terra. Perché sei venuto da me? Dovevo essere io a venire da te».

Gesù si adombrò, il suo sorriso si spense, ricordò le ultime parole del padre Giuseppe che tanto lo avevano turbato e disse: «Giovanni, non capisco: anche tu mi chiami figlio di Dio?».

«Perché me lo chiedi?», sorrise dolcissimo il Battista.

«Perché sto vivendo un incubo, Giovanni», gli confidò Gesù con la voce che lasciava trasparire una grande angoscia. «Non capisco più chi sono veramente».

Gesù cercò nella mente i ricordi, tornò padrone della sua voce e continuò ad aprirsi come ci si apre con un amico. «Mio padre Giuseppe in punto di morte mi ha detto che sono il figlio di Dio. Mia madre non mi ha mai spiegato. Ora, tu, Giovanni, mi dici la stessa cosa: non so che cosa stia succedendo. Perché dici che sono "figlio di Dio"? Invece ho temuto di avere dentro di me esseri maligni. Per questo quando ho saputo che in giro c'era un profeta, che battezza per purificare gli uomini, ho deciso di venirti a trovare. Eccomi qui con la speranza di potermi liberare dai miei incubi con il battesimo, anche se un poco già mi sento sollevato perché ti ho incontrato».

«Ma Gesù, mio Signore, sono io che ho bisogno di essere battezzato da te», lo frenò il Battista.

Gesù accennò un lieve sorriso e si guardò attorno. La folla cominciava a indispettirsi per l'attesa: «Dai. Andiamo avanti. Non vedete che siamo in tanti?», brontolavano alcuni.

«Piano, piano. State calmi», intervennero i discepoli del Battista con l'incarico di mantenere l'ordine.

«Ho tante cose da chiederti, Giovanni», proseguì Gesù calandosi la tunica bianca dalle spalle. E con voce decisa aggiunse: «Ma ne parleremo dopo. Ora battezzami».

Il Battista alzò il viso verso il cielo, unì il palmo delle mani, raccolse un po' dell'acqua trasparente del fiume, la versò sui capelli biondi e lunghi di Gesù, che sentì le gocce scivolargli lungo le guance e perdersi nella barba.

Il Battista fissò ancora gli occhi azzurri di Gesù: gli sembrarono bellissimi perché illuminati da una luce nuova, dolce. E, mentre li osservava, sentì una voce risuonare nelle sue orecchie: «Quello che è davanti a te è il tuo Dio. È lui che libererà gli uomini dal peccato. E per farlo sarà sacrificato come un agnello».

Il Battista chiuse gli occhi e si domandò: "Che cosa vuole dirmi questa voce? Che cosa significano le parole: 'Sarà sacrificato come un agnello'? L'agnello è il simbolo di un sacrificio. Gesù, l'uomo che ho davanti, deve quindi essere sacrificato?".

Non disse nulla a Gesù, ma provò un senso di sgomento che gli imperlò il viso di sudore.

Gesù uscì dal fiume in silenzio e si riparò dal sole sotto un albero. Il Battista lo raggiunse dopo avere finito di battezzare e lo portò nella grotta dove viveva. All'interno, quasi nel buio, si abbracciarono.

Erano passati più di venti anni ma fu come se non si fossero mai lasciati.

«Sapevo che ti avrei incontrato. Non ho mai creduto alla tua morte», disse Gesù tenendo stretta la mano del Battista. «Lo sai: la tua scomparsa fece morire di crepacuore tua madre Elisabetta».

Il Battista si rattristò e abbassò gli occhi: «Lo immaginavo anche se nessuno ha mai potuto dirmi nulla, perché nessuno ha mai saputo chi fossi. Ero un bambino quando vidi la mamma per l'ultima volta».

Ricordi, lettore, ciò che hai già letto? Giovanni era arrivato a Nazaret con la madre Elisabetta per fare visita alla cugina Maria. Un giorno ci fu una rappresaglia dei soldati romani contro gli zeloti. Giovanni fu rapito da un soldato e di lui non si seppe più nulla.

«Fu un momento doloroso per tutti noi. Mia madre per giorni e giorni non mangiò e non uscì di casa», commentò Gesù.

«Quel soldato romano, in verità, mi salvò la vita», disse il Battista. «Rischiavo di essere travolto dai cavalli. Lui mi afferrò, mi sollevò da terra e mi portò lontano. Avrebbe forse voluto tenermi con sé, ma era un soldato sempre in guerra e così mi lasciò alle porte del deserto sperando che qualche carovana mi trovasse. Invece per ore non vidi nessuno, avevo perduto la strada e camminai senza una meta. Piangevo disperato. Più piangevo, più camminavo e più penetravo nel deserto. Stava per calare il sole. Il mio terrore diventò disperazione quando, lontano, vidi un uomo. Pensavo a un miraggio, invece era proprio un uomo. Era un ebreo, vestito soltanto da una pelle. Mi raggiunse e io mi gettai tra le sue braccia. Aveva più la faccia di un orco che di un uomo, con i capelli e la barba lunghissimi, fino alle ginocchia. Ma non ebbi paura. Mi portò dove c'era un accampamento con tante tende. Viveva lì con altri uomini. Quando mi videro per loro fu una festa. Mi accolsero tutti con amore e da quel momento vissi con loro, e come loro, nel deserto. Con il passare degli anni capii che era una comunità di monaci esseni. Vivevano isolati nel deserto ubbidendo fedelmente alla legge delle Sacre Scritture. Mangiavano soltanto quel che può offrire la natura in un deserto: più che altro insetti. Sono cresciuto con quei monaci e sono stato con loro fino a pochi mesi fa. Ero bambino e con loro sono diventato uomo. Sono stati loro a insegnarmi tutto. Mi hanno amato come fanno una mamma e un padre. Sono stati loro, con il passare del tempo, a farmi capire che ero un predestinato. "Vedi", mi disse un giorno un monaco che mi aveva allevato, "queste sono le Sacre Scritture. Quelle che Iddio consegnò a Mosè. C'è scritto che arriverà un profeta che anticiperà il Messia. Il figlio di Dio discenderà dalla stirpe di re Davide e scenderà sulla terra per salvare l'umanità. E sarà il re di tutti noi. Quel profeta che anticiperà l'arrivo del figlio di Dio, secondo noi che abbiamo studiato i libri sacri, sei tu. Giovanni, sei il precursore del Messia". Da allora, cominciarono a essere ancora più severi con me. Mi lavavano il corpo più volte al giorno, immergendomi nei pozzi. "Devi purificare il corpo da tutte le impurità", mi dicevano. "E devi essere pronto ad accogliere l'uomo per cui sei venuto al mondo". Sono cresciuto così, Gesù. Aspettandoti».

«Aspettando me, Giovanni?».

«Sì, aspettando il Messia. Sei tu quello che Israele attende».

«Come fai a dirlo? Come fai a essere così certo? E perché proprio io?», domandò Gesù con voce incredula.

«È scritto in tutta la storia dell'uomo che saresti arrivato. Io l'ho capito appena ti sei avvicinato».

«Giovanni, anche mio padre Giuseppe in punto di morte mi ha detto le tue stesse parole. Ma io ancora non capisco. Sono confuso. Sì, è vero, tante cose accadute in questi anni mi sembrano strane. Alcuni dicono che compio prodigi. Altri dicono che sono un pazzo. Io sento, invece, di essere soltanto un uomo. Il figlio di Dio non può essere di carne e ossa come me».

Il Battista sorrise. Lo abbracciò amorevolmente e gli sorrise di nuovo: «Sì, tu sei un uomo perché hai deciso insieme con il tuo Padre celeste che avresti dovuto vivere come un uomo. Soffrire, gioire, amare e odiare come soffre, gioisce, ama e odia ogni uomo. Avresti dovuto conoscere tutto ciò che un uomo conosce. Soltanto così, sapendo tutto dell'uomo, potrai caricarti delle sue nefandezze e liberarlo per sempre».

«Continuo a non capire, Giovanni».

«Lo capirai. Iddio, tuo Padre, te lo farà capire. Il mio compito su questa Terra sta per finire. Tocca a te, mio Dio e mio Signore, continuare e portare a termine la missione. Io ho ancora un'ultima cosa da fare: mi aspetta Erode Antipa».

«Il re?».

«Sì, lui. E sarà la mia ultima battaglia».

Il Battista raccontò a Gesù una vicenda incominciata

due anni prima, quando Antipa era stato convocato a Roma dall'imperatore Tiberio. Nella capitale viveva il fratellastro che il padre, Erode il Grande, aveva avuto da una donna di nome Marianna durante un viaggio. Si chiamava Erode Filippo. Il padre, pur non rinnegandolo, lo aveva diseredato. Costui era sposato con Erodiade che, essendo nipote di Erode il Grande, era sua consanguinea.

Erodiade, una donna tanto bella quanto ambiziosa, non sopportava che il marito avesse un potere inferiore a quello dei fratellastri e ambiva a diventare sovrana a ogni costo, così quando seppe che Erode Antipa era a Roma, convinse il marito a essere gentile con il fratellastro e a ospitarlo. Quando entrò nella sua casa, Erodiade pensò subito di conquistarlo con il suo fascino. Era l'occasione che aspettava da tempo e si era accorta già che Erode Antipa, nonostante l'età avanzata, era particolarmente galante con lei e con la sua bellissima figlia Salomè, di dodici anni. Le fu facile fargli perdere la testa e una sera mise in atto il suo piano. Preparò una cena succulenta, si mostrò affascinante con l'ospite e riuscì a fare ubriacare il marito persuadendolo a bere per festeggiare: «Brindiamo ai suoi successi in Palestina. Domani incontrerà l'imperatore Tiberio, facciamo che parli bene di noi e della nostra ospitalità», gli suggerì.

Erodiade parlava al marito ma nello stesso tempo accarezzava le mani dell'ospite, suo cognato. Fu un gioco sottile di sguardi e di carezze che sfociò in una infuocata passione appena Erode Filippo crollò ubriaco in mezzo alla sala.

La giovane Salomè si era già ritirata nella sua stanza, conosceva però le intenzioni della madre e sapeva che nulla l'avrebbe fermata. La passione di Erodiade e del sovrano della Galilea, Erode Antipa, durò una settimana e, quando arrivò il giorno della partenza, lui era perdutamente innamorato di lei.

Erode Antipa promise che l'avrebbe sposata dopo avere ripudiato la moglie, la figlia di Areta quarto, re degli arabi nabatei, il cui regno era ai confini con la Palestina. Promise, pur sapendo che, per la legge giudaica, avrebbe potuto sposare la cognata solo se fosse rimasta vedova.

«Supereremo tutti gli ostacoli», disse Erode Antipa all'amante. «Il Sommo Sacerdote, Caifa, è un mio amico e penso che, per quanto riguarda tuo marito, mio fratellastro, potrà darci un aiuto. A ripudiare mia moglie penserò io. Non posso più fare a meno di te e del tuo corpo. Ti porterò a Gerusalemme e Salomè verrà con noi, le farò da padre. Appena ritornerò in Palestina ripudierò mia moglie».

«Sì, amore mio, decidi tu. Ti seguirò ovunque vorrai. Non ho paura di nulla. Abbandonerò mio marito a Roma e Salomè verrà con me», disse subdolamente Erodiade.

Ma la moglie di Erode Antipa, che aveva già saputo della tresca del marito a Roma, con astuzia giocò di anticipo. Prima di subire l'umiliazione di essere ripudiata, con un pretesto raggiunse Macheronte, la sontuosa fortezza situata ai confini tra il territorio di suo marito e quello di suo padre, e da lì organizzò la fuga trasferendosi nella reggia della sua famiglia. Erodiade non si dette per vinta; sfidando la legge giudaica sul matrimonio, raggiunse Erode Antipa in Palestina e affrontò l'umiliazione di essere considerata adultera.

«Vivrò con te qui, in Palestina, anche se non hai potuto

ripudiare tua moglie», disse all'amante. Con lei era arrivata anche la figlia, Salomè. Nonostante i mormorii sdegnati dei sudditi per la spudorata violazione delle leggi civili e religiose, nessuno osò affrontare apertamente il sovrano e il furore della sua amante Erodiade: adultera, perché aveva tradito il marito; e concubina incestuosa perché aveva una relazione con il cognato. Soltanto Giovanni Battista ebbe il coraggio di accusarli pubblicamente.

«Ho paura per te, Giovanni», disse Gesù alla fine del racconto. «Erode Antipa è un uomo crudele e senza scrupoli».

«Stai tranquillo, Gesù. È anche pavido e teme che i miei seguaci possano creare disordini mettendolo in cattiva luce con Roma. Ma ora parliamo di te, Gesù. Ti attendono giorni molto difficili».

«Giovanni, caro Giovanni, vorrei sapere che cosa mi attende veramente. Non so. Non capisco. Aiutami. Che cosa posso fare?».

«Che cosa posso dire, io, al mio Signore? Sarai tu stesso e il Padre tuo e nostro che è nei cieli a indicarti la strada. Posso darti un consiglio, però».

«Dimmi, Giovanni».

«Qui vicino c'è il deserto. Vai lì, allontanati da tutto e da tutti. Parla soltanto con lui, con tuo Padre...». Il Battista indicò con un dito il cielo. Gesù non lo lasciò finire, aveva già capito che le parole di Giovanni gli erano state ispirate. Si alzò. Mise in ordine la sua tunica. Lo salutò. Si abbracciarono a lungo. Entrambi ebbero la sensazione che fosse il loro ultimo abbraccio.

11

Gesù lasciò la strada maestra che costeggiava il Giordano e si addentrò in una boscaglia fitta, mai percorsa da un essere umano. Vagò per ore e ore senza meta, sentendo martellare nel suo cervello le parole del Battista: "Tu sei il figlio di Dio".

Superato il Giordano, proseguì verso un colle che sovrastava Gerico e si trovò circondato dal deserto. Quando capì che, nella zona arida in cui era arrivato, non avrebbe mai incontrato nessuno, si fermò. La stanchezza lo vinse. Si appoggiò a una roccia e lì, disteso sulla pietra dura, si addormentò.

Quel deserto, lettore, non è come tu l'immagini: una lunga distesa di sabbia. Era invece un immenso territorio, con rocce, arbusti, piccoli animali mostruosi che si nutrivano di piante selvatiche; c'erano anche pozze d'acqua caduta dal cielo e rimasta nei fossi, dando vita a erba che lì mai crederesti di trovare. Il territorio lo chiamavano deserto perché era disabitato, ma c'erano anche tracce di costruzioni diroccate, unico segno di una antichissima civiltà trasferitasi altrove nei secoli.

In quel deserto, la prima notte, Gesù dormì esausto fin oltre l'alba e, quando si svegliò, per la prima volta nella sua vita si sentì forte. "Mi affiderò a Dio", decise. "Starò qui, isolato dal mondo, fino a che non saprò chiaramente quale sarà la mia missione. Dio, mio Padre, mi farà capire".

Gesù si guardò attorno. L'aria non si muoveva, solo il rumore del suo respiro disturbava il silenzio. Si liberò della tunica, la adagiò sotto una grossa pietra: aveva deciso di restare lì a parlare con Dio, spogliato di tutto.

«Padre, sono qui con te. Aiutami a capire», implorò guardando il cielo. Un tuono ruppe il silenzio: per Gesù fu il segno che la sua invocazione era stata ascoltata. Si sentì confortato. Poco distante vide una grotta: «Sarà la mia casa: entrerò qui tutte le notti».

Nudo, scalzo, solo, Gesù cominciò la sua vita nel deserto. Di giorno faceva lunghe passeggiate e si lasciava assalire dai ricordi: innanzitutto, le cose che il padre Giuseppe gli raccontava quando era bambino. Ricordò la storia di Adamo ed Eva, cacciati da Dio dal paradiso terrestre: e capì che doveva liberare l'uomo da quel peccato originale. "Farò come Giovanni Battista. Chi vorrà purificarsi da quel peccato dovrà battezzarsi". E si immedesimò nei peccatori Adamo ed Eva per comprendere a fondo il loro peccato; e lo fece con tale tormento che si sentì come loro. Ricordò la storia di Noè che aveva salvato l'umanità e gli animali dal diluvio universale. Ancora si immedesimò con impeto nella vicenda per imparare a distinguere il bene e il male e ci riuscì patendo il tormento che Noè aveva provato, finché si sentì come lui. Ricordò la storia di Mosè, che aveva liberato il popolo ebraico dalla schiavitù dell'Egitto e lo aveva portato in Palestina, aprendo le acque del Mar Rosso, per salvarlo dall'esercito del faraone che li inseguiva. E si sentì Mosè, perché anche lui aveva il compito di salvare l'umanità. Ricordò la storia del suo progenitore Davide, il piccolo re della Terra d'Israele che con l'astuzia aveva sconfitto il gigante Golia, colpendolo con un sasso lanciato da una fionda. E si immedesimò anche in lui perché aveva da vincere una battaglia diversa ma altrettanto ardua. E si sentì re Davide, il re di Israele.

E concluse che, come Mosè e come re Davide, doveva mettersi sulle spalle il peso di tutta l'umanità.

Ricordava e parlava con il Padre. Si domandò come potesse non sentire i morsi della fame. Aveva sete ma non beveva. Riuscì, con sua grande meraviglia, a sopravvivere alle fatiche e ai disagi del deserto senza fatica.

Passarono molti giorni. E una mattina Gesù si svegliò sentendo per la prima volta fortissimi crampi allo stomaco. Era la fame arrivata all'improvviso. Si stava portando una mano allo stomaco quando improvvisamente udì dei passi dietro di sé. Si voltò. Uno sconosciuto si stava avvicinando lentamente. Non era un miraggio. L'uomo, vestito elegantemente con una tunica nera, ornato di gioielli, quando gli fu vicino, si sedette al suo fianco e gli disse: «Sono qui perché Dio mi è apparso in sogno e mi ha detto di aiutarti. Hai superato prove, alle quali nessun uomo avrebbe retto. Per questo sono stato mandato qui nel deserto, per premiarti».

«Chi sei tu veramente?».

«Sono un inviato di Dio. Sei ridotto male. Guarda quello che ho in queste sacche. C'è pane, carne, formaggio e tanta frutta. Avanti, mangia quanto vuoi».

Gesù osservò gli occhi dell'uomo: erano stretti, lunghi e obliqui, di colore scurissimo. Sulle spalle egli aveva due sacche e le svuotò a terra. C'era di tutto: carne, pane, frutta in abbondanza, come aveva detto.

"È il diavolo", sospettò Gesù, e non accettò nulla. Rivolse invece lo sguardo al cielo.

«Gesù, sono qui perché devo nominarti re», continuò l'uomo con voce suadente. «Tu sei il figlio di Dio. Sei il Messia. Tutti ti aspettano da secoli. Seguimi, giù nella valle c'è l'esercito che io ho preparato per te e che ti farà governare il mondo. Con il mio aiuto nessuno ti fermerà. Tu puoi fare in modo che questi sassi diventino pane! Forza... Prova. Tu puoi tutto: dimostra che sei figlio di Dio, di' che questi sassi diventino pane! Che cosa ti costa fare un piccolo miracolo? Una piccola magia... Sarai il re più ricco e più potente del mondo. Fammi vedere quanto sei grande».

Gesù lo gelò con voce ferma: «È scritto: "Non di solo pane vive l'uomo"».

L'uomo rise. «Ah, così disprezzi il pane!».

«No, affatto», rispose Gesù. «Disprezzo le ricchezze e il regno terreno che vuoi offrirmi. Tieniti pure il tuo esercito. La mia forza è quella che mi viene dal Padre mio. Disprezzo quella che tu chiami "piccola magia". Disprezzo anche la tua stupida tentazione perché l'uomo ha bisogno non solo di cibo materiale, ma anche di cibo spirituale. Nelle Sacre Scritture è scritto: "Non di solo pane vivrà l'uomo, ma di ogni parola che esce dalla bocca di Dio"».

«Fai come credi allora e pensa quello che vuoi, pezzente», disse lo sconosciuto alzandosi. Si tolse la polvere dalla tunica e, con un sorriso che sapeva di crudeltà, si allontanò.

Il giorno dopo, l'uomo tornò e si sedette di nuovo accanto a Gesù che vide i suoi occhi cattivi e glaciali come quelli di un serpente.

«Sono ancora qui. Tuo padre non ha gradito le parole del tuo rifiuto di ieri. Mi ha detto di perdonarti. E allora ascoltami. Vedi laggiù? C'è Gerico e, più in là, Gerusalemme e lì si erge il fastoso palazzo di Ponzio Pilato, il procuratore romano, l'uomo più potente della Giudea, capace di decidere della vita e della morte di migliaia di sudditi. Oltre l'orizzonte, a nord, c'è la nuova città di Tiberiade, con la lussuosa corte di Erode Antipa. Oltre il mare, a occidente, c'è Roma e lì siede l'imperatore Tiberio, tra ori, gioielli, divertimenti e sfarzi di ogni genere e sorta. Sono molti i regni del mondo... Ma tu sei il figlio di Dio, sei più potente di loro. Tu puoi tutto. Dimostralo: buttati giù da questo precipizio e ordina ai tuoi angeli di sorreggerti. Tutti potranno vedere la tua potenza. Tutti ti ammireranno».

«No, non cederò alle tue lusinghe. Non ho bisogno di dimostrare nulla. Ora vai via. Nelle Sacre Scritture sta anche scritto: "Non tentare il Signore Dio tuo"».

L'uomo si allontanò. Ma tornò il giorno dopo ancora. Gli fece vedere di nuovo l'opulenza delle città. «Questo può essere tutto tuo: vedi quanta ricchezza c'è nel mondo. Quanto splendore».

«E allora?», disse Gesù guardandolo con disprezzo.

«Oh, mio piccolo uomo, non dirmi che vuoi restare così umile... Tu hai tutto per diventare ricco».

«Credi davvero che io insegua l'oro e il lusso?».

«Io parlo del potere e del successo... Il vero, concreto, tangibile potere sugli uomini... Il successo, il suo odore inebriante, l'ebbrezza di essere ossequiato, rispettato, invidiato... Non ti tentano? Ti darò tutto quello che vuoi, se, prostrato davanti a me, mi adorerai...».

Gesù non si frenò e agitando i pugni urlò: «Vattene, Satana, perché sta scritto: "Adorerai il Signore Dio tuo. E lui solo adorerai"».

L'uomo temette la sua ira, si alzò, si tolse con la mano la polvere dal mantello e sospirò: «Ormai sei più forte di me. Hai capito che tu sei il figlio di Dio e che io sono Satana; e hai vinto. Ma sappi: per te che non ho conquistato, altri mille ne conquisterò», urlò guardando Gesù con rabbia mescolata a odio e poi allontanandosi, con una risata fragorosa. Gesù lo seguì con gli occhi. Lo vide piegare le gambe fino a inginocchiarsi; poi distendersi sulla terra con il volto immerso tra i sassi; strisciare lentamente; infine trasformarsi in un serpente. Satana, pensò Gesù, era tornato alle sue sembianze; la sua tentazione era fallita.

Rimase seduto. Chiuse gli occhi e si rivolse al Padre, soddisfatto per non avere ceduto alle lusinghe. Si sentì finalmente forte e sicuro. «Ora so che cosa mi attende», disse allargando le braccia e innalzandole verso il cielo. «Sono pronto. È arrivato il momento di salvare il mio popolo».

Indossò la sua tunica e rifece, a ritroso, il cammino che aveva percorso dopo avere lasciato Giovanni Battista. Scese di nuovo lungo le rive del Giordano, verso il Mar Morto. Vide la fortezza di Masada famosa per essere stata l'ultima roccaforte della resistenza israelita contro Roma e si diresse verso Nazaret.

"La mia missione inizierà da lì", pensò.

Nel frattempo, sulle rive del Giordano, Giovanni Battista continuava a battezzare. «Ora dovete seguire l'uomo nuovo che è arrivato», diceva ai seguaci. «Il mio compito è finito. Lui deve salire e io devo scendere».

Proprio in quel momento passò il corteo regale di Erode Antipa che andava a Gerusalemme: una carovana formata da una decina di cavalieri a protezione della lettiga chiusa, trasportata da sei schiavi scalzi. Dentro c'erano il sovrano e la sua concubina, Erodiade.

«Lo scandalo passa sul Giordano!», urlò Giovanni Battista indicando la carovana regale. Poi continuò: «Erode Antipa, sei un peccatore, hai accanto a te una donna adultera che non puoi sposare. Erodiade è la moglie del fratellastro Filippo. Vi siete lasciati vincere dalla passione, siete due lussuriosi. Erode Antipa, rimanda indietro quella donna. Vergognati e pentiti. Dopo di me arriverà uno che ti distruggerà».

Erodiade, con il volto che la rabbia aveva acceso di rossore, urlò a Erode di intervenire.

«Arrestalo. Fai zittire quella carogna».

«Non ascoltarlo», tentò Erode Antipa di placare la sua rabbia. «È un pazzo. Farnetica».

«Ma non lo hai sentito? Ha detto che sta per arrivare dopo di lui un altro profeta che ti distruggerà. Non puoi sopportarlo, mio re. Non puoi rischiare. Quell'uomo è un cattivo esempio per il popolo. Non vedi quanti seguaci ha intorno a sé?».

Erode Antipa era indeciso ma si lasciò convincere: «Avanti, arrestate quel pazzo».

Mentre i soldati lo arrestavano, Giovanni Battista urlò ai suoi seguaci: «Il mio tempo è compiuto, ora cercate il re di Israele, il Messia». Poi, prima di essere trascinato dai soldati, si rivolse ai suoi due discepoli più cari: «Andrea e Filippo, andate da Gesù di Nazaret. Adesso dovete seguire lui».

Giovanni Battista fu portato via dai soldati di Erode Antipa. Andrea e Filippo, sapendo che Gesù stava tornando, si diressero verso Nazaret.

Gesù aveva trent'anni quando arrivò a Nazaret, il luogo dove era cresciuto. Era sabato e andò nella sinagoga, dove fu invitato a leggere un brano del profeta Isaia. Salì sull'altare, prese le Sacre Scritture e lesse: «Lo spirito del Signore è su di me. Perciò mi ha scelto per portarvi il lieto messaggio: mi ha mandato per annunciare la liberazione ai prigionieri, per dare la vista ai ciechi, per liberare gli oppressi, per dire che è giunto il tempo in cui il Signore salverà il suo popolo».

Gesù chiuse le pergamene. Si allontanò dal leggio e si rivolse ai fedeli. «Avete ascoltato la profezia di Isaia. Ora vi dico che la profezia si è avverata».

«La profezia si è avverata?», domandò incredulo un fedele dal fondo della sala. «Ma solo il Messia può adempiere quella profezia».

«Ma che stai dicendo?», gridò un altro.

«Ma quello non è Gesù, il figlio del falegname?», domandò uno agitando in alto il bastone.

«Sì, il figlio di Giuseppe e la madre è Maria».

«Ah, Maria. Ricordo. Qui a Nazaret ancora oggi dubitiamo che Giuseppe, il falegname, sia veramente il padre».

«Mah, certo lui era già vecchio quando si sposò».

«Ma allora dobbiamo stare a sentire un figlio bastardo? Uno che fino a ieri ha costruito porte e tavoli?».

«Ma dove siamo arrivati?», intervenne un altro. «Non possiamo permetterlo».

A quel punto Gesù riprese a parlare: «Lo spirito del Signore è su di me perché il Signore mi ha consacrato con l'unzione. Per questo oggi la Scrittura si è compiuta».

Le proteste divennero ancora più insistenti proprio quando Gesù ripeté: «Sì, oggi le Scritture si sono compiute».

«Che cosa dice questo bastardo? Le Scritture si sono compiute?», urlarono.

«Come osa? È un bestemmiatore!», si sentì da un lato.

«Le Scritture si compiranno con l'arrivo del Messia!», urlò un altro.

«Sei tu il Messia?», domandò avvicinandosi minaccioso un dottore della Legge, uno scriba.

«Io so che con me adesso il Regno dei Cieli è più vicino a voi», rispose sereno Gesù.

«È un pazzo, questo ci insulta, cacciatelo via. Vattene. Guardate un po' se un falegname deve farsi credere un profeta».

«Buttiamolo nel burrone».

Gesù stava per essere assalito quando alcuni zeloti, che erano lì per ascoltare, lo circondarono e, proteggendolo con i loro corpi, lo fecero uscire dalla sinagoga.

«Gesù, questa gente ti è ostile ma noi abbiamo sentito le tue parole e siamo con te. Ti proteggeremo noi», dissero. «Ormai è il momento di agire. Unisciti a noi. Sei tu il nostro Messia, colui che ci libererà dalla schiavitù dei romani. Ti nominiamo nostro capo».

«Il Messia ha il compito di liberare tutti gli uomini dalla schiavitù del peccato, non un gruppo soltanto», rispose

Gesù toccando la spalla a ciascuno degli uomini che lo avevano salvato.

«Ma non puoi accettare che questi servi di Roma ti trattino così».

«Nessuno è profeta in patria», rispose Gesù. «Verrà il tempo in cui tante cose si capiranno. Comunque in questa città non verrò mai più».

In quel momento si avvicinarono a lui due uomini. «Maestro», gli dissero. «Io mi chiamo Andrea e lui è Filippo. Fino a oggi siamo stati discepoli di Giovanni Battista. Ci ha mandato da te. Ci ha detto di seguirti. Lo hanno arrestato».

«Andrea, Filippo: seguitemi. Ma avete visto che non è facile la vita con me. Anche questa gente che dovrebbe amarmi di più, perché qui sono cresciuto, non mi ha capito».

Poi si rivolse al gruppo di zeloti: «Le parole del figlio di Dio arriveranno senza armi al cuore degli uomini».

Gli zeloti si guardarono perplessi e commentarono: «Come potremo cacciare i romani dalla Terra d'Israele senza armi?».

«Se è il Messia che aspettiamo, saprà lui come fare», rispose uno dei sovversivi.

Gesù non rispose. Per la prima volta, essere chiamato Messia, non gli procurò nessuna reazione: ormai sapeva di esserlo.

«Maestro», domandò Filippo, «se hai deciso di allontanarti da Nazaret dove pensi di andare?».

«Maestro, andiamo a Cafarnao», disse Andrea che sembrava il più convinto del gruppo. C'è mio fratello Simone che abita lì, potrai dormire a casa sua».

«Va bene, andiamo a Cafarnao», acconsentì Gesù.

12

Cafarnao era un villaggio di pescatori sulla riva nordoccidentale del lago Gennesaret chiamato anche lago di Tiberiade dal nome della città fondata da Erode Antipa in onore dell'imperatore Tiberio. Cafarnao distava da Tiberiade tredici chilometri, e trenta da Nazaret. Si trovava presso i confini che dividevano il territorio sotto la giurisdizione di Erode Antipa, la Galilea, da quello del fratello Filippo, il terzo figlio di Erode il Grande, tetrarca delle regioni settentrionali d'Israele: la Traconitide, la Iturea, la Gaulanitide, la Batanea e la Auranitide. Il villaggio non aveva molti abitanti ma godeva di un vantaggio: proprio perché si trovava ai confini delle due giurisdizioni, era attraversato da molti viaggiatori che spendevano denari e sicli. Ma, per tenere sotto controllo i disordini provocati dal traffico, c'erano anche una guarnigione romana e una stazione doganale per i pagamenti delle tasse.

Il gruppo di Gesù arrivò alle porte di Cafarnao poco dopo il tramonto. Ormai le ombre della sera cominciavano a poggiarsi sulle case del villaggio e sul porticciolo. Gesù fece un cenno con la mano e costrinse Filippo e Andrea a fermarsi: «È inutile entrare a quest'ora nel villaggio», disse. «Creeremmo soltanto problemi. Troviamo un posto per passare la notte e domani mattina entreremo a Cafarnao».

«Hai ragione Maestro», acconsentì Andrea, «ho visto poco più in là un capanno in un campo, potremmo fermarci lì».

Gesù, Andrea e Filippo entrarono nel campo e occuparono il capanno che i contadini del luogo usavano per depositare gli attrezzi e per ripararsi dal sole durante le ore più calde. Filippo riunì un mucchio di foglie secche e poi, con la pietra focaia che aveva sempre nella sacca e con la punta del coltello, riuscì ad accendere un falò.

Andrea tirò fuori dalla sua sacca alcuni pezzi di carne secca, li infilò in un lungo e sottile ramo ancora verde e li arrostì sul fuoco. Mentre mangiavano, Gesù volle sapere tutto dei due suoi primi discepoli, che già lo chiamavano Maestro, in segno di rispetto.

«Prima di seguire il Battista», disse Andrea, «la mia vita era inutile. O almeno tale la consideravo. La mia abitazione è qui a Cafarnao ma la mia famiglia è originaria di Betsaida, un villaggio vicino. È stato mio fratello maggiore, Simone, a portarci qui. Si è sposato con una donna di Cafarnao e così mi ha costretto a seguirlo. Dopo la morte di mio padre Giovanni, è lui il capo della famiglia. È lui che decide. Come nostro padre anche noi facciamo i pescatori. La vita è dura ma l'acqua del lago è sempre stata generosa con noi. Non navighiamo nell'oro ma il mangiare non è mai mancato».

«Ma come sei arrivato a essere uno dei discepoli di Giovanni Battista?», lo interrogò Gesù, che voleva conoscere a fondo l'animo delle persone che, come sentiva nel suo cuore, lo avrebbero seguito per sempre.

«A me non è mai piaciuto fare il pescatore, anzi odiavo quel lavoro. Mio padre mi costringeva con la forza a seguirlo. “La nostra vita è pescare”, mi diceva. “È inutile perdere tempo con altre stupidaggini”. Io invece volevo frequentare la sinagoga, volevo andare a scuola. Ma lui niente. Nella sua vita aveva conosciuto soltanto il lago e non accettava alternative. Come aveva già fatto con mio fratello Simone, fece di tutto per insegnarmi i segreti del mestiere. Simone lo seguiva con serenità. Io invece, appena ho cominciato a capire, mi sono ribellato. Quel lavoro non mi piaceva. Ma non è per la fatica, sai? Anche se la fatica si sentiva: ci si alza la notte per andare a ritirare le reti; si arriva al mattino per vendere il pesce; durante il giorno si riparano le reti e prima del tramonto si ritorna al lago per gettare di nuovo le reti per poi tirarle all'alba del giorno dopo. Così tutti i giorni. Tutti i giorni, eccetto il sabato. Ho pianto tanto, Maestro. Ma non per la fatica, te l'ho detto. Mi sentivo portato per altro, ma non sapevo nemmeno io per che cosa. Ma più piangevo e più mio padre mi picchiava. “Sei un fannullone”, mi diceva. “Uno scansafatiche”, e con la forza mi portava con sé. Eppure, quando è morto, ho sentito tanto dolore. Avrei dovuto sentirmi libero, invece soffrivo. Quando c'era, non lo sopportavo; quando non c'è stato più, mi è mancato. Puoi capirmi, Maestro?».

«Sì, capisco, Andrea», sorrise Gesù incitandolo a continuare.

«Comunque con mio fratello Simone capofamiglia, le cose cambiarono. Lui capì che quel lavoro non era per me e così un giorno mi disse: “Andrea, se non vuoi fare il pescatore, lascia stare. Segui la tua vita. Fai quello che ti piace”».

«Vuoi dunque bene a tuo fratello», commentò Gesù.

«Sì, tanto. Anche se mi rendo conto che ho voluto molto bene anche a mio padre, senza saperlo», sospirò Andrea mentre gli occhi gli si inumidivano. «Mio fratello è un po' burbero, dai modi duri, ma ha un cuore grande».

«E poi? Continua».

«Ho finalmente fatto quello che mi piaceva. Ho imparato a leggere. Ho studiato le Sacre Scritture e così, quando ho saputo che sul fiume Giordano c'era un profeta che battezzava e annunciava l'arrivo del Messia, ho lasciato Cafarnao e sono andato da lui: dal Battista. Ero affascinato da quello che diceva. Le sue parole mi inebriavano la mente. L'avrei seguito fino alla morte. Poi sei arrivato tu, Maestro».

«Spero che tu non abbia a pentirtene. E non preferisca cambiare vita e tornare sulla barca», sorrise Gesù che poi voltò lo sguardo verso Filippo. «E tu, Filippo, che cosa mi racconti? Come è stata la tua vita sino a oggi?».

«La mia vita è stata ancora più monotona di quella di Andrea, Maestro. Anche io sono nato a Betsaida, in Galilea. Non facevo il pescatore ma lo stalliere. Mio padre curava i cavalli dei ricchi e dei soldati che si trovavano a passare. Fu uno di questi, un centurione, che mi parlò di un "selvaggio" che battezzava... sul Giordano».

«Un selvaggio?», domandarono Gesù e Andrea incrociando i loro occhi pieni di sorpresa.

«Sì, quel centurione mi disse proprio così: "selvaggio", e fu proprio questa parola a spingermi ad andare a vederlo. Lasciai il cavallo del centurione a mio padre e corsi sulle rive del Giordano. E lì trovai quel "selvaggio". Be', devo ammettere che quando lo vidi mi fece impressione. Il Battista sembrava davvero un selvaggio: urlava... urlava così forte che quasi ne avevi paura».

«Le sue urla arrivarono al tuo cuore, però», lo interruppe Andrea.

«Sì, mi entrarono nel cuore», confermò Filippo.

«Le vie del Signore sono tante, siete arrivati a me grazie al Battista», commentò Gesù mentre si stendeva sul letto di frasche che Andrea gli aveva preparato. «Ma ora dormiamo. Il tempo delle parole e dei discorsi è finito. Ora è il tempo delle opere».

Anche Andrea e Filippo si distesero sulle frasche. Ma, al contrario di quelli di Gesù che si chiusero subito, i loro occhi restarono a lungo aperti. Le domande e i pensieri che si ponevano erano tanti: "È lui il nostro Signore. Ma che cosa vuole dirci con 'Il tempo delle parole e dei discorsi è finito. Ora è il tempo delle opere?'. È troppo difficile per noi. Forse un giorno lo capiremo", conclusero entrambi.

«Dormiamo», sussurrò Andrea a Filippo quando si accorse che anche lui era sveglio.

«Va bene», rispose Filippo, girandosi sulla paglia per cercare una posizione più comoda. «Ormai la notte è diventata breve».

Giunsero al porto di Cafarnao a mattino inoltrato. I pescatori avevano già liberato i pesci dalle reti e li avevano deposti in grandi canestri per offrirli ai compratori. «Il pesce, il pesce del nostro lago», urlavano. «Pesce fresco, pesce fresco. Avanti, comprate il pesce».

«Quello è mio fratello Simone», disse Andrea allungando il braccio per indicare un grosso uomo con i capelli ricci, le sopracciglia cespugliose e la barba irsuta: stava ancora a bordo della barca e lanciava sul selciato i canestri che traboccavano di pesci vivi. Gesù e Filippo si fermarono a distanza e videro Andrea sbracciarsi verso il fratello per attirare la sua attenzione.

Il fratello lo vide e gridò: «Andrea, figlio di una brava donna, che fai qui? Che bello vederti».

«Simone! Simone!», lo abbracciò commosso Andrea. Poi con la voce che tremava per l'emozione: «Abbiamo trovato il Messia».

Fu come se non avesse sentito: Simone chinò la schiena per ammassare meglio i pesci nella cesta.

Andrea lo afferrò per un braccio e lo scosse: «Hai capito? Lui è il Messia». E indicò Gesù.

«Ma che sciocchezza stai dicendo, Andrea? Il Messia? Sei venuto fin qui per prendermi in giro?», gridò Simone liberandosi dalla presa del suo braccio.

«Ti dico che abbiamo trovato il Messia, Simone», insistette Andrea e la sua voce sembrava una preghiera con la speranza di essere creduto. Poi si voltò verso Gesù con gli occhi inumiditi che sembravano volessero scusarsi.

«Perdonatemi, anzi perdonatelo, Maestro, mio fratello è fatto così: è brusco ma ha un cuore d'oro».

«Andrea, non preoccuparti», rispose Gesù andando incontro con un sorriso a Simone. «Imparerà ad amarmi questo tuo fratellone...».

Andrea cercò gli occhi di Simone: «Il Messia, lo vedi, è qui».

Gesù restò in silenzio.

«Sei impazzito, Andrea. Il Messia qui a Cafarnao», borbottò Simone cercando di allontanarsi, ma Andrea lo trattenne: «Sì, a Cafarnao».

«Senti, Andrea: andare dietro a quel Battista ti ha svuotato il cervello. Del resto, ho cercato sempre di dissuaderti. Ma non mi hai mai ascoltato. Ti ho sempre detto che l'unica certezza è il lavoro. Adesso mi dici che hai incontrato il Messia, il conquistatore che Dio manderà sulla Terra per liberarci dai romani. Quel Battista ti ha proprio instupidito. Il Messia qui a Cafarnao... Mi fai ridere... Smettila... E poi chi sarebbe? Quello lì?», gridò sprezzante Simone.

Gesù troncò le sue parole fissandolo con dolcezza: «Tu sei Simone, il figlio di Giovanni: sei duro come una pietra e per questo ti chiamerò da oggi in poi Simon Pietro».

Tutti risero: «Anche per noi sarai da oggi Simon Pietro».

«Sentite voi... Smettetela con queste chiacchiere... Non ho tempo da perdere. Devo andare a sistemare le reti», si scansò Simon Pietro. Poi, rivolgendosi ad Andrea, sottovoce borbottò ancora: «Non ho capito nulla. Questo tuo Messia mi pare un pazzo. Comunque, se vuoi, andate a casa: ci sono mia moglie Channan e mia suocera Ada. Come ben sai, la mia casa è aperta a tutti: anche ai pazzi».

Simone si allontanò mentre Andrea e Filippo venivano circondati dai familiari e dagli amici.

«È lui il Messia», cercava di essere convincente Filippo. «Riesce a leggere dentro tutti noi. Lo stesso Battista lo ha chiamato Messia. È stato lui a dirci di seguirlo».

Tutti si dimostrarono curiosi. Soltanto uno restò in disparte, un amico di Filippo, nativo di Cana, un villaggio poco lontano. «Bartolomeo», urlò Filippo. «Bartolomeo, avvicinati».

L'uomo alzò lo sguardo verso Filippo: aveva occhi vivaci e neri.

«È lui il Maestro. Colui di cui hanno parlato Mosè e i profeti. È Gesù: viene da Nazaret», disse Filippo.

«E io vengo da Cana», ribatté ironico Bartolomeo. «E so di certo che da Nazaret non può uscire nulla di buono».

«Ma dai, vieni, Bartolomeo, non essere superbo e diffidente. Vieni e vedi. Poi giudicherai».

Gesù li scorse da lontano. Fece cenno con le braccia alla gente di allargarsi per farlo passare e si avvicinò.

«Finalmente un israelita che non ha peli sulla lingua e parla chiaro», disse con voce decisa Gesù. E continuò. «Fra tanti esaltati e ciarlatani che circolano per queste strade, lui ha diritto di diffidare. E io so, Bartolomeo, che tu da tempo cerchi di sapere ma non trovi risposta».

«Come fai a conoscere il mio nome?», si meravigliò Bartolomeo.

«Prima che Filippo ti chiamasse, io ti ho visto, Bartolomeo: eri sotto un fico».

Bartolomeo impallidì: «È vero. Prima di incontrare Filippo, stavo seduto sotto un albero di fico, pensando alle voci che erano arrivate da Nazaret e che parlavano di uno che nella sinagoga aveva detto di essere il Messia. In cuor mio, sotto quel fico, pregavo Dio di darmi un segno quando mi fossi trovato davanti a Colui che tutti quanti aspettiamo e il segno è arrivato, è questo: Maestro, tu mi hai visto là dove non potevi vedermi perché non c'eri. E hai sentito anche quello che non potevi udire. Perdonami se non ho creduto subito che tu sei il figlio di Dio, tu sei il nostro re».

Gesù gli sorrise: «Bartolomeo, Bartolomeo, adesso esageri. Soltanto perché ti ho detto che ti ho visto sotto il fico, credi! Seguimi, Bartolomeo, e vedrai cose più grandi di questa».

Andrea, che si era allontanato per farli parlare, si asciugò con la mano il sudore gocciolante sulla fronte e, guardando il fratello, disse: «Oggi è un grande giorno per Cafarnao». Poi si rivolse a Gesù: «Maestro, mio fratello Simone non ha il coraggio di dirlo. Ma siamo tutti invitati a mangiare a casa sua».

13

Nella casa, Simone, che Gesù chiamava ormai Simon Pietro, stava di buon umore e cambiò subito atteggiamento, così ci fu una grande festa. Simone cominciò a rivolgersi a Gesù chiamandolo Maestro con grande naturalezza, come se l'avesse sempre fatto e gli presentò la sua famiglia: «Questa è mia moglie Channan e questi sono i miei figli: Avi di quindici anni e Saul di tredici. Lavorano già con me sulla barca. Con noi vive anche mia suocera, si chiama Ada. Anche Andrea, quando non se ne va in giro dietro ai profeti, sta qui. Viviamo di pesce e ancora pesce, Maestro. Qui sulla nostra tavola o non si mangia o, se si mangia, si mangia pesce».

Risero tutti. Gesù non creò imbarazzo con la sua presenza: era come se lo conoscessero da sempre.

In quel momento arrivò un altro pescatore e Simone lo presentò a Gesù: «Ti presento Zebedeo. È come un fratello per me. Noi pescatori stiamo sempre insieme. Non è prudente andare a pesca da soli, il lago è infido e per questo lavoriamo in società. Dividiamo tutto quello che peschiamo. Lui è ricco però. Sua moglie Susanna ha amicizie molto importanti: sai, è amica addirittura di Claudia Procula, la moglie di Ponzio Pilato, il procuratore».

«Ah, il romano», sottolineò Gesù.

«Sì, lui. La moglie però è una di noi. Prima o poi capiterà anche a te di incontrarla».

Gesù non disse nulla, ma si stupì. "Che cosa può unire la moglie di un bravo pescatore con la moglie del procuratore di Roma?", pensò ma non fece la domanda che tutto sommato gli parve senza importanza. Ma forse è la domanda che anche tu, lettore, ti poni e, a questo punto della storia, è importante che tu sappia la risposta.

Accadde una mattina. Claudia Procula stava passeggiando per il lungomare del porto di Cesarea, quando udì uno squillo di tromba. Subito dopo vide la porta di un edificio aprirsi e una lunga fila di ebrei entrare in assoluto raccoglimento. Notò anche un gruppo di donne entrare da una porta secondaria. Decise di seguirle. Mise lo scialle nero sulla testa per nascondere in parte il suo viso e non farsi riconoscere. Una donna però notò il suo atteggiamento incerto e si avvicinò.

«È la prima volta che vieni qui?», domandò.

Claudia scostò leggermente il suo scialle e scoprì gli occhi. «Sì, è la prima volta», ammise e poi domandò a sua volta: «E tu, chi sei?».

«Dal tuo accento e dai tuoi occhi capisco che non sei ebrea. Io mi chiamo Susanna e sono la figlia del rabbino di questa sinagoga».

«Sì, non sono ebrea. Sono una romana», disse sorridendo.

«Una donna romana in Galilea?», si sorprese Susanna. «E per di più a Cesarea?».

Claudia la tirò in disparte. «Sono Claudia Procula», bisbigliò.

«Tu, la moglie di Ponzio Pilato? Come è possibile?».

«Sono affascinata dalla vostra religione. Mio marito non sa nulla. Susanna, ti prego, non tradirmi. Non so che cosa potrebbe accadere se qualcuno sapesse», si intimorì.

«Nessuno saprà. Vieni con me, Claudia».

Claudia si coprì di nuovo il viso con lo scialle e seguì Susanna. Intuì che poteva fidarsi. Era contenta. Da tempo non parlava con una donna che non fosse una delle sue ancelle. Susanna la portò in riva al mare e si sedettero su una delle panchine di marmo in stile romano che Pilato aveva fatto costruire sulla sabbia.

«Che cosa ti affascina della nostra religione?», domandò Susanna.

«Credere che un solo Dio abbia creato tutto questo che ci circonda, mi fa riflettere».

«Voi, invece, credete che abbia fatto tutto Giove con un fulmine», scherzò Susanna.

«Ti prego, non deridermi: per noi gli dèi sono importanti. Solo che sono così numerosi...».

Claudia Procula e Susanna parlarono per ore.

«Sono rimasta orfana di madre da bambina», le raccontò Susanna. «E per stare con me, mio padre, rabbino di questa cittadina di mare, non si è mai più sposato».

«E tu sei sposata?».

«Sì, io sono sposata con un pescatore. Si chiama Zebedeo e abbiamo due figli, Giacomo e Giovanni. Sono ormai uomini anche loro. Mio marito è di Cafarnao e abitiamo lì, sul lago di Gennesaret. No, scusami, lago di Tiberiade. Prima aveva quel nome ma il nostro tetrarca Erode Antipa per fare piacere al vostro imperatore...».

«Nostro imperatore», la corresse Claudia Procula.

«Sì, nostro imperatore... l'ha chiamata Tiberiade, da Tiberio».

«Quanti anni hanno i tuoi figli?», si incuriosì Claudia Procula.

«Fanno i pescatori con il padre. Giacomo è il più grande: ha quasi trent'anni; Giovanni, più piccolo, ne ha venti: è fragilissimo, timido, non capisco perché. È così diverso dal fratello. Tanto è audace e sicuro Giacomo, tanto è insicuro Giovanni».

Claudia restò colpita dalla semplicità di Susanna, che era così diversa da lei. Le confidò allora un dolore che si portava dentro. «Io e Pilato siamo sposati da quasi quattro anni e non abbiamo bambini», disse con gli occhi velati. «Io amo Pilato ma la nostra felicità non è completa. Desidero tanto un figlio, Susanna. Ho pregato i miei dèi, ma niente».

Susanna l'abbracciò e lei sentì di avere trovato un'amica. «Come hai trovato la tua fede?», le domandò ancora.

«Me l'ha trasmessa un uomo favoloso. Che ti guarda negli occhi e ti brucia dentro. E poi ti parla, ti parla fino a farti sognare. Claudia, devi conoscerlo. Sono certa che farà felice anche te».

«Ma io ho Pilato. Amo mio marito...».

Susanna sorrise: «Ma che cosa hai capito, Claudia? L'uomo di cui parlo è un profeta. Predica che sta per arrivare il figlio di Dio sulla Terra e che dobbiamo prepararci. Dobbiamo purificarci per accoglierlo degnamente. Si chiama Battista. Non so se è il suo vero nome ma lo chiamano tutti così perché ci dà il battesimo per purificarci».

Claudia restò ad ascoltare incantata, sentendo che il suo cuore si riempiva di dolcezza e di amore a ogni parola di Susanna. E, timidamente, come se osasse chiedere qualcosa per lei impossibile, disse: «Pensi che potrei conoscere anch'io questo Battista?».

Andarono insieme sul Giordano. Claudia indossò, per non farsi riconoscere, un lungo scialle che, oltre a coprirle il capo, le nascondeva gli abiti di taglio romano. Vide il Battista che, con una pelle di cammello avvolta intorno alla vita, con le gambe a mezz'acqua, battezzava una lunga fila di uomini e donne. La sua voce era così impetuosa che Claudia si impressionò e strinse la mano dell'amica. Guardò la gente intorno e si sorprese: «Ma quella è Giovanna, la moglie di Cusa, il sovrintendente di Erode Antipa. Anche lei come te, Susanna? Anche lei è una seguace del Battista?», esclamò ponendo la mano alla bocca per non farsi sentire.

«Sì, anche lei, come tanti qui in Palestina», le confidò Susanna.

Giovanna, uscendo dal fiume, passò davanti a lei, la riconobbe e l'abbracciò: «Claudia Procula, tu pure qui? Anche tu sei una seguace del Battista?».

«No. Io no», rispose titubante. «Io ho i miei dèi».

Susanna lanciò l'idea di andare tutte e tre a Cesarea.

«Non posso», si scusò Giovanna. «Devo essere a Tiberiade prima del tramonto. Guai se mio marito sapesse di questa mia ammirazione per il Battista. Ma, ancora di più, se lo sapesse Erode Antipa: lui odia il Battista. Per me e mio marito sarebbe una condanna a morte».

«Sarà il nostro segreto», la rassicurò Claudia. «Nessuno, ma proprio nessuno, saprà mai di questo nostro incontro».

Claudia e Susanna continuarono a vedersi, sia pure in segreto. «Ti ho confidato tutto di me. Ma non vuoi parlarmi di te? Ti farà bene e puoi fidarti. Perché non mi racconti come sei arrivata da Roma in Palestina?», le disse un giorno Susanna. E Claudia iniziò il suo lungo racconto.

Era arrivata in Palestina felice perché non le era stato facile convincere l'imperatore di Roma, Tiberio, a permetterle di seguire il marito. «Non puoi seguirmi», le aveva detto con rammarico Ponzio Pilato quando fu nominato proconsole della Giudea. «L'antica legge Oppia vieta di portare le mogli quando si parte per una missione in una provincia dell'impero».

«Ma è assurdo. Non posso lasciarti, amore. E, poi, per quanto tempo?», protestò in lacrime Claudia. Erano appena rientrati dalla Germania, dove si erano conosciuti: lui era in missione per conto dell'imperatore; lei era ospite di amici. Un grande amore folle, a prima vista. Si erano sposati alla presenza di tutte le famiglie patrizie di Roma, con tutti i proconsoli in rappresentanza dell'impero, perché lei era la nipote di Cesare Augusto, imperatore prima di Tiberio. Claudia introdusse il marito nelle famiglie di Roma che contavano di più con un progetto in mente: sognava di fargli ottenere un importante incarico nella capitale fino a immaginare per lui un giorno addirittura la toga imperiale. «Vedrai tutto è possibile», diceva. «Tiberio è malato. Si è perfino trasferito a Capri dove c'è un clima più salubre». Ma a ostacolare i sogni di Claudia ci fu Lucio Elio Seiano, che Tiberio aveva nominato prefetto delle coorti pretorie.

Un incarico che di fatto, dal momento che Tiberio era assente da Roma, lo poneva al comando dell'impero. Seiano aveva intuito il pericolo che poteva arrivargli da Pilato grazie all'influenza della moglie e, tra i suoi primi provvedimenti, per mandarlo lontano, ci fu proprio quello di nominarlo procuratore della Giudea.

«Pilato, soltanto tu con la tua esperienza riuscirai a tenere a bada gli ebrei, un popolo continuamente in balia delle guerre interne. Nonostante tutti credano in un unico Dio, sono divisi perfino nelle loro sinagoghe. Per Roma, come tu ben sai, la Palestina è strategica per il controllo dell'Oriente e il tuo ruolo di procuratore sarà quindi molto apprezzato dal Senato», mentì spudoratamente Seiano.

Il piano di Seiano prevedeva di separare Ponzio Pilato dall'influente moglie. Ma non calcolò l'intraprendenza di Claudia che andò a Capri da Tiberio e lo convinse a non rispettare la legge Oppia e a farla partire con il marito.

Giunsero in Palestina e approdarono nel porto di Mazaka, nella Samaria, ai confini con la Galilea, con due navi e con una legione di seimila uomini. Claudia fu subito incantata dal luogo e decise che la loro residenza sarebbe stata proprio lì, sul mare.

Pilato, a Gerusalemme, fece subito capire agli ebrei quanto sarebbe stato efficiente e intransigente nel suo compito. Convocò il tetrarca della Galilea e della Perea Erode Antipa, il tetrarca della Betanea, della Traconitide e Auranitide, Erode Filippo, e il Sommo Sacerdote Anna.

«Farò le veci dell'imperatore e per tutti voi sarò io l'imperatore», chiarì deciso. «A me spetterà l'ultima parola in tutto».

«Ma non puoi entrare nelle nostre questioni», protestò Anna. «Non dimenticare che noi siamo ebrei, abbiamo le nostre leggi, le nostre tradizioni. Hai già offeso il nostro popolo entrando a Gerusalemme con le insegne di Roma e con le immagini dell'imperatore. La nostra religione non accetta né le immagini, né le insegne, né gli stendardi, né tanto meno le statue di cui invece Roma è piena. Per noi c'è solo Dio e solo lui osanniamo».

«Sono d'accordo con te», lo interruppe stizzito Pilato. «Porterò via da Gerusalemme le insegne romane per non offendere il popolo e io mi stabilirò in quel porto del villaggio dove le mie navi hanno gettato le ancore. E lì creerò la mia piccola Roma. La chiamerò Cesarea in onore di Roma e di Cesare».

Pilato guardò poi, fiero negli occhi, il Sommo Sacerdote: «Conserverete le vostre tradizioni in tutte le questioni che non toccheranno gli interessi romani. Avrete piena autonomia quindi negli affari legali e religiosi. Io mi occuperò dei reati di natura politica».

«Grazie, grazie, procuratore», dissero Erode Antipa, il fratello Erode Filippo, e, a malincuore, anche Anna.

«Non ho finito», li bloccò ancora Pilato puntando il dito verso Anna. «Prima era il re a nominare il Sommo Sacerdote. Ora questo compito tocca all'imperatore, e quindi ora toccherà a me. E dunque, Anna, visto che il tuo mandato sta per scadere, ti comunico che dovrai abbandonare la carica di Sommo Sacerdote. Domani consegnerai al mio sovrintendente i paramenti sacri con la preziosa stola. Saranno custoditi in una camera della fortezza. Verranno da me concessi al nuovo Sommo Sacerdote, ma soltanto in occasione delle solenni festività. Questo è tutto». Con le restrizioni sui paramenti, Pilato fece capire che avrebbe comandato lui. Pochi giorni dopo fece seguire alle parole i fatti. Nominò il nuovo Sommo Sacerdote: Caifa.

Passarono tre anni. Pilato aveva quarantacinque anni, Claudia Procula trenta: si erano stabiliti a Cesarea, vivevano innamorati, ma senza figli. Claudia, nella sua solitudine, era sempre più affascinata dal culto della religione ebraica così diverso da quella di Roma.

Pilato, preso dagli impegni del suo ruolo, passava molto tempo lontano da Cesarea per controllare di persona ciò che accadeva a Gerusalemme. Soltanto al tramonto rientrava al suo palazzo e talvolta nemmeno, se all'indomani aveva altri impegni politici. E così Claudia, curiosa com'era, ne approfittava per uscire e, in pochissimo tempo, imparò a parlare l'aramaico.

E un giorno, come hai letto, incontrò Susanna e le due donne non si separarono più. Ma ora, lettore, riprendiamo la storia tornando nella casa di Simon Pietro dove Gesù, appena arrivato, stava conoscendo Zebedeo, il marito di Susanna.

In casa entrarono anche i suoi figli con un altro giovane loro cugino, e Simon Pietro li presentò: «Maestro, questo è Giacomo e questo è Giovanni, il più giovane, e questo è il loro cugino Giuda Taddeo ma noi lo chiamiamo soltanto Taddeo».

Gli occhi di Gesù si illuminarono e si soffermarono soprattutto su Giovanni che aveva lo sguardo dolce ma triste. Giovanni non parlava con nessuno e se ne stava appartato. Gesù, osservandolo, cercò di capire quali problemi avesse. «Maestro, quel ragazzo è un po' strano», gli spiegò più tardi Simon Pietro. «Qui i pescatori lo prendono in giro: lo chiamano Giovannino, ma alcuni di nascosto anche Giovannina. In effetti si comporta come una femmina. Il padre, Zebedeo, è disperato».

«Soltanto perché è taciturno?», sorrise Gesù. «Forse Giovanni è soltanto molto sensibile. Forse cerca qualcosa di diverso da quello che voi offrite».

«Non so, io non so che dire. Di certo non può fare il pescatore», disse deciso Simone. «Lì ci vogliono uomini veri con i muscoli forti e non femminucce».

Gesù lo guardò con durezza ma non rispose. Si avvicinò a Giovanni, gli sorrise e gli disse: «Se vuoi parlarmi, se vuoi aprire il tuo cuore, ti ascolterò».

Giovanni alzò gli occhi e incrociò quelli di Gesù. «Dal tempo di mia madre non ho mai sentito qualcuno rivolgersi a me con queste parole. Gesù, sì, ho bisogno di parlarti».

«E allora, vieni, usciamo prima che il sole tramonti», lo invitò Gesù.

«Ah, sì, certo», annuì Giovanni.

«Lasciamo gli altri a godersi la tavola. Li raggiungeremo per bere un boccale di vino», disse Gesù appoggiando il braccio sulla sua spalla.

Si diressero verso la darsena del lago, videro la barca di Simon Pietro legata al molo e vi salirono. Poi sedettero a poppa.

«Vedo che sei tormentato, Giovanni. Che cosa ti turba?», fu dolcissimo Gesù.

«Maestro, tu hai visto in me più di quello che vedo io. Per questo ho deciso di parlarti. Ho avuto tanto dalla vita:

un padre, Zebedeo, che mi ha dato il benessere; mia madre, Susanna, che mi ha dato amore. Ma dentro di me c'è il tormento. Non ho ancora vent'anni eppure spesso ho pensato di legarmi una pietra al collo e di buttarmi nel lago. Soltanto mio cugino Taddeo mi capisce. È sensibile anche lui come me perché ha molto sofferto: è un orfano. Ha perduto da bambino il padre e la madre. E da allora vive con noi. Per mio padre e mia madre è come un figlio e per me e Giacomo è un fratello. E lo sai perché, Maestro? Perché non amo quello che gli altri miei amici amano. E così mi evitano tutti. Mi sento solo. Perfino mio fratello Giacomo mi fa sentire solo. A volte io sento che mio padre mi odia. A me piace tutto ciò che a lui non piace. Amo cucinare, curare le piante, amo i fiori. E lui dice che sono cose da donne. So che alcuni mi chiamano Giovannina, ma io sono un uomo. Amo soltanto altre cose, cose che loro non amano».

Aveva parlato tutto d'un fiato come se volesse liberarsi di un peso e ora cercava un segnale di comprensione da Gesù, che gli accarezzò i capelli; e poi disse: «Giovanni, tu sei buono. Vivi come il tuo animo ti suggerisce. Non preoccuparti di quello che gli altri pensano di te. Capisco, ti senti solo. Ma non lo sei: Dio ti fa sempre compagnia. Non avere paura di mostrarti come sei veramente, perché è Dio che ti ha fatto così: lui forse ti ha destinato ad altro, a qualcosa che non è in questo villaggio. Segui la tua strada. Vivi tranquillo, Giovanni, ora Dio è vicino a te».

«Vicino a me? Allora... è vero che tu... sei... il Messia...».

«Lo capirai... Giovanni, perché tu da oggi starai sempre con me e dirò di seguirmi anche a tuo fratello Giacomo e a Taddeo», disse Gesù abbracciandolo.

«Grazie, Maestro», Giovanni non riuscì ad aggiungere altro ma Gesù capì ciò che voleva dirgli sentendo la sua tunica bagnata delle sue lacrime.

«Bene, adesso possiamo andare», disse Gesù.

In casa furono accolti da un "hurrà" gridato a squarciagola. Tutti si accorsero che Giovanni era tornato cambiato: sorridente e sicuro, non più impaurito e timido.

Giovanni abbracciò prima il padre, Zebedeo, poi il fratello Giacomo e il cugino Taddeo. «È veramente il Messia», bisbigliò all'uno e all'altro, «non so che cosa mi abbia fatto, ma mi sento già cambiato, più forte».

«Che cosa è successo?», gli domandò curioso Simon Pietro. «È bastato uno sguardo del Maestro per cancellare la tristezza dai tuoi occhi?».

«Sì...», sussurrò Giovanni aprendo i suoi denti bianchissimi a un sorriso dolcissimo che fece apparire nei suoi occhi brillanti la felicità improvvisamente nata nel suo cuore.

Arrivò in quel momento Bartolomeo trafelato: «Maestro, verresti a Cana tra due giorni?».

«Perché?», domandò timidamente Gesù.

«È la mia città, poco lontano da qui. Si è saputo che sei a Cafarnao e vorrebbero vederti. Tra due giorni si sposano due miei familiari. Verresti al matrimonio? Ci terrebbero tanto».

«Ci sarò», rispose convinto Gesù. «Ci saremo anche noi», fecero coro gli altri.

Il tempo a Cafarnao passò veloce. Gesù di giorno andava in sinagoga e, contrariamente a quanto era successo a Nazaret, le sue spiegazioni delle Sacre Scritture erano seguite con molta attenzione. A Cafarnao si trovava bene. Spesso scendeva al porto per parlare con la gente, specie con i pescatori, ma anche con i mercanti e gli uomini che passavano da Cafarnao per raggiungere altre province. Tutti erano felici di incontrarlo. Soltanto Simon Pietro non riusciva a entusiasmarsi nonostante l'ammirasse: «Non lo sento mai parlare contro Roma né contro i romani che ci affamano con le tasse», confidò a Zebedeo quando con la barca uscì a pescare. «Mai che dica: non pagate le tasse a quei porci di romani. Parla sempre di un regno da conquistare senza accennare mai alla ribellione. Ma non si rende conto che il popolo non ce la fa a mangiare?».

«Simon Pietro, ma lui predica l'amore non l'odio», sottolineò Zebedeo, chiamandolo con il nome che gli aveva dato Gesù.

«Ce lo facciamo fritto il suo amore. Che è, pesce?».

«Ha detto anche che la vita non è fatta di solo cibo e che il corpo non ha bisogno solo dell'abito», sorrise con convinzione Zebedeo.

«Ho sentito, ma sono parole. Ma le parole non hanno mai riempito una pancia vuota. Portalo giù al porto a vedere come quell'avido esattore di Matteo controlla la nostra pesca per tassarci. Quell'infame».

Però la sera Simon Pietro non era più scontroso; rivedeva Gesù e il suo sorriso incredibilmente gli placava la rabbia.

14

La vigilia delle nozze, Gesù, Andrea, Simon Pietro, Giovanni, Taddeo e Filippo partirono per Cana. Bartolomeo li aveva preceduti per annunciare il loro arrivo. La cittadina era a quindici chilometri, a metà strada tra Nazaret e Cafarnao. Il gruppo, guidato da Gesù, avrebbe potuto muoversi anche all'alba del giorno stesso delle nozze, ma il timore di arrivare in ritardo fece anticipare la partenza. Si fermarono alle porte della cittadina a notte inoltrata; prima di addormentarsi, Gesù volle conoscere meglio Simon Pietro e, come era ormai solito fare con tutti, gli chiese di raccontargli un po' della sua vita.

Simon Pietro non ne aveva voglia perché un poco si vergognava. Gli sembrò che mettersi a nudo lo avrebbe in un certo senso disarmato, togliendogli l'autorevolezza del capofamiglia; ma non riuscì a controllare il suo cervello e le parole cominciarono a uscirgli dalla bocca come se scivolassero fuori da una prigione dove erano state rinchiuse per anni. E parlò: «Sono nato pescatore. Nella vita non so fare altro se non gettare la rete, tirarla su, liberarla dai pesci, ripararla e gettarla ancora nel lago. La mia vita è stata sempre su una barca sin da quando mia madre ha smesso di allattarmi. Ho sempre lavorato e ho sempre pagato le tasse anche se le ho sempre considerate ingiuste. Per questo ammiro gli zeloti. Qualcuno dice che sono fanatici e mascalzoni. Non sono d'accordo. Loro si ribellano a Roma e odiano i romani proprio perché ci derubano. Maestro, i romani vanno cacciati».

Gesù alzò gli occhi al cielo. Andrea, Filippo, Giacomo, Taddeo e Giovanni tossirono per avvertire Simon Pietro che era meglio non continuare il discorso. «Io non ho studiato, però sono riuscito a crearmi una famiglia e a vivere dignitosamente», cambiò tono Simon Pietro. «Sono sposato con una donna di Cafarnao, ho due figli e vive con me anche mia suocera. Ho aiutato mio fratello Andrea, finché ha deciso di andare dietro ai profeti. E la porta della mia casa è sempre aperta a tutti coloro che hanno bisogno di un pezzo di pane».

Simon Pietro finì il suo racconto e si guardò attorno per cercare consenso. Nessuno fiatò. Ma Gesù gli mise la mano sul ginocchio, guardandolo con comprensione: «Hai parlato bene. Le tue parole sono state più importanti di una lettura nella sinagoga. Dormiamo ora. Domani a Cana ci attende una giornata importante».

Le feste di nozze duravano più giorni e Bartolomeo aveva invitato i suoi amici di Cafarnao perché più gente c'era, più il matrimonio veniva considerato importante. Ma non solo: era anche l'occasione per amici e parenti di rivedersi. E fu proprio Gesù ad avere una bella sorpresa: alle nozze c'era Maria, sua madre. Non la vedeva da mesi.

Ricordi, lettore? Dopo la morte del padre, Gesù sentì il bisogno di stare da solo. Cercò poi il Battista e andò a meditare nel deserto; nel frattempo Maria aveva deciso di andare a trovare i suoi parenti di Cana.

«Gesù, tu qui?», si lanciò Maria tra le sue braccia, stringendolo e bagnando la sua tunica di lacrime.

«Madre, come stai?», domandò Gesù con tenerezza.

«Bene, bene. Sei tornato, figlio mio?».

«Soltanto per queste nozze, madre», le sorrise Gesù e lei notò che non era affettuoso come un tempo. Maria gli prese la mano e la baciò. «Sei cambiato», mormorò e capì che era arrivato quel momento: il momento che fin dalla sua nascita temeva. Non pensò di averlo perduto, ma capì che il suo rapporto con lui non sarebbe più stato lo stesso. "Dio gli ha detto che è suo figlio", pensò rattristandosi solo per un attimo, perché poi si sentì felice a vederlo finalmente sereno.

Gesù intuì e le disse: «Sì, le cose stanno cambiando come ha deciso il Padre mio che è nei cieli».

«Lo so», disse Maria e, per non farlo preoccupare, gli sorrise con un sorriso che sapeva di grande amore. «Ma sarai sempre mio figlio», sussurrò.

In quel momento apparve la sposa. Era tutta agghindata, con una corona di fiori in testa, il viso colorito con cipria rossa, le unghie dipinte, carica di collane, braccialetti e altri monili. Lo sposo, anche lui con la corona di fiori sulla testa, era circondato dagli amici. La funzione religiosa fu celebrata a casa della sposa. Poi in corteo andarono a casa dello sposo per la festa. Si misero tutti a tavola accompagnati da canti e discorsi augurali. Mangiarono e bevvero senza parsimonia vini speciali messi da parte per la grande occasione.

Gesù e la madre stavano al tavolo del padre dello sposo. Con loro c'era anche Bartolomeo che però di tanto in tanto si alzava per scherzare con gli amici. L'atmosfera diventava più euforica man mano che le bottiglie di vino si svuotavano.

«Via, via», l'urlo degli inservienti spense le risate. Gesù con molti altri si alzò per vedere che cosa stesse accadendo. C'erano nel giardino tre cani affamati che abbaiavano rabbiosi. «Via, andate via, bestiacce», continuavano a gridare gli inservienti, agitando tra le mani lunghi bastoni che cercavano di colpire i tre cani.

«Fermi!», alzò la voce Gesù. «Essi hanno soltanto fame, non sono rabbiosi». Poi andò alla tavola, prese del cibo e lo portò fuori.

«Vuoi dare la nostra carne a quelle bestiacce?», si stizzì Bartolomeo. «Sono selvaggi. Bisogna ucciderli. Di notte, mentre dormiamo, potrebbero assalire le nostre galline».

«Anche tu saresti un selvaggio se avessi la loro fame», lo fulminò Gesù.

Tutti ammutolirono e videro Gesù avvicinarsi ai tre cani. «Stai attento, ti morderanno», gridarono Andrea e Filippo.

Gesù non li ascoltò. Si inginocchiò ai cani e offrì loro il cibo. Essi mangiarono con foga. «Ora dategli dell'acqua: hanno sete», ordinò. Gli inservienti portarono un catino, ma non ebbero il coraggio di avvicinarsi. Li fece bere Gesù.

«Sono anch'essi creature di Dio», disse poi girandosi verso gli sposi e gli invitati. «Dobbiamo amarli, perché è Dio che lo vuole. Guardate come sono mansueti adesso». I cani gli leccarono le mani e lui abbassò il viso per offrirlo ai loro baci. Poi li accarezzò e, mentre gli sposi e gli invitati esclamavano «Oh... oh... oh...» di sorpresa, strinse i loro musi fra le sue braccia.

«Ora sono sazi, facciamoli entrare in casa», disse deciso Gesù. «Staranno in mezzo a noi. Impariamo a convivere anche con loro. Sono esseri fedeli, amici. Non fate loro mai del male».

I cani entrarono e si accucciarono a dormire ai piedi degli ospiti che erano tornati intorno alla tavola.

Ma la calma durò poco: tutto trafelato, arrivò il vivandiere che disse all'orecchio del padrone di casa: «Signore, è finito il vino».

«Come è possibile? Ne avevamo ordinato più del necessario».

«Non so che dire. Si vede che è stato gustato molto. O il numero degli invitati è stato superiore al previsto».

«E adesso?», disse il padre dello sposo con voce preoccupata attirando l'attenzione di Maria che sedeva accanto a lui e domandò: «Che cosa succede?».

«Maria, sono pieno di vergogna. È finito il vino. È una sciagura. Gli sposi saranno derisi e io farò una figura meschina. Ho rovinato la festa».

Maria lo guardò dispiaciuta mentre sentiva gli invitati chiamare il vivandiere: «Eh allora, il vino! I calici sono vuoti. Vi-no, vi-no, vi-no». Gesù si accorse che la madre era preoccupata: «Che c'è?».

«Non hanno più vino», sussurrò Maria.

«E allora?».

«Faranno una brutta figura. Che cosa si può fare?».

Non ti sorprendere, lettore, ma devi sapere che l'ospitalità era sinonimo di onore, di rispetto, di educazione. Certo, se non avevi mezzi, non potevi darne; ma se la davi, e soprattutto se, come aveva fatto il padre dello sposo, invitavi parenti e amici anche dai paesi vicini, non potevi fare mancare cibo e soprattutto vino.

Maria provò imbarazzo, pensando al dramma, perché di dramma si trattava, che stava vivendo quel padre. E d'impeto, senza riflettere, si rivolse a Gesù, parlando come una madre può fare con il figlio: «Gesù, fai tu qualcosa».

Gesù la guardò sorpreso: «Che dici, madre?».

«Fai qualcosa, Gesù».

Gesù la guardò con durezza: «Non è ancora il momento», disse e lei capì che non doveva insistere.

Maria si allontanò. Gesù la seguì con gli occhi e la vide profondamente rattristata: ebbe la sensazione che volesse piangere. Ne fu dispiaciuto e decise di esaudire il suo desiderio.

Respirò profondamente. Si alzò: «Vado a salutare gli sposi», disse a Giovanni. Andò invece nell'orto della casa dove c'erano sei grandi giare di pietra in cui si usava mettere la scorta di acqua. Le giare erano mezze vuote e allora Gesù disse: «Riempitele d'acqua fino all'orlo». Gli inservienti si guardarono stupiti: «Costui non ha capito: qui manca il vino, non l'acqua», dissero.

«Fate come vi dico», insistette Gesù. «Andate al pozzo e riempite queste giare di acqua fino all'orlo».

Seppure infastiditi, gli inservienti eseguirono l'ordine.

«Adesso servite tranquillamente agli invitati quello che c'è nelle giare», ordinò Gesù proprio mentre arrivò il vivandiere per vedere che cosa stesse succedendo. «Assaggia questo vino», gli disse Gesù. «Perché hai detto che non ne hai più?».

L'uomo scosse la testa, poi immerse un mestolo in una giara. Quando lo tirò fuori, vide che era vino. Osservò il mestolo tenendolo fermo nella mano che sembrava paralizzata. Guardò Gesù, tenendo la bocca spalancata e gli occhi sbarrati. «Puoi riempire la tua bocca e poi chiuderla. È vino buono», lo rassicurò Gesù sorridendo per il suo imbarazzo. L'uomo portò alle labbra il mestolo e bevve un sorso di vino.

«È buono, dove l'avete preso?», domandò sorpreso agli inservienti. «Dovevate offrirlo prima che gli ospiti si ubriacassero, non adesso che non possono apprezzarlo». E poi, indispettito, si avvicinò al padre dello sposo: «Si distribuisce prima il vino buono e, quando gli ospiti sono brilli, quello più cattivo. Tu invece hai conservato il vino buono per ultimo».

Invece gli inservienti avevano capito bene ciò che era successo. «Quest'uomo ha fatto un miracolo», mormorarono a voce bassissima quasi temessero di essere presi per pazzi. «Ha trasformato l'acqua in vino».

Ma il mormorio passò di orecchio in orecchio.

«È un miracolo», ogni convitato lo disse al vicino e tutti, uno alla volta, si servirono vino in abbondanza, ne assaggiarono prima un sorso con sospetto, ma poi, verificato che era davvero buono, ne bevvero gustandolo come se mai ne avessero bevuto prima.

Il sorriso era ricomparso sulle labbra di Maria che cercava gli occhi del figlio per fargli sentire il suo amore carico di gratitudine. Ma Gesù non poteva guardarla, perché molti, dopo avere bevuto, si alzarono e lo circondarono. «Aiutami, guarisci mia madre», implorarono alcuni. «Riempi il mio piatto di cibo per domani», fecero eco altri.

Giacomo, Andrea, Giovanni, Taddeo, Filippo, Bartolomeo e Simon Pietro circondarono Gesù per ripararlo dagli spintoni della folla supplicante: «Maestro, è meglio allontanarci. La folla aumenta sempre di più. Non riusciremo a proteggerti».

«Andiamo, torniamo a Cafarnao», decise Gesù cercando Maria per salutarla. Ma era troppo lontana e la folla li divideva. I loro occhi si incrociarono. Quelli di lei si inumidirono e lui le sorrise, le mandò un bacio con la mano, e lei capì che lui le voleva bene come quando era bambino. Ma in quel momento capì anche che Gesù non apparteneva più a lei, ma all'intera umanità.

15

Nella casa di Simon Pietro, a Cafarnao, c'era molta agitazione. I figli di Zebedeo, Giacomo e Giovanni, Taddeo, così come Filippo, Bartolomeo e Andrea erano impressionati per ciò che stava accadendo. In pochi giorni loro, umili pescatori, si trovarono al centro dell'attenzione, perché ospitavano Gesù, che tutti chiamavano ormai l'uomo del miracolo di Cana. Una folla immensa stava davanti alla loro casa. «Ti prego, Andrea, facci entrare», supplicavano alcuni. «Filippo», altri chiedevano, «presentaci Gesù». Molti pretendevano un miracolo. C'era anche chi minacciava: «Te la faremo pagare se non ce lo fai incontrare». Gesù tranquillizzò Simon Pietro e la sua famiglia: «Non dovete temere, non vi accadrà nulla. Ci sarò sempre io a proteggervi».

Ma Simon Pietro non era tranquillo: discuteva animatamente prendendosela con tutti i familiari e con lo stesso Gesù: «Che cosa sta accadendo alla nostra vita?», urlò. «Fino a pochi giorni fa eravamo una famiglia tranquilla. Adesso guardate fuori. Non si vive più. Siamo sulla bocca di tutti. Dicono che fa i miracoli, ma lui continua a riempirci la testa con le parole vita eterna e pace, e intanto ci ha portato l'inferno in casa».

In quel momento entrò Andrea: «Che dici?», lo aggredì. «Possibile che tu ancora non sia convinto che qui, in casa tra noi, c'è il Messia?».

«Sì, Messia, Messia. È da cinque giorni che continui a parlarmi di Messia. È da cinque giorni che non andiamo a lavorare, perché la folla ci impedisce di uscire di casa. Altro che segno dei cieli. Qui presto non avremo più da mangiare».

«Ma, Simon Pietro, ci penserà lui», lo rassicurò Andrea.

«Lui chi?», continuò Simon Pietro. «Ma vuoi capire che le sue sono soltanto parole? Perché lo hai portato da noi? Pensa al tuo futuro, Andrea. Diventerai come Giovanni. Lo vedi come guarda quel tuo Maestro?».

«Giovanni ora è felice. Finalmente nessuno più lo deride».

«E allora continua a stare con il tuo Maestro. Ancora non ho capito che cosa voglia fare veramente. Io ho bisogno di sentire parole diverse dalle sue. Voglio vivere meglio e fare vivere meglio tutti voi. Gli zeloti pensano che lui sia un condottiero e allora perché non ci dice di prendere la spada e di uccidere quel porco di esattore, che sta lì al porto, pronto a derubarci con le tasse?».

In quel momento entrò Gesù. Aveva sentito le urla di Simon Pietro, ma fece finta di nulla. Con calma gli disse: «Simon Pietro, domani partiremo per Gerusalemme per la Pasqua. Tu non verrai perché devi andare a pescare».

Simon Pietro abbassò gli occhi. «Bene», rispose. «Tornerò a lavorare. Sperando che tutta questa gente vi segua e mi permetta di uscire».

La mattina, come aveva stabilito, Gesù con Andrea, Filippo, Giovanni, Giacomo e Bartolomeo partì alla volta di Gerusalemme. Più ci si avvicinava alla "Città Santa" più aumentavano i pellegrini che, come in un lungo corteo, si dirigevano verso il Tempio. «So per esperienza che a Gerusalemme in questi giorni è facile perdersi», disse Gesù ai compagni di viaggio. «La confusione aumenterà andando più avanti. Diamoci subito un punto d'incontro: succeda quel che succeda, noi ci ritroveremo davanti all'ingresso principale sotto la Torre Antonia».

«D'accordo», rispose Bartolomeo. «Sotto la Torre Antonia».

Gesù aveva visto giusto. Appena entrarono nel piazzale del Tempio, una fiumana di pellegrini li seguì. Come gli era accaduto tanti anni prima con Maria e Giuseppe, Gesù, spinto dalla folla, perse di vista i suoi compagni di viaggio ed entrò nel Tempio da solo.

Appena varcò la porta, come gli era già capitato allora, fu colpito da quello che si presentò ai suoi occhi.

Il luogo sacro era un mercato, o meglio una stalla dove si sentiva il fetore del letame e dove risuonavano il muggito dei buoi, il belato delle pecore, il tubare dei piccioni e soprattutto si udivano le urla dei mercanti per attirare i clienti. Dappertutto c'erano i cambiavalute seduti dietro ai loro banchi. Lontano si udiva la flebile eco dei canti liturgici di sacerdoti, scribi e farisei. Non c'era nulla, lì dentro, che sapesse di religioso. Sembrava di stare a una fiera di bestiame o a un incontro di truffatori, e non al raduno di pellegrini giunti da ogni parte della Palestina per pregare. Gesù si sentì ribollire dentro e il calore gli avvampò il viso. "Che mi succede?", si domandò infuriandosi. "Non è la prima volta che vedo questo oltraggio. Perché adesso mi offende e mi irrita così tanto?". Non aspettò che la risposta gli affiorasse alla mente. La sua furia esplose senza controllo, con inaudita violenza. Da un banchetto strappò delle cordicelle, ne fece una frusta e si lanciò contro i mercanti e contro tutti coloro che si trovò davanti. «È una vergogna!», urlò. Rovesciò i tavoli dei cambiavalute, fece sparpagliare a terra le monete. «Fuori da qui», gridò. «Avete fatto della casa del Padre mio un mercato. L'avete ridotta a spelonca di ladroni. Via, via da qui», ripeté menando colpi di frusta. Grida, esclamazioni, insulti, si levarono da ogni parte. Sull'altare gli scribi e i sacerdoti videro annichiliti i mercanti che tentavano di sfuggire alla furia di Gesù.

«Chi sei tu?», urlarono i mercanti cercando di fermarlo. «Come ti permetti di cacciarci?». «Chi ti ha dato l'autorità per fare tutto questo?».

«È l'autorità che mi viene da Dio», urlò Gesù.

«Quest'uomo vaneggia, è un pazzo», ribatté un sacerdote. Poi continuò: «Dacci un segno allora e dimostraci questa tua autorità divina».

«Demolite questo Tempio e io in tre giorni lo riedificherò», rispose convinto Gesù continuando a colpire con la frusta.

«Sei un mistificatore: ci sono voluti quarantasei anni per costruirlo e tu ora dici che in tre giorni lo ricostruisci? Mandate via questo pazzo!», urlarono molti.

Un mercante lo colpì alle spalle, un altro si avvicinò con un pugnale. Gesù con la frusta li colpì entrambi, ma stava per essere sopraffatto quando arrivò un manipolo di soldati romani per proteggerlo. Dal fondo del Tempio alcuni sacerdoti urlarono: «Prendete lui. È stato quell'uomo a fare scoppiare questo parapiglia. Lasciate stare i mercanti». Per un attimo i soldati si fermarono. Gesù era appoggiato al muro quando improvvisamente una porta si aprì alle sue spalle. Una mano lo tirò dentro e, come misteriosamente si era aperta, la porta altrettanto misteriosamente si chiuse dietro di lui. Gesù si trovò in uno stretto corridoio e poi in una stanza illuminata da un candeliere a sette braccia, il simbolo ebraico che indicava la creazione dell'universo in sette giorni da parte di Dio. Davanti a lui c'era una donna coperta quasi totalmente da un leggero scialle nero. Gesù vide solo i suoi occhi. «Qui starai al sicuro», gli disse la donna tendendogli la mano. «Lascia passare questa tempesta. Non uscire fino a quando qualcuno verrà per dirti che potrai farlo: sarà un sacerdote del Tempio molto influente. So che ti è amico e ti aiuterà. Qui, stanne certo, potrà entrare soltanto lui».

«Chi sei tu?», domandò sorpreso Gesù osservando i suoi occhi e scoprendo che voleva mostrarsi forte, ma veniva tradita dallo sguardo. Gli sembrò infelice e l'infelicità la rendeva fragile.

«Il mio nome è Claudia Procula».

«Claudia Procula? Ho sentito parlare di te a Cafarnao».

«Sicuramente da Zebedeo. Sua moglie Susanna è mia amica. È la figlia del rabbino della sinagoga di Cesarea, la città dove abito».

«Sì, ora ricordo. Zebedeo... Mi hanno accennato a una amicizia importante. Sei tu allora? Ma... tu sei la moglie di Ponzio Pilato».

«Sì, la moglie del procuratore».

«Come è possibile che tu stia qui e che tu mi abbia aiutato? E perché lo hai fatto?».

«Tu non mi conosci, ma di te ho sentito parlare a lungo dalla mia amica Susanna. Lei pensa che tu sia il Messia. Siccome sono curiosa, questa mattina sono entrata nel Tempio seguendo un gruppo di donne. E ho visto tutto quello che hai combinato. Quando ho capito che stavi per essere sopraffatto dai mercanti, ho chiamato i soldati. Ma ora è finita. Adesso qui sei al sicuro. Nessuno può entrare. Soltanto un vecchio saggio, uno scriba del Sinedrio che ti è amico potrà farlo».

«Hai corso un grave rischio».

«Sì, lo so, ma sento che non ho sbagliato. Io non credo al tuo Dio. Sono romana e ho i miei dèi, quelli dei miei avi», parlò fiera come lo sono le regine. «Ma le cose che voi ebrei dite sul vostro Dio mi incuriosiscono. A Cesarea, quando viene a trovarmi Susanna, mi reco spesso nella sinagoga, vestita così, sotto questo lungo scialle nero. Nessuno mi riconosce. E Susanna è discreta. Non mi ha mai tradito. Ma ora devo andare. Sento che ti rivedrò. Per adesso, buona fortuna».

Claudia Procula, coperta dal grande scialle nero, si allontanò strisciando lungo la parete. Prima di scomparire si girò verso Gesù, lo guardò con tenerezza perdendo la sua fierezza di regina, mise le dita della mano sulle labbra e gli soffiò un bacio.

Claudia Procula rientrò nella sua dimora della Torre Antonia con il cuore in subbuglio. L'incontro con Gesù l'aveva sconvolta ma non riusciva a capirne il motivo. Lei era potente, era la nipote di Cesare Augusto, la moglie di Ponzio Pilato, eppure davanti a Gesù, a quel galileo, si era sentita piccola, indifesa. La testa le scoppiava quando nella sala delle feste vide il marito che l'aspettava, steso sul triclinio, spiluccando un grappolo d'uva.

«Hai fatto tardi», la rimproverò il marito. «Ti aspetto da un'ora. Dove sei stata?».

«Scusami. Sai, sono una donna curiosa e sono andata in giro per Gerusalemme a guardare le bancarelle dei mercanti al Tempio. Oggi ci sono stati disordini e così sono stata bloccata...».

«Sì, lo so», la interruppe Ponzio Pilato. «Il comandante del presidio incaricato della sorveglianza mi ha parlato di una rissa. Domani mi farà una relazione. Ma... tu, Claudia, non puoi andare in giro come una donna qualsiasi. Sei mia moglie...».

«Ora non ho voglia di discutere, Pilato, ho mal di testa. Non ho fame. Mi ritiro nelle mie stanze. Forse avrò preso freddo».

Claudia si avvicinò al marito che la guardava rattristato con il grappolo d'uva in mano e gli porse la guancia per un veloce bacio.

«Che cosa posso fare per te? Ti chiamo il medico?», fu premuroso Pilato.

«No, non è necessario. In questi casi la medicina migliore è una bella dormita. Vedrai, domani starò bene».

Claudia non attese la replica del marito e velocemente si ritirò nella sua camera da letto, dove troneggiava un immenso letto a baldacchino.

«Preparatemi per la notte», ordinò alle ancelle. «Spogliatemi e poi ritiratevi. Non ho voglia di parlare, né di mangiare, né tanto meno di fare il bagno. Voglio stare sola». Le ancelle si guardarono, non avevano mai visto la loro padrona in quello stato né mai aveva rinunciato al suo bagno. «Su, che cosa c'è da guardare?», disse indispettita e nervosa Claudia. «Voglio restare sola, avete capito?».

Si fece spogliare velocemente, licenziò le ancelle e si gettò sul letto. Ma il sonno non arrivò presto. Guardava il soffitto illuminato dalla tenue luce di due lucerne a olio e, anche se tentò più volte di cacciare il pensiero, la sua mente tornò ai momenti vissuti in quella stanza del Tempio accanto a Gesù. L'azzurro irreale dei suoi occhi l'aveva turbata. Come l'avevano turbata la sua voce e le sue parole.

"Che cosa mi succede?", si domandò toccandosi la fronte che sentì bollente. "Susanna mi aveva detto che questo Gesù affascina le folle. Ma pensavo che affascinasse soltanto gli ebrei, creduloni e sempre in cerca di un Messia, non una romana come me e per di più con le mie origini". E, mentre si agitava in questo turbinio di pensieri, il sonno la colse.

Mentre lei dormiva, Gesù rimase seduto appoggiato alla parete della stanza del Tempio dove si era rifugiato. Era stanco e passava il tempo solo con i suoi pensieri. Improvvisamente, dopo ore, la porta si aprì e apparve un uomo con la lunga barba bianca, la tunica anch'essa bianca, così come bianco era il suo viso. «Mi chiamo Nicodemo», disse allungando il braccio per rassicurare Gesù che si era alzato. «Sono un membro del Sinedrio». Gesù si ritrasse diffidente. «Stai tranquillo: sono un amico».

«Come può essere mio amico un fariseo di Gerusalemme?».

«Io non sono un fariseo. Sono un dottore delle Sacre Scritture, uno scriba. Comunque io so chi sei. Ti conosco. Ti chiami Gesù».

«Come fai a conoscermi?».

«Ero davanti a te quando hai incontrato il Battista».

«Tu... Tu sei un seguace di Giovanni?».

«Io l'ho sempre chiamato "Il Battista", ho sentito da te chiamarlo Giovanni; come ho sentito lui che chiamava te Gesù. Comunque, sì, ammiro il Battista e mi sono fatto battezzare da lui. Come ti dicevo ero davanti a te. Tu lo hai incontrato subito dopo il mio battesimo. Ho sentito anche che ti definiva "Agnello di Dio". Non so che cosa volesse dire, ma so che nelle Sacre Scritture l'agnello è il simbolo del sacrificio. Il Battista ci aveva sempre parlato dell'arrivo del Messia che salverà il mondo, ma soltanto con te ha parlato di "agnello". Ho poi saputo che cosa è accaduto a Cana, dicono addirittura che hai trasformato l'acqua in vino. Francamente, non ci credo: mi sembrano pazzi. Comunque, a sentire il Battista, tu sei stato inviato da Dio. E deve essere proprio così, anche se è difficile crederlo».

Gesù lo ascoltò senza interromperlo. Soltanto i suoi occhi tradivano una certa curiosità. L'anziano dottore della Legge continuò: «Gesù, come hai capito, puoi contare su amicizie che certo non immagini. La donna che ti ha salvato dalla furia dei mercanti è una donna potente».

«Sì, è Claudia, la moglie di Pilato».

«Vedo che ti ha svelato il suo nome. Anche lei allora si

è fidata di te. Sì, è proprio la moglie di Pilato. Sai anche che è la nipote dell'imperatore Augusto?».

«No, questo lei non me lo ha detto», sorrise Gesù come se la cosa non gli importasse.

«Sì, è la nipote, figlia di una sorella di Augusto. Per questo anche a Roma lei è potente», continuò Nicodemo. «Pilato spera ancora di rientrare nella capitale come trionfatore e diventare così imperatore. E allora cerca di dimostrare a Roma la sua efficienza con la repressione e con le angherie nei confronti di noi giudei».

«Sì, questo lo so», confermò Gesù muovendo la testa da sinistra a destra in segno di disapprovazione. «So quante lamentele ci sono per le tasse». Continuò Nicodemo: «Come ti dicevo, puoi contare su amicizie influenti. Nel Sinedrio, oltre a me, ci sono altri che non ti sono ostili. C'è Giuseppe di Arimatea per esempio. Ti ha difeso quando ti sei scagliato contro quei mercanti. Anche lui ammira il Battista. E, come lui e me, ci sono tanti altri. Pensa, è una seguace del Battista addirittura la moglie di Cusa, il sovrintendente di Erode Antipa. Si chiama Giovanna. È una donna coraggiosa. Sta rischiando molto in questi giorni per cercare di rendere meno dura al Battista la prigionia».

«Ma il marito? È stato proprio lui ad arrestarlo», si stupì Gesù.

«Nessuno può fare niente per il Battista. Neppure lo stesso re, il tetrarca Erode Antipa. È Erodiade che vuole la sua morte. Quella donna lo odia perché ha reso pubbliche le sue nefandezze. Approfitta delle debolezze lussuriose del re per convincerlo a dare ordini che lui stesso non vorrebbe dare. Si dice che per ottenere il suo scopo stia convincendo la figlia, Salomè, a essere compiacente con lui. È capace di tutto, quella donna. I seguaci del Battista, comunque, stanno preparando una sommossa sotto il palazzo di Erode Antipa per convincerlo a liberare il loro maestro. Ma temo che sarà inutile. Erodiade e Salomè hanno armi molto più potenti per fare breccia nell'animo di quello stupido di Erode Antipa: il sesso e la lussuria. Ma adesso... ho perduto il filo del discorso... Scusami... Sono vecchio e la mia memoria ogni tanto mi fa questi scherzi. Di che cosa ti stavo parlando?...».

Gesù si avvicinò e gli mise il braccio sulla spalla come era solito fare per dimostrare il suo affetto. «Parlavamo di tante cose: di me, delle amicizie influenti, di Giovanni il Battista, di Erode Antipa e della sua debolezza per le donne», lo aiutò.

«Oh, sì, Gesù, quante cose ho detto in poco tempo. E tante altre ne avrei da dirti. Ma il tempo passa e tu devi andare. È più facile lasciare questo Tempio con il favore delle tenebre. Ti aiuterò a uscire da qui. Poi toccherà a te evitare di farti scoprire. Ma lascia Gerusalemme. È una città infida per te. Esci dal Tempio e poi nasconditi, non andare in giro. Ci sono le guardie del Sinedrio lungo tutte le strade di uscita da Gerusalemme. Di te ormai sanno tutto. Fai passare queste ore: il Sinedrio ha sguinzagliato le sue spie nella città e ha ordinato di trovarti a ogni costo. Tu non fidarti di nessuno e domani vai via, allontanati il più possibile da Gerusalemme. La cacciata dei mercanti dal Tempio ti ha creato molti nemici. Nessuno mai aveva osato tanto. Hai suscitato l'odio dei farisei e dei sacerdoti. Tu non sai quanto è importante per loro quel commercio nel Tempio. Da quei traffici traggono le proprie rendite. Per ogni trattativa a loro arriva un profitto. Chi ti odia più di tutti è il Sommo Sacerdote, Caifa. Oggi nell'assemblea ti ha definito un uomo pericoloso: "Bisogna renderlo innocuo", ha urlato. "Bisogna seguirlo anche fuori dalla Giudea. Pagherà a caro prezzo quello che ha fatto". Gesù, vogliono la tua morte. Ricordalo: evita di tornare a Gerusalemme. Qui hanno deciso di ucciderti».

«Stai tranquillo, Nicodemo, seguirò i tuoi consigli», lo rassicurò Gesù. E poi, per convincerlo, gli disse ancora: «Non avere paura per me. Nessuno potrà uccidermi se Colui che è nell'alto dei cieli non lo vorrà». Poi con parole ermetiche continuò: «In verità, in verità ti dico che nessuno potrà fare salire al cielo, se non colui che è disceso dal cielo, il figlio di Dio. Se uno non nasce già dall'alto, non può vedere il regno di Dio. Soltanto la carne può morire. Chi è spirito, vivrà sempre».

Pur essendo un dottore della Legge, Nicodemo non capì il significato di quelle parole e restò in silenzio a pensare. Gesù lo tolse dall'imbarazzo: «Ora aiutami a uscire da qui. Devo cercare di raggiungere il mio gruppo. Saranno tutti in pena per me».

In realtà il gruppo dei seguaci di Gesù si era diviso. Quello più numeroso, formato da Andrea, Giacomo, Filippo, Taddeo e Bartolomeo, dopo averlo aspettato, aveva deciso di raggiungere Betania, la cittadina di Lazzaro. «Sicuramente il Maestro uscendo da Gerusalemme andrà là», dissero. «A Betania abita il suo amico Lazzaro», ricordò Bartolomeo. «Gesù mi ha raccontato che, da quando venne per la prima volta a Gerusalemme, si è sempre fermato con la sua famiglia a Betania. Sicuramente passerà da lì anche questa volta».

Giovanni, invece, decise di aspettare. «È bene che io resti», disse agli altri. «Aspetterò tutta la notte. E domani se non dovessi incontrarlo, vi raggiungerò a Betania».

Con l'angoscia nell'animo, Giovanni aspettò a lungo davanti alla porta principale del Tempio. Aveva notato molto trambusto: i mercanti uscivano dal luogo sacro con le loro merci, molto nervosi e offesi. Vide anche un manipolo di soldati romani che, dopo essere uscito dal Tempio, continuava a fare la ronda. Giovanni, per non destare sospetti si finse un pellegrino. Abbassò il cappuccio del suo mantello fino a coprirsi gli occhi e si sedette appoggiandosi a un muro, da dove poteva controllare chi entrava e chi usciva.

Passarono ore. I suoi occhi erano stati chiusi dal sonno quando dei rumori lo svegliarono. Giovanni vide due figure che, frettolosamente, di soppiatto uscivano da una porta laterale del Tempio. Riconobbe la tunica di Gesù e seguì i due uomini senza avvicinarsi. Poi, quando vide l'altro allontanarsi, corse e chiamò: «Maestro, sono Giovanni».

«Giovanni, mio caro Giovanni, tu sei rimasto qui, ad aspettarmi?».

«Sì, Maestro. Gli altri hanno deciso di andare a Betania».

«Adesso non parlare, Giovanni... Seguimi in silenzio. Siamo in pericolo. Poi ti spiegherò».

Gesù correva tra i vicoli di Gerusalemme con una sicurezza incredibile che meravigliò molto Giovanni: "Come fa a conoscere così bene queste strade?", si domandò. In breve, infatti, furono fuori da Gerusalemme e, invece di prendere la strada per la Galilea, Gesù si diresse verso le colline.

Finalmente rallentò il passo. «Ora siamo più tranquilli», disse dopo un profondo respiro.

«Maestro, perché scappiamo?», domandò Giovanni ansimando.

«Ti spiegherò tutto dopo. Ora andremo in un posto dove saremo al sicuro».

Arrivarono in un luogo isolato. Intorno c'era una pace irreale. La luna, ormai lontana, emanava gli ultimi bagliori e creava un morbido gioco di luci tra i rami degli alberi. «Questo è il giardino degli ulivi Getsemani», spiegò sorridente Gesù. «Qui siamo al sicuro».

Giovanni aveva tante domande e fu diretto: «Maestro, come conosci questi luoghi?».

Gesù si sedette. Appoggiò la schiena a un albero e aspettò che Giovanni si mettesse accanto a lui. «È una storia molto vecchia», iniziò. «Risale a tanti anni fa, quando venni per la prima volta a Gerusalemme. Allora ero un giovinetto, ma mi accaddero le cose più incredibili. A quell'età non sapevo chi fossi né che cosa mi stesse preparando il futuro. C'erano mio padre e mia madre...».

Gesù raccontò a Giovanni la storia che tu, lettore, già conosci. La sua giornata tra la confusione dei pellegrini di Gerusalemme, l'incontro con il prigioniero Barabba e con il gruppo degli zeloti. «Furono loro a portarmi in questo posto sul Monte degli Ulivi». Giovanni non resistette e lo interruppe.

«Maestro... Tu... Con gli zeloti?».

«Sì, in questo giardino che soltanto loro conoscono. Si rifugiano qui quando devono nascondersi».

«Allora, Maestro, anche noi siamo venuti a nasconderci?», domandò preoccupato Giovanni.

Gesù sospirò: «Eh, sì, Giovanni. Ormai sono in pericolo. E con me è in pericolo anche chi mi ama. Dobbiamo stare attenti. I sacerdoti del Tempio mi danno la caccia. Penso che vogliano addirittura uccidermi». Gesù gli raccontò che cosa era successo e l'incontro con Claudia Procula e con Nicodemo.

Giovanni ammutolì, si fece coraggio: «La moglie di Pilato? Incredibile... Anche il potente scriba del Sinedrio, Nicodemo?... E adesso, Maestro, che sarà di te? Che sarà di noi?».

Sentirono alle loro spalle un fruscio. Inatteso, silenzioso. Da dietro un tronco di ulivo apparve un uomo. Nella sua mano stringeva un pugnale. In un attimo afferrò Giovanni e stringendolo con il braccio puntò la lama alla sua gola: «Chi siete? Che fate qui?», urlò con voce terrificante. Era un uomo enorme, altissimo, e una barba scura gli circondava il viso. La testa, grande e rotonda, era nascosta da una massa di capelli ricci.

«Chi siete?», ripeté ancora più forte spingendo la lama del pugnale sulla gola di Giovanni, facendo spuntare gocce di sangue.

«Chi sei tu?», ribatté deciso Gesù.

«Come siete arrivati qui?», urlò ancora più forte lo sconosciuto. «È un posto inaccessibile per chi non lo conosce. Chi è arrivato sin qui non è più tornato tra i vivi».

«Lo so bene», annuì Gesù. «Qui si incontrano segretamente gli zeloti ed è il loro rifugio quando devono nascondersi».

«Come fai a saperlo? E tu allora perché sei qui?».

«Perché sto scappando. C'è qualcuno che vuole uccidermi».

«Chi ti ha fatto conoscere questo segreto?».

«Sono stati gli zeloti tanti anni fa. E ancora oggi molti di loro mi considerano un amico. Qui tanti anni fa trascorsi una notte indimenticabile».

«Come ti chiami?».

«Sono Gesù».

«Gesù? Ho sentito parlare di te. Molti di noi pensano che tu sia il Messia. Allora sei tu l'uomo che tutti noi aspettiamo per cacciare i romani? È incredibile che io ti abbia incontrato. Per noi zeloti sei un mito. Aspettiamo che ti decida a guidarci per liberarci di Roma».

Gesù non rispose e abbracciò Giovanni che, libero dalla minaccia del coltello, era corso vicino a lui.

«Io sono Simone», si presentò finalmente calmo l'energumeno. Odio Roma come tutti i miei compagni. Come vedi, la forza non mi manca. Sono così forte che posso abbattere dieci romani da solo».

Gesù guardò Simone. Nonostante fosse enorme aveva gli occhi dolci di un agnello. «Simone», gli disse Gesù. «Lascia stare i romani. Ora è arrivato il tempo di compiere altre imprese. Se sei arrivato fin qui in questa notte per me così burrascosa, significa che ti aspetta una vita diversa. Per questo ti dico, Simone, seguimi. Sarai mio discepolo». Simone non si stupì né si oppose. Seguire l'uomo che chiamavano Gesù e che tutti consideravano il Messia, il conquistatore, era il suo sogno. «Grazie, mio Signore e Maestro. Ti seguirò ovunque e ti proteggerò», gli promise inginocchiandosi e prendendogli la mano per baciargliela.

«Sarò io a proteggere te, Simone Zelota, dalle tue debolezze», lo corresse Gesù aiutandolo ad alzarsi e aggiungendo al suo nome la parola "Zelota" per ricordargli la sua origine.

Simone, per scusarsi, fece un sorriso a Giovanni che lo ricambiò.

«C'è sempre una provvista per uno zelota che arriva qui», svelò Simone, facendo uscire da un nascondiglio del pane. «Ho anche del buon vino per festeggiare il nostro incontro».

Dormirono qualche ora, finché il canto di un gallo li svegliò. Si misero in viaggio evitando di entrare a Gerusalemme. Tra sentieri e boscaglie ce la fecero. Quando il sole era già alto, videro profilarsi le case di Betania.

«Staremo soltanto poco tempo», disse Gesù rivolgendosi a Giovanni e a Simone Zelota. «Non dobbiamo correre rischi. Le spie dei sacerdoti del Sinedrio possono già essere nelle vicinanze. Sanno che qui, a Betania, ho amici molto cari. E non vorrei che facessero loro del male».

«Faremo come dici tu, Maestro», confermò Simone Zelota che aveva già assunto il ruolo di guardia del corpo.

16

Nella casa di Lazzaro, a Betania, mancava solo Gesù. Il gruppo dei suoi seguaci era già arrivato da un giorno e le notizie che giungevano da Gerusalemme erano preoccupanti. «Dicono che ci sono stati disordini nel Tempio il giorno di Pasqua», riferì Giacomo che faceva su e giù dalla strada da Gerusalemme alla casa di Lazzaro, ansioso di vedere arrivare Gesù e il fratello Giovanni. Ma ogni volta che tornava le preoccupazioni aumentavano perché i pellegrini gli davano notizie angoscianti. «C'è stata una rissa», dicevano alcuni. «C'è stato anche un morto», confermavano altri. «Una lite tra un galileo e un giudeo», precisò un pellegrino. «I soldati hanno arrestato un galileo», intervenne un altro.

«Nel Tempio c'era anche una donna», informò un altro.

«Una donna nel Tempio?», domandò Giacomo. «Come può essere?».

«Sì, sì, una donna... E pure molto importante».

Giacomo riferì tutto e Bartolomeo sospirò: «Non posso più aspettare. Vado io a vedere e a sentire».

«Sì, vai tu che sei il più istruito di tutti noi», disse Andrea. «Cerca di sapere».

Bartolomeo non era ancora arrivato sulla strada per Gerusalemme quando vide spuntare da un sentiero Gesù,

Giovanni e un uomo che a lui, basso di statura, sembrò un gigante. Fu tanta la gioia di vederli che gridò da lontano: «Gesù, finalmente! Giovanni, anche tu. Ci avete fatto stare in pena!». Li abbracciò entrambi.

«Lui è Simone Zelota», disse Gesù. «Starà con noi. È una storia lunga che poi ti racconterò».

Davanti alla casa di Lazzaro furono accolti con un grande applauso. Gesù salutò i suoi seguaci che cercarono di sapere che cosa gli fosse accaduto, ma lui preferì entrare senza parlare. La prima a corrergli incontro fu l'amica Maria. Gli buttò le braccia al collo, lo abbracciò e lo baciò mentre l'emozione le rigava il viso di lacrime: «Gesù, ho avuto paura».

«Maria, non devi piangere per me. Conserva queste lacrime per altri momenti. Non è arrivata ancora la mia ora», le sorrise Gesù allontanandole le mani dal collo e accarezzandole i capelli.

«Ma Gesù, la mia vita, lo sai, è dedicata a te. Senza di te non vivrei».

«Il tuo amore è veramente grande, Maria, e sarà premiato», fu dolcissimo Gesù.

Ricordi, lettore, quando Gesù a dodici anni arrivò, con il padre Giuseppe e la madre Maria, per la prima volta in questa casa di Betania? Allora era la casa di Simone, il padre di Lazzaro, di Marta e di Maria. I tre ragazzi e Gesù, più o meno della stessa età, erano diventati amici. In particolare Maria, la più giovane, era rimasta affascinata da Gesù e gli dimostrava il suo affetto con la spontaneità della sua età. Con il passare degli anni l'amicizia con Maria, con la sorella, Marta, e con il fratello Lazzaro diventò più profonda e durò anche dopo la morte dei loro padri, Giuseppe e Simone. E ogni anno, in occasione del suo viaggio a Gerusalemme per la Pasqua, Gesù si fermava a Betania per salutarli.

«Come mai quest'anno non c'è tua madre Maria con te?», domandò Lazzaro. «Non sta bene? È la prima volta che non viene».

«Lazzaro, ormai siamo diventati adulti», rispose Gesù, mentre mangiava gli acini del grappolo d'uva che Maria, seduta a terra vicino alle sue ginocchia, gli offriva. «La vita ci porta a fare delle scelte e in questo momento il compito di mia madre non è quello di stare accanto a me. Comunque, capirai con il passare del tempo. Ci sono stati molti cambiamenti nelle nostre vite».

«Gesù, io ti voglio bene come un fratello. Per qualsiasi cosa di cui avrai bisogno, conta pure su di me e sulle mie sorelle».

«Ci conterò, Lazzaro, ma è più facile che sia tu ad avere bisogno di me», disse Gesù guardandolo con dolcezza e un velo di tristezza negli occhi. Poi alzò la voce: «Io ho lasciato tutto per stare con voi perché sappiate che io vi amo più della mia famiglia. Anzi, ormai la mia famiglia siete tutti voi». Poi si rivolse ai suoi seguaci: «Ora, però, è il momento di andare. State con gli occhi aperti: tra tanti amici, da oggi si nasconderanno anche tanti nemici».

Per tornare in Galilea, a Cafarnao, Gesù non imboccò la solita strada lungo il Giordano più comoda e anche più frequentata. Scelse quella più impervia e più pericolosa che attraversava la Samaria. «Su questa strada», spiegò, «non incontreremo sicuramente né i sacerdoti del Sinedrio, né i farisei».

«Corriamo il rischio però di cadere nelle mani dei samaritani. Loro odiano sia i giudei sia i galilei e, se qualcuno passa per le loro città, c'è il pericolo di essere depredati e bastonati, se non proprio uccisi», gli ribatté Bartolomeo.

A questo punto, lettore, dobbiamo parlarti un poco dei samaritani, un piccolo popolo che, pur facendo parte della Terra d'Israele, viveva in una regione considerata selvaggia; dai galilei e dai giudei era considerato miserabile; anche se credeva in un unico Dio, dagli altri ebrei era odiato quanto i pagani.

L'odio era nato infatti per motivi religiosi: i samaritani ritenevano che la Città Santa non dovesse essere Gerusalemme ma Sichem, la loro città più importante. Secondo le Sacre Scritture infatti, Sichem, ai piedi del Monte Garizim, era stato il luogo scelto dal patriarca Giacobbe per vivere con i suoi discendenti. La rivalità tra le due città era sfociata nel tempo in un odio insanabile. I samaritani erano considerati dai giudei una setta di barbari e di idolatri ed essi, a loro volta, non permettevano a nessuno di attraversare il territorio impunemente.

Ora puoi capire, lettore, perché, quando Gesù disse che sarebbero passati da Sichem, tutti cercarono di fargli cambiare idea. «Ci sono i ladroni lì», disse uno. «Sono violenti con tutti i viaggiatori. Perché esporci a dei rischi?», disse Bartolomeo.

«Non solo», confermò Simone, «la nostra Legge ci vieta di mangiare e di bere con loro. I dottori della Legge insegnano che un pezzo di pane samaritano è carne di porco».

«Andiamo a Sichem», ribadì Gesù senza dare spazio ad altri commenti.

Durante il cammino Gesù raccontò che cosa gli era successo nel Tempio di Gerusalemme. Parlò dell'incontro con Nicodemo, ma non accennò a quello con Claudia Procula, la moglie di Pilato. «Abbiamo amici influenti nel Sinedrio e amicizie importanti anche fuori», confidò senza approfondire. «Ma gli scribi e i farisei mi odieranno talmente che queste amicizie non basteranno».

Arrivarono a Sichem verso mezzogiorno. Il caldo era torrido e si fermarono per riposare. «Noi andiamo a cercare qualcosa da mangiare», dissero gli altri lasciando Gesù seduto sul bordo di un pozzo.

Passarono pochi minuti e Gesù si girò perché sentì un rumore di passi. Vide una donna con un'anfora di terracotta in mano che si stava avvicinando per attingere l'acqua. Era alta e formosa. Indossava una lunga veste ampia e colorata. Dalla testa le scendeva sulle spalle un lungo scialle anch'esso colorato. Il viso tondo faceva brillare splendidi occhi neri nei quali Gesù scoprì subito malinconia e tormento. «Adesso il pozzo serve per riposare», brontolò lei.

«Ho sete», disse Gesù in tono amabile. «Potresti darmi da bere?».

«Come osi rivolgermi la parola?», fu brusca la donna. «Ne approfitti perché sono sola?».

«Voglio soltanto da bere. Non ho nulla con me per attingere l'acqua».

«Ma lo sai che gli stranieri non parlano con noi samaritani? Tu te ne approfitti soltanto perché sono una donna. Se fossi un uomo, non mi chiederesti da bere».

«No, lo avrei chiesto anche a un samaritano».

La donna lo guardò con insistenza e notò che i suoi occhi azzurri emanavano una luce che la stava turbando:

«Non posso fermarmi, galileo, a parlare con te», disse, ma questa volta il tono fu più gentile.

«Se tu sapessi chi è che ti sta chiedendo da bere, non parleresti così», osservò Gesù con tono deciso. E continuò: «Se lo sapessi, saresti stata tu a chiedere da bere a me e io ti avrei dato dell'acqua viva».

«Ah, questa è proprio bella», scoppiò a ridere la samaritana. «Mi vuoi dare da bere e non hai neppure un secchio per prendere l'acqua. Vuoi forse dire che sei più grande di Giacobbe, il nostro antenato che visse proprio qui dove tu poggi i piedi e che costruì questo pozzo dove per secoli il nostro popolo si è dissetato?».

Gesù le sorrise: «Chiunque beve l'acqua da questo pozzo avrà di nuovo sete, ma chi berrà l'acqua che io gli darò, non avrà mai più sete».

La samaritana, colpita dalle sue parole, gli chiese sfrontata: «Allora, dammi questa tua acqua così non avrò più sete e non dovrò più venire qui al pozzo». Si avvicinò a Gesù con uno sguardo languido, per conquistare la sua benevolenza con la forza della sua femminilità: gli prese le mani e le poggiò sul suo petto. Gesù restò imperturbabile, sorrise e le disse: «Non serve fare così. Lo farò: ti darò la mia acqua, ma prima vai a chiamare tuo marito e ritorna qui».

«Non ho marito», puntualizzò lei, ferita per essere stata respinta.

«Eh, sì», disse Gesù con un pizzico di amarezza. «Hai detto bene: "Non ho marito", infatti ne hai avuti cinque di uomini e anche quello con cui vivi adesso non è tuo marito».

«Come fai a sapere tutto questo di me?», domandò lei

sbarrando i suoi occhi neri per il turbamento. Poi scoppiò a piangere. «Allora... Allora... Tu sai...».

Gesù annuì e lei, soggiogata dai suoi occhi azzurri carichi di amore, cominciò a sfogarsi: «La mia vita è stata un disastro. Sì, ho amato tutti questi uomini perché cercavo l'amore. Loro però hanno approfittato di me. Mi hanno usato. Avevo dei sogni ma sono stati infranti da questi incontri sbagliati. Ho sempre desiderato di crescere dei figli. Invece la vita mi ha dato altro. Avevo dodici anni quando un uomo entrò in casa. Era un soldato romano. Non ebbi il tempo di gridare che mi fu addosso. Fece di me quello che volle. Mi lasciò in un angolo senza dirmi una parola e scomparve lasciandomi segni che non si sarebbero più cancellati. La notizia che ero stata violata fece subito il giro delle case. Tutti mi consolavano dicendo che il tempo avrebbe cancellato tutto. E anche io pensavo così. Incontrai un uomo che si innamorò di me e mi sposò. Ma la prima notte di nozze, dopo avere avuto il mio amore, mi ripudiò perché aveva scoperto che non ero pura. Rischiai di essere lapidata. Mi salvò il capo del villaggio che conosceva la mia storia e sapeva che non ero stata un'adultera. Salvai la vita ma non la mia anima che restò sconvolta da quella seconda umiliazione. Poi sono stata considerata una facile preda, perché tutti sapevano che non ero pura e che vivevo sola. Io mi innamoravo per il solo fatto che qualcuno si prendesse cura di me. Ma gli uomini mi hanno sempre lasciato dopo avere usato il mio corpo. E per questo mi hanno sempre considerato una donnaccia».

Gesù la guardava con dolcezza e lei si sentì gli occhi

inumidire per l'emozione, mentre gli domandava: «Ma tu, galileo, come hai potuto leggere il mio passato? Chi sei?».

Poi gli sorrise ponendo tutte le sue speranze nella sua risposta: «Sei un profeta? Allora dimmi dove dobbiamo adorare il nostro Dio? Qui su questo monte, dove è vissuto Giacobbe, o a Gerusalemme, come affermano i giudei e i galilei?».

«Poco importa. Io ti dico che Dio sarà adorato ovunque uno lo desideri. E ti dico anche che, poiché non sei cattiva, io perdono i tuoi peccati», la rassicurò Gesù.

«Allora è vero che sta per venire il Messia che scioglierà tutti i nostri dubbi?», domandò ancora lei con il volto ormai completamente bagnato.

«È arrivato: sono io colui che aspettate», le rivelò Gesù sorridendole con tenerezza per darle coraggio e per toglierle il peso dei suoi dolori.

«Il Messia? Sei tu il Messia?», si emozionò lei, cadendo ai suoi piedi e stringendo la sua veste.

Gesù la prese per le braccia sollevandola: «Non piangere. Sei una donna fortunata, perché sei la prima ad avere saputo chi io sono e te l'ho detto perché tu possa ritrovare la speranza», e l'abbracciò.

Proprio in quell'istante arrivarono gli altri. «Guardate il Maestro», disse Andrea sconvolto, «sta con una samaritana!». Erano sorpresi ma non osarono fare domande.

Restò sorpresa e turbata anche la samaritana che scappò lasciando la sua anfora. Gli altri, in silenzio, imbarazzati appoggiarono su un telo il cibo che avevano trovato. «Mangia», dissero a Gesù con freddezza.

«Non ho fame».

«Forse quella donna che abbracciavi ti ha già portato da mangiare?», domandò premuroso Giovanni.

«Non restate turbati. Non avete capito che l'ho abbracciata perché aveva bisogno di conforto? E ho dato a lei il cibo della vita?».

«Che cosa vuoi dire?».

«Quella donna ora sa con chi ha parlato».

«Ma anche noi lo sappiamo».

«Ancora no», fu severo Gesù, «se avete visto del male in quell'abbraccio. Ma è arrivato il momento di svelarvi chi sono e di farvi capire perché Giovanni Battista ad alcuni di voi ha detto di seguirmi».

«Sei tu il profeta che tutti aspettiamo?», domandò Simone Zelota. «Sei tu che libererai il nostro popolo?», sperando con la risposta di sapere con certezza quel che avevano sempre pensato e che Giovanni Battista aveva annunciato.

«Simone, Simone. Tante cose ancora dovrai capire».

«Ma allora», domandò ansioso Giovanni, «chi sei?».

«È ora di parlarvi di me», disse Gesù sedendosi sul muretto del pozzo lentamente e guardandoli con occhi che facevano entrare amore nei loro. Poi lentamente annunciò: «Io sono il Messia». Tutti si guardarono prima angosciati, poi perplessi, infine sgomenti. Gesù si accorse delle emozioni che li agitavano e, deciso a placare la loro ansia, disse: «Sono sceso tra di voi per darvi la vita eterna. Mi avete invitato più volte a mangiare, ma dovete sapere che il mio cibo è fare la volontà di Colui che mi ha mandato per compiere il suo disegno».

Restarono tutti paralizzati nel silenzio.

Intanto la samaritana era corsa in città e a tutti coloro che incontrava gridava: «Venite, venite: al pozzo c'è il Messia, colui che ci salverà e ci farà riconquistare la nostra dignità».

«Ma che cosa dici?», rise la gente.

«Vi dico che è arrivato il Messia. Sapeva tutto di me, mi ha detto perfino quanti uomini ho avuto. È un galileo».

«È impazzita», continuò a ridere la gente.

«Va bene, andiamo a vedere chi c'è vicino al pozzo di Giacobbe», dissero alcuni curiosi armandosi di bastoni. Altri samaritani uscirono dalle loro case. «Gli daremo una lezione», gridarono. «Ora questi galilei osano perfino sfidarci qui in Samaria, in casa nostra. Se ne pentiranno».

Erano pronti a fare un massacro quando videro Gesù e il suo gruppo. Si fermarono poco lontano per non farsi notare ma quanto bastava per sentire.

«Il mio cibo è fare la volontà di Colui che mi ha mandato e di compiere l'opera sua», disse ancora Gesù mentre tutti continuavano a guardarlo senza fare domande.

Furono i samaritani a rompere il silenzio. «Allora tu sei il Messia?», domandarono avvicinandosi e lasciando cadere i bastoni.

«Lo sono», confermò sereno Gesù e i suoi occhi convinsero i samaritani che, sbalorditi, gridarono: «È il Messia... Il Messia!», e la voce di orecchio in orecchio arrivò fino al villaggio.

«Perché lo dici proprio a noi?».

«Perché vi considerano dei derelitti, senza cuore né anima. E io invece dico che avete cuore e anima. Ho premiato la vostra umiltà. Io vi dico: beati gli umili perché vedranno più facilmente Dio».

«Io gli credo», disse uno dei samaritani inginocchiandosi e

guardandolo con la felicità nello sguardo. «Io gli credo», uno a uno i samaritani dissero a voce bassa ma chiara. Poi si sollevò un bisbiglìo: «Non lasciarci ora che ti abbiamo conosciuto. Resta con noi. Entra nelle nostre case. Abbraccia i nostri figli».

Gesù accettò. Entrò in città, seguito dal suo gruppo perplesso e incredulo per ciò che stava accadendo. Visitò le case e mangiò con la gente. «Tutto questo è al di là di ogni aspettativa», disse Bartolomeo rivolgendosi ai suoi compagni di viaggio. «Stiamo, gomito a gomito, con i samaritani, che ci hanno sempre considerato i loro nemici. Fino a oggi bastonavano a sangue chiunque passasse da qui fino addirittura ad ammazzarlo e adesso ci ospitano nelle loro case. È un miracolo».

Gesù si fermò due giorni, poi decise di ripartire.

Il gruppo lo seguì in silenzio. Nessuno ancora osava fare domande. E arrivarono alle porte di Cafarnao, ma prima di entrare nella città, Gesù si fermò: «Siamo in Galilea. Vi prego di non dire a nessuno quello che avete saputo in questi giorni. Non dite a nessuno che io sono il Messia. Vi dirò io quando dovrete farlo sapere».

«Ma come, Gesù? Non possiamo dire quello che abbiamo visto. Perché? Tutti avevamo pensato che tu fossi il Messia, ma tu solo ora ce lo hai detto. E ce lo hai detto quando non speravamo più che tu lo fossi, per questo ci hai lasciato sorpresi. E ora non vuoi che parliamo?», domandò Bartolomeo dispiaciuto.

«Perché non siete pronti. Voi, come vi ha detto Giovanni Battista, mi seguirete. E io vi insegnerò tutto ciò che avrete bisogno di sapere. Da oggi sarete i miei discepoli. Imparate in fretta, perché il tempo è poco e scorre veloce».

17

«Finalmente a casa», disse Andrea con un profondo sospiro di soddisfazione. «Mi sembra di rinascere».

Gesù e il suo gruppo arrivarono a Cafarnao sfiniti dal viaggio. Davanti alla casa di Simon Pietro trovarono la moltitudine di gente che avevano lasciato alla partenza. Simon Pietro, agitato e nervoso, uscì di casa per salutarli: «Da quando siete andati via tutto è andato storto», si lamentò. «La pesca è andata male: da giorni non si prende un pesce e là in casa c'è mia suocera, Ada, che sta male. Mia moglie Channan è disperata».

«Calmati, Simon Pietro, tutto si sistemerà», lo confortò il fratello Andrea. Poi sottovoce gli suggerì indicando Gesù: «Chiedi a lui di fare qualcosa».

«Andrea, che cosa può fare? Non ricominciare a dirmi che è il Messia. Se lo fosse davvero, ce lo avrebbe detto a questo punto», sbuffò Simon Pietro. Andrea si morse le labbra per non dirgli che a loro, durante il viaggio, invece Gesù aveva rivelato di essere proprio il Messia.

«Simon Pietro, portami da tua suocera, voglio vederla», disse Gesù arrivando vicino ai due fratelli.

Simon Pietro allargò le braccia stupito pensando: "Come avrà saputo? Questo qui è uno stregone". Poi disse: «Lascia stare, non ti riconoscerebbe. Ormai non parla più.

Ha la febbre alta. È molto anziana e non sopravviverà. Da tre giorni non si muove, non beve e non mangia. Vi sono momenti in cui sembra più di là che di qua. Anche il medico non ci ha dato speranze».

Gesù entrò nella stanza senza ascoltarlo. Ada era distesa sulla stuoia. Si chinò su di lei. Poi le toccò la fronte: era bollente. Le passò la mano sulla bocca: il suo volto aveva il pallore della morte. Sentì un flebile respiro, come un rantolo. Poi prese la sua mano e la strinse. Rimase in silenzio per qualche attimo, infine si girò verso Simon Pietro e lo rassicurò: «Non ha nulla, sta bene. Sta solo riposando».

"Come, riposando?", pensò Simon Pietro. "È quasi morta". Guardò il fratello sconsolato, voleva dirgli: "Costui è pazzo", ma disse solo: «Come è possibile?».

Gesù con il dito indice poggiato sulle labbra gli fece capire che doveva tacere per non disturbarla e con l'altra mano indicò la porta per uscire dalla stanza. Quando furono fuori, Gesù mise il braccio sulla spalla di Simon Pietro e lo rassicurò ancora: «Stai tranquillo, tua suocera si riprenderà».

«È proprio pazzo», sussurrò Simon Pietro al fratello Andrea. «Non si muove da tre giorni e non dà quasi più segni di vita e costui dice che dorme». Poi sconsolato aggiunse: «Io ora vi lascio. Ho altro da fare, vado sul lago a sistemare le reti».

«Veniamo anche noi», gli disse Gesù deciso.

Con tutti i discepoli si diresse verso la spiaggia. Avevano percorso pochi passi quando furono circondati da un gruppo di persone. Erano arrivate da ogni parte della Galilea e molti anche dalla Giudea per sentire la voce di Gesù.

«Parlaci. Di' qualcosa», urlò un uomo da lontano. Nonostante i discepoli gli facessero scudo, alcuni riuscirono ad avvicinarsi e a toccarlo. Simone Zelota, il più alto e il più imponente di tutti, ebbe il suo gran da fare: «State lontani, non avvicinatevi. Non spingete!», urlò.

«Chi è questo bestione?», domandò Simon Pietro ad Andrea. «Non l'ho mai visto».

«È con noi da Gerusalemme. Gesù l'ha incontrato nell'orto degli ulivi Getsemani».

«Getsemani? Orto degli ulivi?», si incuriosì Simon Pietro.

«Sì, Getsemani. È un posto bellissimo fuori Gerusalemme, pochi lo conoscono. Devi sapere, caro fratello, che nei giorni scorsi sono accadute tante cose». In quel momento si avvicinò Giovanni: «Racconta tu a questo testone che cosa è accaduto a Gerusalemme».

Giovanni prese sottobraccio Simon Pietro e gli raccontò tutto quello che era accaduto durante il viaggio. Gli disse anche che Simone Zelota stava per uccidere sia lui sia Gesù. «Non ci posso credere, Giovanni», commentò stupito Simon Pietro. «Costui, quel bestione quindi è uno zelota!».

«Era... zelota. Era...», lo corresse Giovanni. «Ora è uno di noi. E, come vedi, usa la sua stazza per proteggere Gesù».

Arrivarono sulla riva del lago seguiti dalla folla. Gesù si rivolse a Simon Pietro: «Dov'è la tua barca?».

«È lì, è tirata in secca», rispose con una alzata di spalle Simon Pietro. «Ho deciso di non uscire più a pesca per un po'. Sembra che in questi giorni nel lago non ci siano più pesci. Sono molti giorni ormai che non si pesca niente: si va al largo, si buttano le reti e, quando le tiriamo su, tornano vuote».

«L'altra barca vicino alla tua di chi è?», domandò ancora Gesù.

«È di Zebedeo, il mio socio, il padre di quei due fannulloni che ti seguono: Giovanni e Giacomo. Zebedeo è più fortunato di me, però: ha Susanna, la moglie, che è ricca. Così, a Cesarea, Zebedeo è proprietario di due pescherecci. Quando non pesca qui, lui guadagna lo stesso: nel mare di Cesarea i pesci sono più numerosi e non si fanno pregare dai pescatori per entrare nelle reti, come questi dispettosi del lago di Tiberiade. Così, mentre io faccio la fame con una moglie, una suocera e due figli sulle spalle, lui, Zebedeo, fa una bella vita e può permettersi di avere due figli, come Giovanni e Giacomo, e un nipote, Taddeo, che vanno in giro per la Galilea dietro ai profeti».

Simon Pietro si stava ancora lamentando quando Gesù lo interruppe: «Voglio salire sulla barca per parlare alla folla», disse. «Così dalla riva mi vedranno tutti e mi sentiranno meglio».

Seppure a malincuore, Simon Pietro portò la barca in acqua. Attaccò i remi, si allontanò di poco e Gesù cominciò a parlare: «Il regno di Dio è vicino, pentitevi dei vostri peccati così avrete la vita eterna».

Mescolato alla folla, c'era anche un gruppo di farisei mandati a spiare dai sacerdoti di Gerusalemme. «Costui bestemmia!», disse uno. «Le sue sono parole blasfeme: come può parlare di vita eterna?», si infuriò un altro. «Soltanto Dio è eterno, come è scritto nelle Sacre Scritture. Bisogna denunciarlo», conclusero tutti insieme. Parlavano a mezza voce ma Gesù li sentì lo stesso. «Ascoltate», disse. «Due uomini salirono al Tempio per pregare: uno era fariseo e l'altro esattore delle tasse, un pubblicano. Il fariseo si allontanò e si rivolse all'Altissimo: "Dio, ti ringrazio perché non sono avido, non sono disonesto né un adultero come gli altri. E non sono come quell'esattore che è entrato con me. Digiuno due volte alla settimana. Faccio l'elemosina". L'esattore, in disparte dietro una colonna, al contrario, non osava neppure alzare gli occhi al cielo. Ma si batteva le mani al petto dicendo: "Dio, abbi pietà di me, sono peccatore". Vi dico che l'esattore tornò a casa perdonato, il fariseo invece no. Perché vi dico: chi si esalta, sarà abbassato; chi si abbassa, sarà innalzato. Smettetela, farisei e scribi, di considerarvi i soli depositari della giustizia e della saggezza. È arrivato il tempo di capire che il mondo cambia».

Il gruppo di farisei protestò, la folla per paura di disordini si disperse, qualcuno nella corsa cadde sui sassi appuntiti e si ferì, altri si inerpicarono su una collinetta per vedere dall'alto quel che succedeva.

«Allontaniamoci», disse Gesù a Simon Pietro. «Lasciamoli calmare. Noi andiamo a pescare. Vai là dove il lago è profondo, e gettiamo le reti».

«No, Maestro, abbiamo lavorato tutta la notte», obiettò Simon Pietro, e aggiunse irritato: «Siete bravi voi profeti a parlare e a convincere la gente. A fare credere in un regno di non so che cosa... Ma a fare i pescatori proprio non siete bravi... Restiamo a riva».

«Simon Pietro», insistette Gesù, «andiamo al largo, là dove l'acqua è più profonda, e gettiamo le reti».

«Senti, Maestro: la notte scorsa è stata una nottataccia. Siamo tornati a casa con i cesti vuoti. Io e i miei compagni di pesca, adesso, siamo stanchi e sconfortati. Per tre volte abbiamo gettato in acqua quelle maledette reti perché speravamo sempre che sarebbe stata la volta buona. Abbiamo remato in lungo e in largo per scovare il fondale migliore. Non c'è stato nulla da fare, il lago pare che in questi giorni ci odi. Per tre volte le reti sono tornate su vuote. Io e i miei compagni abbiamo faticato come schiavi senza ricavare nulla. Siamo tornati a riva distrutti e avviliti. Credimi, Maestro, in trent'anni di lavoro sul lago non mi è mai capitato un periodo così nero».

Gesù si arrabbiò, aggrottò le sopracciglia e lo guardò con fermezza: «Ti ho detto: andiamo al largo e gettiamo le reti».

Simon Pietro ubbidì e fece cenno di salire sulla barca a due dei suoi uomini, anch'essi, perplessi perché era già giorno e quindi l'ora non era adatta per la pesca. «Se di notte è andata male», brontolarono, «con la luce del giorno andrà anche peggio».

Legarono i remi agli scalmi e si diressero al largo. Gesù stava in piedi sulla barca in silenzio, il vento gli scompigliò i capelli, il suo viso corrucciato convinse Simon Pietro che non voleva più sentire obiezioni.

I due uomini remarono e non osarono più parlare. Lo sciabordio dei remi nell'acqua era l'unico rumore in quel silenzio forzato, che sapeva di rabbia e di umiliazione.

Gesù indicò dove gettare le reti. «Lì», ordinò deciso. «Subito».

Simon Pietro borbottò parole incomprensibili e incespicate, ma eseguì l'ordine. Le reti lentamente affondarono, tenute dalle mani vigorose dei due uomini che le sentirono sempre più pesanti. «Ora tiratele su», ordinò Gesù.

I pescatori più tiravano, più imbarcavano pesci.

«Guarda, Simone. Guarda... Che meraviglia... Sono tanti... Simone, le reti si strappano...».

«Chiamate gli altri!», urlò Simon Pietro. «Quelli della barca di Zebedeo».

«Ehi, Giovanni, Giacomo, Taddeo, venite, dateci una mano», si sbracciarono.

Gli altri arrivarono e caricarono anch'essi pesce in abbondanza.

«Non sappiamo dove metterlo», disse un pescatore.

«Ora basta», ordinò Gesù. «Torniamo a riva».

«È incredibile. Non abbiamo mai avuto una pesca così abbondante», si rallegrò Simon Pietro. «Eppure in questi anni me ne sono capitate di giornate fortunate. Ma mai così. Non ho mai visto tanto pesce in vita mia».

La meraviglia non fu soltanto sua, ma anche di Giacomo, di Giovanni e di Taddeo che avevano riempito di pesci la loro barca. «Questo è un suo miracolo», dissero ma non si meravigliarono. Simon Pietro, invece, anche se turbato, immaginò che fosse tutto accaduto per caso. "Certo", pensò, "ho fatto bene ad ascoltarlo. Non sarà il Messia, come pensa Andrea, ma è un uomo che conosce bene il lago".

Scesero a terra. In pochi minuti tutta Cafarnao venne a sapere dell'abbondante pesca e si precipitò in riva al lago. Simon Pietro e gli altri pescatori fecero affari d'oro. «Gesù di Nazaret è uno stregone», dissero alcuni. «Conosce i fondali del lago». «È stato un caso», dissero altri. «È stato fortunato». «No, è il Messia», gridarono in tanti.

Simon Pietro aveva appena finito di tenere ferma la barca a una grossa pietra sulla battigia quando vide arrivare trafelata la moglie.

«È Channan», disse preoccupato. «Se è arrivata sin qui sarà accaduto qualcosa di grave».

«Ma no, stai tranquillo», lo rassicurò Bartolomeo. «Avrà saputo della pesca».

«Mia suocera... Sarà morta».

Arrivò Channan, agitando le braccia. «Simone, Simone, mia madre...». La donna aveva l'affanno e il respiro le strozzava la voce.

«Che cosa è accaduto?», urlò Simon Pietro.

«Mia madre... mia madre! È guarita. Sta bene».

«Come, guarita?».

«Sì, appena siete andati via, si è alzata e ha preparato la cena. Vi aspetta».

Simon Pietro non ebbe più dubbi. Guardò Gesù, gli sorrise e si gettò ai suoi piedi: «Allontanati da me, Signore, perché sono un peccatore. Perdonami se puoi, perché ho dubitato di te. Tu sei il Messia. Non ho creduto e ti ho anche sbeffeggiato».

Gesù lo aiutò a rialzarsi: «Simon Pietro, non temere, ti perdono, ma da oggi tu sarai un mio discepolo, come tuo fratello Andrea, come i figli di Zebedeo, Giacomo e Giovanni, il loro cugino Taddeo. Come Filippo, come Bartolomeo e Simone Zelota. Seguimi e tu d'ora in poi sarai pescatore di uomini».

«Gesù, io ti seguirò. Ma chi penserà alla mia famiglia?».

«Ci penseranno i tuoi figli. Tu ora fai parte del mio gruppo. Insieme conquisteremo il regno di Dio».

«Farò come tu vuoi, Maestro. Ti seguirò ovunque tu vorrai».

18

La notizia della pesca miracolosa di Cafarnao si diffuse rapidamente. Davanti alla casa di Simon Pietro, quella mattina, oltre alla solita folla, ad aspettare c'era anche un certo Matteo Levi, un pubblicano incaricato di riscuotere le tasse per conto di Roma.

«Ho saputo che hai fatto pesca grossa», disse a Simon Pietro appena lo vide. «Sono qui per chiederti quanto hai guadagnato con la vendita di tutto quel pesce».

Simon Pietro lo guardò con rabbia e non gli rispose.

«Hai anche altri arretrati, lo sai?», insistette l'esattore. «Ora devi pagare».

Simon Pietro non riuscì a frenare l'ira e lo aggredì. «Io ti ammazzo, sporco pubblicano».

«Simon Pietro, calmati», intervenne Gesù separandoli con il suo corpo. Poi guardò l'esattore e gli domandò: «Chi sei?».

«È uno sporco pubblicano», ribadì Simon Pietro.

«Sono Matteo, Matteo Levi. Io so che tu sei Gesù di Nazaret. Ti ho visto passare tante volte davanti al mio banco vicino alla spiaggia dove riscuoto i pagamenti. È il mio lavoro. Ma qui tutti mi odiano, come hai visto tu stesso dalla reazione di questo energumeno, che non vuole pagare le tasse sul suo guadagno. Lo so, sono molto alte ma io non posso farci niente. Ti ho sentito parlare, Gesù di Nazaret, di amore, di verità; parole belle ma, secondo me, quello che predichi è soltanto illusione».

«Invitami a casa tua stasera. Capirai tante cose», gli disse Gesù.

«Tu verresti ospite da me?», si sorprese Matteo.

«Non solo verrò io, ma verranno anche i miei discepoli».

«Ma come, Maestro? Vuoi andare a casa di un pubblicano?», intervenne Simone Zelota, che era d'accordo con Simon Pietro. «Non possiamo farci vedere con lui. I tuoi seguaci non approveranno. Costui è un servo di Roma. Noi lo odiamo. Tutti gli ebrei lo odiano».

«Caro Simone e lo dico a tutti voi», spiegò Gesù rivolgendosi anche agli altri discepoli. «Non sono i sani che hanno bisogno del medico, bensì i malati». Poi assicurò Matteo: «Questa sera ceneremo tutti quanti nella tua casa».

La casa di Matteo, spaziosa ed elegante, dominava il lago di Cafarnao. Era su una piccola altura e di sera si poteva godere il panorama delle barche illuminate dalle torce. Come molte case dei ricchi, era dotata di cortile.

«È un grande onore per tutti noi ricevere Gesù di Nazaret», aveva detto Matteo ai suoi servi. «È un ospite di riguardo, che ammiro molto. Voglio che il banchetto sia sontuoso».

I servi invitarono gli abitanti più autorevoli di Cafarnao e dei paesi vicini. Fecero arrivare musicanti e ballerine. Ordinarono prelibatezze ai cuochi e misero in tavola vino di prima qualità.

Gesù arrivò con i suoi discepoli, ma senza Simon Pietro e senza Simone Zelota. «No, Maestro. Non entrerò mai nella casa di chi strangola la povera gente con le tasse. Odio quell'uomo», si giustificò Simon Pietro.

«Anche io non entrerò mai nella casa di un pubblicano», gli fece eco Simone Zelota.

«Sbagliate. Ma c'è il libero arbitrio: si può agire per il bene e si può agire per il male», li rimproverò Gesù. Ma non insistette ed entrò nella casa di Matteo il pubblicano con Giovanni, Bartolomeo, Giacomo, Taddeo, Andrea e Filippo.

«Grazie per essere entrato nella mia casa, Maestro, tu sei il benvenuto», disse Matteo andandogli incontro.

«La pace sia con te e con voi tutti», rispose Gesù baciandolo sulla guancia e salutando gli altri invitati.

«Ti prego siediti qui, accanto a me», Matteo indicò il posto al centro della sala.

In quel momento si avvicinò un giovane.

«Questo è mio fratello Giacomo e fa lo stesso mio lavoro. Lo chiamo "minore" perché come vedi è piccolo di statura», rise Matteo.

«La pace sia con te, Giacomo il Minore», sorrise Gesù.

Cominciarono a mangiare. Tra i commensali c'erano anche alcuni scribi e alcuni farisei che mormorarono: «Parla di regno di Dio e poi mangia e beve con i pagani». Gesù intuì il loro pensiero e alzò la voce: «Alcuni di voi si meravigliano della mia presenza, qui, nella casa di Matteo, che dovrei considerare un servo di Roma e quindi un peccatore. Ebbene io vi dico che sono qui proprio perché è un peccatore. I sani non hanno bisogno del medico; i malati, sì. Io non sono venuto a chiamare i giusti a convertirsi, ma sono venuto per salvare i peccatori».

Gli scribi e i farisei si guardarono perplessi: «Come ha fatto a sentirci, se parlavamo così a bassa voce?».

Durante il banchetto però continuarono a osservarlo. E uno di loro, con sfrontatezza, gli disse: «Secondo me, tu sei un falso profeta. Il Battista e i suoi discepoli non hanno mai partecipato alle feste e ai banchetti né mai si sono ingozzati di cibo come fai tu e come fanno i tuoi seguaci. Li abbiamo invece visti digiunare e fare penitenza».

Matteo si alzò: «Gesù e i suoi discepoli sono miei ospiti», disse irritato. «Nessuno ha il diritto di offenderli».

Gesù lo calmò con un sorriso e con un gesto della mano gli fece capire che voleva parlare: «Potete forse fare digiunare gli amici dello sposo, mentre lo sposo è con loro? No. Ma vi dico che verranno i giorni in cui lo sposo sarà loro strappato; allora digiuneranno».

I discepoli lo guardarono perplessi: «Che cosa vuole dire?», domandò Andrea a Bartolomeo considerandolo il più saggio. «Non so», rispose Bartolomeo corrucciando la fronte: «Ho solo capito che quando c'è lo sposo, cioè lui, Gesù, è giusto fare festa perché, quando non ci sarà, allora si digiunerà per il dispiacere». Si grattò la testa, respirò profondamente, fece una pausa per riflettere. «Certo», disse poi: «Strappare significa rompere, ma anche portare via con la forza».

«Non vuole dire morire?», domandò preoccupato Giovanni.

«Anche. Sì, Giovanni: può significare anche morire. Essere ucciso», concluse Bartolomeo. Si rattristarono; Gesù se ne accorse e cercò di spiegare meglio perché Matteo lo stava festeggiando con tanta abbondanza: «Non si strappa una pezza da un vestito nuovo per cucirla su un vestito vecchio, altrimenti si rovina anche il nuovo. E nessuno mette il vino nuovo in botti vecchie, altrimenti il vino nuovo le gonfierà, le farà spaccare e il vino andrà perduto. Tutti sanno che il vino nuovo si mette nelle botti nuove e che nessuno lo vuole perché il vino vecchio è migliore».

Nemmeno questa volta capirono.

Gesù si rivolse allora a Matteo e spiegò: «Matteo, tu hai organizzato questa festa per me. Non hai voluto usare il servizio vecchio, perché hai voluto onorare la mia presenza a questo banchetto con un servizio nuovo. Se avessi usato il vecchio, avresti rovinato quanto di buono avevi preparato. Hai dimostrato in questo modo che hai molto gradito la mia presenza in casa tua».

Il banchetto proseguì fino a tardi. Simon Pietro e Simone Zelota, anche se erano rimasti fuori, avevano sentito tutto e commentarono polemici: «Non capisco», disse Simon Pietro, «come il nostro Maestro possa trovarsi bene con un pubblicano, tanto da lasciarci al freddo e non preoccuparsi per noi. Per lui abbiamo sacrificato tutto: il nostro lavoro, la nostra famiglia e lui, invece di stare con noi, perde tempo a parlare con uno che ha sposato il peccato».

Gesù, come se avesse sentito il loro lamento, interruppe i discorsi e batté le mani per attirare l'attenzione. Poi, per farsi sentire anche da chi stava fuori, si alzò e disse: «Un uomo aveva due figli: era ricco e viveva tranquillo, curando i suoi vasti terreni e governando la numerosa servitù. Dei due figli, il maggiore era servizievole, rispettoso e gran lavoratore. Era il braccio destro del padre e pensava solo ad aiutarlo e a fare prosperare gli affari. L'altro figlio invece era uno sfaccendato. La vita dura dei campi lo soffocava. La fattoria gli sembrava un carcere. Appena poteva, usciva per andare a divertirsi con gli amici tra danze, musiche e donne profumate. Un ambiente molto diverso da quello puzzolente e frequentato dai lavoratori del padre. "La vita che amo è questa", diceva quando, davanti a un boccale di vino, ascoltava i racconti degli amici che descrivevano i divertimenti nelle città vicine».

«Come a Gerusalemme?», scherzò un ospite dal fondo.

«Sì, come quelli che ci sono a Gerusalemme», confermò Gesù. «E così», continuò, «un giorno, il giovane, non ne poté più e prese la sua decisione. Andò dal padre e gli disse: "Dammi la parte di patrimonio che mi spetta perché voglio andare via". Il padre guardò con tristezza il figlio e non disse una parola. Dopo due giorni divise l'eredità e consegnò al figlio il denaro corrispondente a un terzo dei suoi beni». Gesù respirò profondamente. Poi si rivolse al padrone di casa e a suo fratello: «Matteo e Giacomo», spiegò, «come sapete, secondo la legge ebraica, il primogenito ha diritto a una parte doppia e per questo al figlio minore toccò un terzo».

«Sì, è la legge», confermò Matteo.

«Continua, Gesù», lo invitò a parlare un ospite molto interessato.

«Allora», riprese Gesù, «il giovane uscì dalla casa paterna soddisfatto. "Finalmente inizia la vera vita", si rallegrò. Si allontanò il più possibile dai luoghi che aveva frequentato fino ad allora e si fermò in una regione poco conosciuta. Era ricco, aveva denaro e voleva divertirsi. Visse per un lungo periodo in modo dissoluto. La febbre del piacere lo accecò a tal punto da non fargli vedere che la borsa con il suo denaro andava sempre più assottigliandosi. Un giorno si accorse che era vuota. Quella vita nel vizio lo ridusse ben presto in miseria e così si ritrovò solo. Intorno a lui rimasero soltanto i creditori che pretendevano la restituzione dei prestiti. In quella regione arrivò anche la carestia e al giovane non rimase altro che decidere se morire di fame o lavorare. Finì a fare il garzone da un agricoltore che lo mandò a badare ai suoi porci. Per sfamarsi si ridusse a mangiare le carrube che il padrone lasciava per gli animali. Visse in queste condizioni parecchio tempo. Un giorno, mentre i morsi della fame lo facevano stare male, pensò alla sua vita con il padre: "Erano giorni tranquilli, tutti mi rispettavano. Ora invece sono qui tra i porci. Avevo cibo in abbondanza e qui devo mangiare quello degli animali". Pensò a quello che aveva lasciato e cominciò a riflettere: "E se tornassi a casa? Ma come posso, dopo quello che ho fatto?". Poi si convinse: "Tornerò da mio padre e gli dirò di trattarmi come un garzone qualunque, il più umile. Sì, farò così. Mi butterò ai suoi piedi e lo pregherò di accogliermi. Gli dirò: 'Padre, ho peccato contro il cielo e contro di te. Non sono più degno di essere chiamato tuo figlio, ma prendimi con te come uno dei tuoi servi'". Sorretto da questa speranza, raccolte le sue energie, il giovane si mise in viaggio. Durante il cammino immaginò come sarebbe stato accolto: "Mio padre mi vedrà così lacero e sporco che mi scaccerà come un cane randagio"». Gesù fece una pausa. Guardò gli ospiti e capì che lo stavano ascoltando con grande attenzione. Si avvicinò a

Matteo, gli appoggiò un braccio sulla spalla e continuò: «Insomma quel giovane non aveva alternativa. E così, trascinandosi per la strada, arrivò a casa. Era pomeriggio. Suo padre stava nel campo a sorvegliare i lavori. Lo vide da lontano, si intenerì, gli corse incontro, gli si gettò al collo e lo baciò. "Padre", disse il giovane stupito dalla calorosa accoglienza, "ho peccato contro il cielo e contro di te, non sono più degno di essere chiamato tuo figlio". "Ma che dici?", lo interruppe il padre felice. Poi si rivolse ai garzoni e ordinò: "Presto, lavatelo e profumatelo, tirate fuori il vestito più bello e rivestitelo, infilategli l'anello al dito e i sandali ai piedi. Portate a tavola il vitello più grasso e arrostitelo. Mangiamo e facciamo festa. Perché questo figlio mio era morto ed è tornato vivo; si era perduto ed è stato ritrovato"».

Gesù scrutò gli occhi di Matteo e dei suoi ospiti e li vide appannati da lacrime di emozione; e ne fu felice perché capì che stavano seguendo e comprendendo la storia. Continuò: «Nel cortile della fattoria si fece una grande festa. Intanto il figlio primogenito tornò dalla campagna e, quando udì la musica e le danze, si meravigliò. Chiamò uno dei garzoni e gli domandò: "Che cosa sta succedendo?". E quello gli disse: "È tornato tuo fratello, tuo padre ha fatto ammazzare il vitello più grasso e ha voluto questa festa". Il primogenito diventò furente, corse dal padre: "Ma sei impazzito? Da anni io ti faccio da servo, ti ho sempre ubbidito e mai mi hai organizzato una festa, né hai ucciso un capretto affinché mi divertissi con gli amici. Invece ora per il ritorno del figlio, che ha sperperato le tue sostanze con il gioco e con prostitute, hai ammazzato il vitello più grasso"».

Gesù tacque. Si guardò ancora intorno. Matteo e Giacomo avevano ancora gli occhi umidi. Gesù si chinò, prese un chicco di uva e lo mangiò. Giovanni, fremente, domandò: «E che cosa rispose il padre?».

«Quel padre era un saggio», commentò Gesù. «Si avvicinò al figlio, lo abbracciò e gli disse: "Tu sei il primogenito e sei sempre stato con me, hai goduto di me e tutte le mie cose sono state le tue. Ma ora bisogna fare festa e rallegrarsi perché questo tuo fratello era morto ed è ritornato in vita; era perduto e si è ritrovato"».

Gesù aveva appena finito di parlare quando si udì la voce di Simon Pietro che era entrato nella sala del banchetto insieme con Simone Zelota. Entrambi si gettarono ai piedi di Gesù piangendo: «Perdonaci, Maestro, se abbiamo dubitato di te».

Gesù li accarezzò: «Questa parabola era proprio rivolta a voi due. Ora avete capito perché sono entrato in questa casa?».

«Sì, Maestro», rispose Simon Pietro.

«Si deve fare più festa per un figlio ritenuto perduto che per uno rimasto sempre in famiglia», ribadì Simone Zelota.

Simon Pietro andò poi verso il padrone di casa, Matteo, e il fratello Giacomo e li abbracciò: «Chiedo perdono anche a voi».

Il banchetto finì. A uno a uno gli invitati se ne andarono e nella sala rimase Gesù con i suoi discepoli. Matteo e Giacomo lo abbracciarono: «Maestro, grazie per essere stato nostro ospite. La nostra vita da oggi sarà diversa».

Gesù li guardò e con fermezza li invitò: «Lasciate tutto e seguitemi. Sarete anche voi miei discepoli».

Matteo non esitò: andò in cucina, chiamò i servitori e disse: «Lascio tutto a voi. Dividetelo e fatene buon uso». Giacomo il Minore si recò in un'altra stanza: tornò con due sacche. Una la dette a Matteo, l'altra se la mise a tracolla. Poi, rivolti a Gesù, sorridenti, dissero entrambi: «Siamo pronti a essere tuoi discepoli. Seguiremo i tuoi insegnamenti».

Tu sai, lettore, che Matteo lo seguì, imparò e poi scrisse tutto in quelle pagine che conosci come "Il Vangelo secondo Matteo".

19

A Cesarea, nella sua residenza, Ponzio Pilato, quella mattina era particolarmente nervoso. Andava su e giù per la grande camera da letto mentre la moglie Claudia Procula, distesa sul triclinio, mangiava l'uva e si faceva massaggiare da due schiave.

«Erode Antipa mi ha chiesto udienza», spiegò Pilato alla moglie che gli chiedeva il motivo del suo nervosismo. «Quell'uomo, ogni volta che viene a trovarmi, mi pone un problema. Più io amo vivere tranquillo e più lui mi angoscia con le sue paure e le sue manie. Non ho idea di che cosa voglia questa volta».

«Sarà ancora una storia di tasse», lo tranquillizzò la moglie mordendo una mela. «Ormai lo conosci come è fatto il tetrarca: ha paura di tutto, ma non di farsi chiamare "re" nonostante il divieto dell'imperatore. Ha soltanto due idee in testa: il denaro e le donne. Vedrai, Pilato, ti chiederà un aumento del suo appannaggio. Perché, per quanto riguarda le donne, non penso che abbia problemi. In casa ne ha due...».

«Come due?», domandò stupito Pilato.

«Tu vivi nel mondo dei sogni, amore mio. Tutti sanno, qui in Palestina, che Erode Antipa è un lussurioso. Ha Erodiade ma perde gli occhi dietro la figlia di lei, Salomè.

Quel porco l'ha conosciuta quando aveva dodici anni e ora, che ne ha quindici ed è una donna, non perde occasione per insidiarla».

«Sì, si è fatta anche molto bella», commentò Pilato. «L'ho intravista nei giorni scorsi a Gerusalemme».

«Ah sì? L'hai vista?», domandò, con una punta di gelosia, Claudia. «E dove?».

«A Gerusalemme, durante le solite riunioni che si tengono nei giorni di Pasqua. Un giorno, Erode Antipa arrivò con Erodiade e Salomè. Mi colpirono i suoi capelli neri, lunghissimi e bellissimi, e gli occhi verdi».

«Da quando stai attento agli occhi di una persona?», sottolineò acida e ironica la moglie di Pilato.

«Dai, Claudia, ti prego, non fare la gelosa. Non è il momento. Spero che questo "re scocciatore" arrivi presto e se ne vada altrettanto presto. Dopo avere lasciato Gerusalemme ed essere passato da Cesarea, che se ne torni nel suo palazzo a Tiberiade. Così, fino alla prossima Pasqua, non lo vedremo più. Quest'anno per colpa sua è successo di tutto. Per avere fatto arrestare un uomo, un profeta, è stato minacciato di morte e io, per proteggerlo, ho dovuto tenere impegnata gran parte della mia legione. Per non parlare di quello che è successo a Gerusalemme. I cinquecento soldati della città non sono bastati e ho dovuto farne partire altri mille da Cesarea. Le mie guardie sono state impegnate notte e giorno per sedare le risse. Mi hanno chiesto perfino di cercare un galileo che ha sollevato dei disordini, come se fosse facile».

Claudia trasalì. «Lo avete trovato?», domandò preoccupata.

«No», rispose Pilato. «Con quella confusione è impossibile. Arrivano da tutte le parti questi ebrei e non vanno d'accordo. I galilei odiano i giudei, questi odiano i samaritani e questi ultimi odiano sia gli uni sia gli altri. E tutto questo per motivi religiosi. Bisogna avere mille occhi e mille orecchie».

«Lo so», disse Claudia, rasserenata perché aveva saputo che Gesù non era stato arrestato. «Temi che la situazione ti possa sfuggire di mano? Ma non preoccuparti: a Roma abbiamo ancora molti amici. E non saranno queste piccole sommosse a farti perdere consensi tra i senatori».

«Grazie a te, amore: essere nipote del grande Augusto ci è ancora utile. Tante famiglie nobili romane non ti hanno dimenticato», disse, questa volta tenero, Pilato. «Spero tanto che questa esperienza in questa provincia finisca presto e che il Senato mi richiami a Roma. Ma adesso occupiamoci di Erode Antipa. È meglio che tu vada».

Claudia lo attirò a sé e lo baciò. Poi, stringendogli la mano, gli disse: «Amore, qualsiasi cosa Erode Antipa ti chieda, ponigli una condizione: la liberazione del Battista».

Pilato la guardò sorpreso, stava per domandarle come facesse a conoscere il Battista e perché desiderasse la sua liberazione ma il calpestio dei passi e il tintinnio di armature lo fecero desistere. «Va bene, amore», la rassicurò. «Adesso vai. Gli dirò di liberare quel Battista».

Erode Antipa era nervoso. Entrò sudato e ansimante. E, quando si prostrò davanti a lui, Pilato sentì l'odore disgustoso che impregnava il suo abito bianco ornato da una cintura d'oro, con pietre preziose, che scendeva sotto l'enorme pancia.

«Che tu sia il benvenuto», lo salutò freddamente Pilato.

«Grazie per avermi dato udienza», disse subito Erode Antipa.

«È un dovere per un procuratore di Roma ascoltare i problemi di chi è preposto a governare», disse Pilato che poi subito domandò: «Qual è lo scopo della tua visita?».

Con grande sorpresa di Pilato, Erode Antipa portò il discorso proprio sull'argomento che stava a cuore alla moglie.

«Tu sai che nel mio territorio circolava un profeta?», domandò Erode Antipa.

«Ah sì, ho sentito... Si chiama Battista, è vero?», finse indifferenza Pilato. «So che lo hai arrestato».

«Sì, non potevo più sopportare le sue prediche».

«E allora qual è il problema?».

«I problemi sono tanti. Ci sono i suoi seguaci che minacciano ritorsioni e poi...».

«E poi?», domandò ansioso Pilato.

«C'è il rischio che scoppi una guerra».

«Una guerra? Per un profeta? Esagerato, tetrarca».

«Pilato, è un discorso lungo. La guerra non scoppierà per il profeta. Ma i seguaci di quel profeta possono servirsi di un mio problema privato per favorire una guerra. Insomma, ho paura che possa scoppiare un conflitto tra la Galilea e la tribù di un villaggio nabateo che appartiene alla Siria».

Pilato corrucciò la fronte. «Non capisco che cosa c'entra la Siria con la Galilea», disse con la voce alterata.

«Il re di questo villaggio nabateo si chiama Aretha quarto ed è mio suocero. Anzi, lo era. Perché, non so se sei al corrente, ho cercato di ripudiare sua figlia perché è mio desiderio sposare Erodiade. Temo che voglia vendicarsi e, per essere più forte, ha unito i suoi predoni a dei fanatici religiosi, i quali, a loro volta, mi fanno la guerra per ottenere la liberazione del Battista».

Pilato tirò un sospiro di sollievo. "Beghe di famiglia", pensò. Poi si fece serio. «Dietro di te, Erode Antipa, c'è sempre Roma con le sue legioni», lo rassicurò. «Devi stare tranquillo, nessuno può attaccarti impunemente. Però ho un suggerimento da darti: per renderti meno odioso alla tua gente, fai un atto di umanità. Libera quel Battista. Farai felici i suoi seguaci e forse finiranno di accusare te ed Erodiade. E poi finché sono parole...».

«Procuratore, le parole talvolta fanno molto male. Quell'uomo mi accusa di dividere il letto con la moglie di mio fratello Filippo. Perfino dalla prigione continua a gridare che il mio palazzo puzza di peccato e di lussuria».

«Sì, sì», lo interruppe Pilato alzandosi per fargli capire che l'udienza era da considerarsi conclusa. «Le parole fanno male. Ma non uccidono. Ora torna al tuo palazzo, Erode Antipa, fai sogni tranquilli. Roma è dietro di te. E ricorda il mio consiglio: libera quel Battista e, vedrai, i tuoi problemi finiranno».

Erode Antipa partì ma, invece di tornare a Tiberiade, preferì proseguire per la fortezza di Macheronte, dove il Battista era rinchiuso.

«So che hanno organizzato una grande festa per il nostro ritorno», spiegò a Erodiade che si lamentava per quel cambio di itinerario.

«Odio quel lugubre luogo», disse Erodiade.

«Ho bisogno di controllare la situazione militare», si

giustificò. «Le minacce di mio suocero sono sempre più forti. Temo che voglia attaccare la fortezza. Come ben sai, è un posto strategico per la difesa delle mie regioni. E, poi, al contrario di te, mia moglie è molto legata a questa fortezza».

«Eh sì», ammise ironica Erodiade. «La ama perché è vicina a quegli zoticoni della sua tribù. Lei è una nabatea».

«Sì, ma è anche una principessa nabatea», la corresse con fastidio il sovrano.

«Sì...», confermò con ironia Erodiade, «la principessa di una tribù di barbari. Hai visto quanti problemi ci ha creato? Una donna patrizia avrebbe accettato il ripudio con serenità e dignità, invece lei ha preferito scappare tra le braccia del padre, un altro barbaro, il re... come si chiama? Oh, sì: Aretha quinto».

«Aretha quarto», la corresse Erode Antipa.

«Va bene, quarto o quinto fa lo stesso: è sempre un barbaro. Resta il fatto che tu non sei riuscito a ripudiare quella donna e che io non ho potuto ancora sposarti: per tutti sono ancora la tua concubina e per i tuoi sudditi ebrei una pubblica peccatrice. Dopo l'arresto di quel Battista, gli insulti contro di noi si sono placati, ma solo perché i suoi seguaci temono di fare la stessa fine. E ora tu mi stai portando proprio dove quel pazzo del Battista sta marcendo».

«Ormai è ridotto al silenzio», tentò di rassicurarla Erode Antipa «e poi tutti i suoi seguaci si sono dispersi. Battista è innocuo. La prigione lo ha reso una larva. Sto pensando di liberarlo. Potrebbe essere un buon segno per calmare i miei sudditi».

«Che cosa? Vuoi liberarlo? Mai, mai Antipa. Non lo

fare», gridò, minacciosa e con gli occhi ingranditi dalla rabbia, Erodiade. «Quell'uomo mi odia. Le sue parole e i suoi insulti mi straziano il cuore. Non lo sopporterei. Se tu dovessi farlo, io tornerei a Roma, non mi vedresti più. E non vedresti più neppure Salomè».

«Salomè?», ribatté corrucciato il sovrano.

«Sì, anche Salomè. È mia figlia, non dimenticarlo. Anche se è cresciuta». Erodiade capì che aveva toccato il tasto giusto e fu più calma. «Certo, è diventata veramente bella, è vero? E ha imparato a danzare divinamente».

«Sì, divinamente», ripeté Erode Antipa.

«Lo so che Salomè ti piace», disse infida Erodiade. «Me ne accorgo da come la guardi quando cammina».

«Ma è soltanto una bambina», tentò di svicolare il sovrano. «In questi anni mi sono affezionato a lei come un padre».

«Sei un lussurioso. Se non ci fossi io a ostacolarti con la mia presenza... Lo vedo come i tuoi occhi brillano quando balla. Ti scende perfino la bava dalla bocca».

«Ma che cosa dici? Sono oscene queste tue parole... Io ho occhi solo per te, Erodiade».

Il sovrano le fece una carezza e cercò di baciarla. Ma lei si scostò. «No, non adesso, solo quando toglierai di mezzo il Battista», minacciò.

La carovana arrivò alla fortezza di Macheronte verso il pomeriggio. Nel cortile ad aspettarlo c'erano i dignitari di corte. Il fedele sovrintendente Cusa, sapendo che proprio in quei giorni cadeva il quarantanovesimo compleanno del sovrano, aveva invitato i più autorevoli rappresentanti della regione.

«Re Erode Antipa, bene arrivato, il tuo popolo è in festa per te», lo accolse Cusa. Poi si rivolse a Erodiade. «È arrivata anche la principessina Salomè».

Erode Antipa salutò velocemente e poi, mentre Erodiade salì nelle sue stanze, scese nelle segrete del carcere. Si avvicinò alla cella del Battista.

«Sono qui perché voglio liberarti», disse deciso il sovrano. «Oggi è la mia festa e voglio graziare alcuni prigionieri. Battista, tu saresti fra questi e in più voglio essere tuo amico».

Giovanni Battista era ancora vestito con la sua pelle di cammello come quando lo avevano arrestato. I capelli e la barba erano ancora più arruffati e più incolti. Una mano era legata con la catena a un ceppo. Gli occhi erano scavati sul viso emaciato e scheletrico, come scheletrici erano il torace e le gambe.

«Non sarò mai tuo amico», brontolò Giovanni Battista guardandolo attraverso la sua cascata di capelli sporchi che gli coprivano il volto.

«Se tu mi prometti di non dire più nulla contro Erodiade e me, io ti lascerò libero», riprese Erode Antipa incurante delle sue parole.

Ma Giovanni Battista continuò: «Come può la mia lingua tacere davanti alla tua lussuria, scellerato? Tu e quella adultera di Erodiade siete pubblici peccatori. Vergognatevi, il vostro comportamento ha suscitato l'ira divina».

«Battista, ma io voglio sposare Erodiade».

«Non puoi, lo sai bene che non puoi sposare la moglie di tuo fratello. Taci, Erode Antipa. Taci. Dovresti andare a nasconderti per la vergogna. So bene quali sono i tuoi pensieri. So che la tua lussuria non ha limiti e so anche che tu desideri Salomè: sì, dopo la madre vuoi possedere anche lei».

«Basta, basta!», gridò Erode Antipa, tappandosi con le mani le orecchie. Il nome di Salomè aveva incendiato la sua mente. Giovanni Battista aveva ragione. "Sì, il mio cervello è ossessionato da quella ragazza. Salomè è bella, desiderabile. Vicino a lei i miei sensi impazziscono", pensò.

«Taci, Battista», reagì con rabbia Erode Antipa. «Allora, se non vuoi essermi amico, marcirai qui dentro per sempre».

«Non mi fai paura. Anche da qui urlerò i tuoi peccati. Pentiti, pentiti fino a che c'è tempo e fai pentire quella prostituta di Erodiade».

Le urla di Giovanni Battista furono sentite anche nelle sale superiori della fortezza. Le sentì anche Erodiade. Erode Antipa salì sconvolto e la incontrò sulle scale infuriata.

«Sei stato da lui?», gli domandò lei con tono minaccioso.

«Sì. Ma non ho voglia di discutere. Ora vado a cambiarmi per la festa di questa sera».

Erodiade vide il re salire le scale con le gambe, che la rabbia rendeva pesanti e sofferenti, e con le spalle ricurve, per il tumulto che si agitava nel suo cuore e nella sua mente. L'uomo le sembrò improvvisamente vecchio. Non era più il sovrano che le aveva sconvolto i sensi a Roma. Ora soltanto l'ambizione di diventare regina la teneva stretta a lui. E pensò che, se ancora non era riuscita a raggiungere il suo scopo, la colpa era di Giovanni Battista. "Lo ha sconvolto", pensò. "E lui è un debole. Non riesce a liberarsi una volta per sempre di quell'uomo. Ma ora basta".

Con passo deciso Erodiade entrò nella stanza di Salomè. «Questa sera devi ballare per il re», le ordinò gelidamente. «L'ho incontrato adesso. Era molto turbato. Veniva dalle celle. Ha incontrato quel Battista. Sono preoccupata, Salomè, quel profeta è malvagio: riesce a entrare nelle menti di tutti facendoli impazzire. Ho paura che lo abbia convinto a mandarci via. A Roma».

«Oh no, madre», disse con ansia Salomè, «sarebbe terribile».

«Sì, sarebbe terribile, Salomè. A Roma io sarei additata come una donnaccia».

«Che cosa possiamo fare?».

«Figlia mia, questa sera dovrai ballare per lui, per il re».

«Ma ballare per un uomo qui in Palestina significa donarsi a lui, offrirsi... Io sono una principessa, non una prostituta».

«Non pensare adesso che cosa significhi ballare per un uomo...», la interruppe stizzita la madre. «Devi ballare per lui e basta». Stava per andarsene ma, avendo capito di essere stata troppo dura, tornò sui suoi passi. «Salomè, sei bellissima. Fatti bella e balla anche per me questa sera. Per salvarmi», disse più affettuosa.

La porta si chiuse dietro le spalle della madre e Salomè si gettò sul triclinio piangendo disperata. «Maledico mia madre, maledico mio padre che non ha saputo proteggermi e maledico questo bastardo di re», gridò mentre indossava il suo vestito più provocante. «Questa sera ballerò per il re come vuole mia madre, li farò felici. Sarà l'ultima volta però. Poi penserò alla mia vita».

La festa in onore di Erode Antipa si svolse nel più grande lusso. Il sontuoso banchetto sembrò rinverdire i fasti del giorno dell'incoronazione del padre, Erode il Grande. Il sovrintendente Cusa aveva organizzato la festa curando i minimi particolari, facendo arrivare prelibatezze da tutti i luoghi del Mediterraneo. Aveva assunto centinaia di avvenenti danzatrici che dovevano essere compiacenti per soddisfare i desideri degli invitati. Tutti si stavano divertendo, quando, al culmine della festa, improvvisamente apparve Salomè: era bellissima. Una corona di diamanti le circondava la fronte e stringeva i capelli neri che arrivavano fin sotto la schiena; gli occhi verdi lanciavano lampi di luce a ogni tremolio delle fiammelle delle torce che illuminavano la sala; un corpetto trasparente faceva intravedere, con il gioco delle luci, il seno sodo e prosperoso; una cintura grande e tutta d'oro le cingeva la vita e reggeva un gonnellino di stoffa leggera, che diveniva anch'esso trasparente con il bagliore delle fiammelle; le lunghe e tornite gambe erano appena coperte da sette veli.

Davanti a tanta bellezza tutto si fermò. Un mormorio di stupore e ammirazione si levò da ogni angolo del salone. Erode Antipa non resistette e le andò incontro.

«Salomè», le disse con gli occhi che brillavano di desiderio. «Salomè, non ho mai visto una cosa più bella di te. Ti prego, balla per me».

«Sono qui proprio per te, o mio re», disse decisa Salomè guardando sua madre con aria di sfida. Si avvicinò ai musicanti e suggerì il tipo di danza che avrebbe accompagnato i suoi passi. Poi, tra il silenzio generale, si mise al centro della sala. Cominciò lentamente a muovere il bacino, per poi muoverlo sempre più freneticamente al ritmo della musica. Salomè volteggiò con la malizia dei suoi quindici anni davanti al re: gli girò attorno accarezzandolo con i veli e facendogli sentire il profumo del suo corpo. Poi, facendo esplodere tutta la sua sensualità, si liberò dei veli di seta, prima uno... poi l'altro... poi l'altro ancora, lanciandoli al patrigno. Erode Antipa afferrò i veli, uno a uno, li passò sulla bocca e li baciò con voluttà. Così per sette volte. Il sudore gli imperlò la fronte. Il suo volto era stravolto dal desiderio. Alla fine, Salomè, senza più veli e con il gonnellino e il corpetto appiccicati alla pelle dal sudore e completamente trasparenti, apparve quasi nuda, stesa, al centro della sala, sfinita dalla fatica e dalla tensione. Il bacino e il seno andavano su e giù in cerca di aria sotto lo sguardo colmo di bramosia di tutti gli uomini. Erode Antipa si lanciò verso di lei. Si fermò e l'aiutò a sollevarsi.

«Sei bellissima. Sei bellissima», le sussurrò più volte con il respiro che gli faceva incespicare la voce. «Grazie, Salomè, per questa danza. Esprimi qualsiasi desiderio e io te lo concederò. Fosse anche metà del mio regno».

Salomè restò colpita dall'offerta. Guardò la madre. «Vado a cambiarmi», disse per prendere tempo.

«Va bene, vai pure. Ma ricordati, Salomè: qualunque cosa», le gridò Erode Antipa, mentre lei, saltellando sulle punte, si allontanava.

Salomè attraversò la sala. Dietro una tenda incontrò Erodiade. «Madre, mi ha detto che mi darà metà del suo regno e di chiedergli qualsiasi cosa».

«Ho sentito», annuì Erodiade con gli occhi ebbri di

soddisfazione. «Lascia stare il regno perché alla sua morte sarà comunque tuo. Chiedigli la testa del Battista».

Salomè tornò e, con aria sfrontata, disse al re: «Voglio la testa del Battista». E poi con estrema fermezza precisò: «La voglio su un vassoio d'argento qui. Subito. Davanti a tutti».

Erode Antipa impallidì, la fronte sudò questa volta per il terrore. «Il Battista no», bisbigliò appena. «Il Battista no, il Battista no», ripeté più volte.

«Me l'hai promesso: qualsiasi cosa», disse Salomè avvicinando la sua bocca a quella del sovrano.

«Non puoi deluderla», intervenne gelidamente Erodiade. «E poi, hai promesso davanti a tutti: qualsiasi cosa».

Erode Antipa chiamò il capo delle guardie e dette l'ordine: «Portatemi la testa del Battista». Due guardie andarono nelle segrete. Il Battista li vide e capì. Non disse nulla: alzò soltanto gli occhi al cielo e pensò a Gesù. Poi rivolto ai suoi carnefici disse: «Dite al vostro re che il Messia è arrivato». Poi si lasciò prendere. Lo immobilizzarono e lo costrinsero a piegare la testa su un ceppo.

E il boia gli sferrò sul collo il colpo fatale.

Come in un rito macabro, le due guardie tornarono nel salone della festa con la testa di Giovanni Battista su un vassoio d'argento.

Salomè lanciò un urlo di disgusto. Così come tutti gli altri commensali. Erodiade, invece, sorrise e alzò il calice verso il suo re con aria soddisfatta.

«Prima di morire, il Battista ci ha detto di riferirti che il Messia è arrivato», dissero le guardie.

«E chi è il Messia?», domandò il sovrano.

«È un altro profeta», disse il sovrintendente Cusa. «Va in giro per la Galilea. Si chiama Gesù, è di Nazaret».

«Ce ne occuperemo un'altra volta», mormorò Erode Antipa, stravolto dalla paura che gli paralizzava gli occhi.

«Che cosa ne facciamo di questa testa?», domandarono le guardie al sovrano.

«Unitela al suo corpo e gettatela lontano. Vicino al deserto».

«Ma lo mangeranno i cani randagi!».

«Così almeno», disse ansimando Erode Antipa, «si perderà ogni traccia di lui».

Ma non si perse ogni traccia ed Erode Antipa vide ancora quella testa: fu assalito dai rimorsi e i rimorsi nei giorni seguenti diventarono incubi, perché il volto di Giovanni Battista con gli occhi sbarrati dalla morte continuò a tormentarlo nel sonno facendolo svegliare in preda al terrore ogni notte. Non osò mai toccare Salomè, perché, ogni volta che la guardava, gli appariva la testa di Giovanni Battista attaccata al suo bellissimo corpo. Decise dunque di non vederla più. Solo più avanti avrebbe incontrato, come leggerai nell'ultima parte di questa storia, Gesù e, davanti a lui, sarebbe riaffiorato l'incubo di quella testa staccata dal corpo. Non sposò mai Erodiade e si racconta che in vecchiaia la cacciò dalla sua casa e che, rimasto solo, la sua mente diventò preda della pazzia. Si racconta anche che Salomè placò i suoi rimorsi, dopo avere raggiunto i seguaci di Gesù ed essere diventata cristiana. E si racconta infine che Erodiade tornò a Roma, dove fino alla fine della vita fu additata come donnaccia.

La notizia della fine del Battista si diffuse rapidamente.

Giovanna, la moglie del sovrintendente Cusa, mandò subito un messaggero a Cafarnao per informare la sua amica Susanna. Claudia Procula pianse da sola e non osò mostrare il suo dolore a Pilato. Ma andò a trovare l'amica Susanna per dirle: «Perdonami, ho fallito».

Un folto gruppo di zeloti riuscì a scoprire dove il corpo e la testa del Battista erano stati gettati. Gli dettero sepoltura e poi, sfiduciati, discussero su che cosa fare dopo la scomparsa del loro profeta.

«Dobbiamo vendicarlo», dissero. «Erode Antipa si pentirà di quello che ha fatto».

«No: attaccare Erode adesso è sbagliato», ribatté uno degli zeloti, Giuda Iscariota. «Egli è pronto, se lo aspetta, e ha sicuramente messo all'erta i suoi soldati per spegnere ogni focolaio di ribellione. Mentre seppellivamo i resti del Battista, mi sono venute in mente le sue parole: "Dopo di me arriverà l'uomo che guiderà il nostro popolo per realizzare il sogno di un regno di Israele". Io credo in queste parole: oggi più di ieri. Ho sentito parlare di un certo Gesù di Nazaret, dicono che faccia miracoli e che sia il Messia che aspettiamo da secoli. Ho saputo che uno dei nostri, Simone, è diventato un suo seguace».

«Simone? Quello che tutti noi chiamiamo "il gigante"?».

«Sì, proprio lui. Lo ricordo molto bene», disse sorridendo uno del gruppo, «faceva paura soltanto a vederlo. Aveva una forza che poteva abbattere da solo dieci uomini. E lui ora è diventato un seguace di questo Gesù?».

«Sì, almeno così ho sentito», confermò Giuda Iscariota. «Cercherò di raggiungerlo e mi auguro che, attraverso di lui, possa arrivare a quel nazareno. Ormai quasi tutti lo indicano con questo nome per ricordare che è un galileo di Nazaret. Allora, venite con me?».

«No, Giuda. Vai da solo a cercarlo. Sarà più facile per te evitare i controlli delle guardie di Erode Antipa. Noi organizzeremo la rivolta con i nostri metodi. Se poi, questo Gesù di cui tu parli è veramente il Messia, informaci».

Vi fu un lungo silenzio. Gli uomini si guardarono in faccia l'un l'altro. Si sentirono smarriti e angosciati. Giuda Iscariota raccolse la sua bisaccia, prese un sasso e lo depositò sulla terra che copriva il corpo di Giovanni Battista. Lo stesso, a uno a uno, fecero tutti gli altri.

«Questi sassi, Battista», mormorò Giuda, «stanno a significare che i nostri cuori sono scesi in questa tomba con te».

«Così sia», risposero in coro gli altri. Si divisero. Mentre il gruppo si diresse verso Gerusalemme, Giuda Iscariota prese la strada per il lago di Tiberiade. Aveva sentito che Gesù predicava tra Cafarnao, Cana e Cesarea.

20

Giuda Iscariota giunse a Cafarnao, si avviò verso la sinagoga, dove c'era una moltitudine di gente che gridava, si fece largo e vide un uomo che si rotolava a terra, torcendosi come un serpente. Dalla bocca gli usciva bava verdastra che inquinava l'aria di odore nauseante. «È un indemoniato. State lontani!», gridò qualcuno nella folla.

Dalla sinagoga, circondato dai discepoli e dal gruppo di seguaci, uscì Gesù. «Che succede?», domandò a Simone Zelota, mentre un vecchio disperato si gettava ai suoi piedi: «Ti supplico. Guarda mio figlio, ti scongiuro, aiutalo. È il mio unico figlio. Ho pregato i tuoi discepoli di scacciare il suo spirito maligno, ma non ci sono riusciti».

«Perché non sei venuto subito da me? Portami qui tuo figlio», disse brusco Gesù.

Due uomini presero il ragazzo e lo trascinarono davanti a lui. Gesù lo guardò: "È giovanissimo ma il demonio che è entrato in lui lo ha reso decrepito", pensò.

«Gesù, stai attento», gli gridarono dalla folla. «È violento. Ha picchiato suo padre e ha distrutto la sua casa».

Gesù si avvicinò. Il ragazzo lo aggredì: «Vai via da qui. Cosa hai a che fare con me, Gesù Nazareno?».

La folla restò senza fiato. «Come fa a sapere il suo nome?», si chiesero molti. Giuda Iscariota capì che l'uomo uscito dalla sinagoga era colui che stava cercando: Gesù di Nazaret. Udì la sua voce: «Taci, Satana. Poiché sai chi sono, lascia questo ragazzo. Esci da lui», ordinò Gesù.

«Ah, ah, ah, mi fai ridere! Chi credi di essere? Ah, lo so, il Re dei Giudei che vuole comandare il mondo», disse l'indemoniato con un ghigno. «Non mi fai paura. Quest'uomo è mio e nessuno potrà togliermelo dalle mani». La folla indietreggiò spaventata. Alcune persone, nella calca, caddero e finirono calpestate. Gesù ripeté più forte: «Satana, ancora una volta, e questa volta sia l'ultima, ti ordino di uscire da quest'uomo».

Gesù non dovette insistere. Improvvisamente, un urlo ancora più disumano uscì dalla bocca del ragazzo che poi, sfinito, cadde come un sasso, tramortito. Quando si riprese il suo tormento era passato: «Gli ha cambiato anche il volto: è tornato giovane e anche bello», commentò una donna stupita vedendolo mentre abbracciava l'anziano padre.

«Ma allora è veramente lui il Messia», si dissero l'un l'altro. «Comanda gli spiriti del male. È più forte di Satana». Poiché la folla incredula cercava di avvicinarsi per toccarlo, Gesù velocemente si diresse verso la casa di Simon Pietro.

Giuda Iscariota lo seguì e riconobbe, tra i suoi discepoli, Simone Zelota, il vecchio compagno di tante scorribande contro i romani.

Lo raggiunse: «Simone, Simone!», gridò.

«Tu, Giuda... Che fai qui?».

«Cercavo te. So che sei seguace di Gesù, il Nazareno, ma non pensavo di trovarti così presto».

«Sei stato fortunato a trovarmi. Siamo sempre in giro:

su e giù per la Galilea senza una meta precisa. Così come capita: oggi a Cafarnao, ieri e Betsaida, domani chi sa. Ma parlami di te, Giuda Iscariota, perché mi cercavi?».

«Voglio diventare seguace di Gesù. Voglio seguire la tua strada, Simone. Ho sentito che per molti lui è il Messia. Oggi la folla lo acclamava».

«Non posso dirti nulla. E poi non so se sarà possibile per te stare con noi», precisò Simone Zelota. «Sarà lui a decidere. Io, comunque, ti dico subito che non sono più l'uomo che ricordi. Non sono più quell'uomo violento che aggrediva i romani per protestare contro le tasse. Per tutti adesso sono Simone Zelota».

«D'accordo, non sarai l'uomo violento di una volta», disse corrucciando la fronte Giuda Iscariota, «ma per te i romani sono sempre nemici. È così?».

«Non proprio. Ora seguo il Messia».

«Ecco, Simone: l'hai detto. Voglio seguire anch'io il Messia. Il Battista parlava sempre di lui. A proposito: il Battista è stato ucciso».

«Oh, no!», Simone Zelota si mise le mani sul viso per nascondere le lacrime. «È stato Erode Antipa a ucciderlo, non è vero?».

«Sì, proprio lui», confermò Giuda Iscariota.

«E adesso chi lo dice al Maestro? Per lui sarà un grande dolore».

«Glielo dirò io, Simone. Ma dimmi: è veramente il Messia questo Gesù di Nazaret? L'inviato di Dio che rifonderà il regno di Israele? È uno dei nostri, insomma, per essere chiari?».

«È lui, Giuda. Non c'è alcun dubbio. Ma non posso

dirti di più. Sarà lui a parlarti di sé, se lo vorrà. Ma hai visto, Giuda? Quel ragazzo, l'indemoniato, Gesù l'ha guarito! Sono le sue azioni che parlano per lui».

«Dicono che fa tanti miracoli. È vero?».

«Sì, è vero. Ma è più straordinario quello che dice, Giuda, credimi: le sue parole entrano qui», Simone si toccò il petto.

«Nel cuore?».

«Sì, nel cuore, Giuda. Parla del regno di Dio da raggiungere. Ieri ha detto: "Non crediate che io sia venuto a portare pace sulla Terra, perché sono venuto a portare la spada"».

«Simone, Simone Zelota», lo interruppe Giuda Iscariota chiamandolo con il suo nuovo nome. «Tu, tu hai sentito, proprio con le tue orecchie, queste parole?».

«Sì», ribadì Simone Zelota, «ma ha detto di più: "Sono venuto a separare il figlio dal padre, la figlia dalla madre, la nuora dalla suocera, e i nemici saranno quelli di famiglia". Ha detto anche: "Chi non è con me, è contro di me. Se uno viene con me e non odia il padre, la madre e i figli, i fratelli, le sorelle e perfino la propria vita, non può essere mio discepolo". Giuda, credimi. Nessun uomo ho mai sentito parlare come lui».

«Ma perché dobbiamo separarci dalla nostra famiglia?».

«Il Maestro ha spiegato che i suoi apostoli avranno un'altra famiglia. Ascolta: un giorno sono arrivati a Cafarnao alcuni familiari di Nazaret che volevano vederlo. Ma non li ha incontrati e ha detto: "Chi sono mia madre, i miei fratelli e le mie sorelle? I miei fratelli, le mie sorelle, sono coloro che vivono della parola di Dio. Ecco siete voi la mia vera famiglia". Vuole dire che i suoi discepoli, anche in un futuro lontano, dovranno separarsi da tutto per seguirlo e non dovranno sposarsi per non avere altro affetto all'infuori di Dio: solo così riusciranno a compiere la loro missione. Ci ha insegnato che l'amore per tutti gli uomini deve essere più grande del nostro amore per chi ci ha dato la vita».

«È giusto così. Queste parole mi fanno felice. Allora dimmi: come posso parlargli?», si informò Giuda.

«Vieni e troverai tu stesso il modo. Ma sarà lui a vederti per primo».

Giuda Iscariota seguì Simone Zelota. Da lì a poco, Gesù uscì dalla casa di Simon Pietro e si diresse verso la campagna: era colorata di fiori, ricca di frutteti, così diversa dallo sterile terreno della Giudea. L'aria era tiepida ed era piacevole stare all'aperto. Si avvicinò un mendicante: «Maestro, dammi una moneta». Gesù lo guardò, fece cenno a Matteo di accontentarlo. Matteo, che era il cassiere dei seguaci di Gesù, aprì la sua sacca e consegnò due monete. Gesù lo guardò con rimprovero, mise la sua mano nella sacca, prese le monete che riuscì a stringere nel suo pugno e le consegnò al mendicante. Poi si rivolse alla folla: «Se la vostra ricchezza è tanta, fate in modo che possiate aiutare chi non ne ha. Vi tornerà utile quando gli angeli vi accoglieranno nei padiglioni eterni. Chi è onesto nell'uso della ricchezza, lo sarà anche nelle cose divine. Se dunque nell'uso della ricchezza non siete stati generosi, il dono divino chi ve lo affiderà? Nessun domestico può servire due padroni: difatti a uno vorrà male, all'altro bene, ovvero si affezionerà all'uno e trascurerà l'altro. Non si può servire Dio e il denaro».

Un fariseo domandò ironico: «Se uno non ha denaro, come può fare l'elemosina?».

«Voi, farisei, vi fate passare per giusti davanti agli uomini ma Dio vi conosce bene. Ricordate: quel che gli uomini considerano giusto, può essere per Dio abominevole».

In quel momento la folla si allargò rumorosamente. Si sentì un grido di disgusto: «È un lebbroso!». Un uomo, coperto da un saio sudicio e strappato, si trascinava aiutandosi con un bastone. Alla caviglia teneva legati due pezzi di legno che battevano a terra e provocavano il rumore degli zoccoli di un cavallo stanco. Il viso era scarnito dalla lebbra, così come le braccia e le mani. I capelli, bianchi e radi, mostravano le croste del sangue aggrumato. Appena fu davanti a Gesù, l'uomo si gettò a terra e, con gli occhi pieni di sabbia, lo pregò: «Signore, mi chiamo Simone, vengo da Betania, è lontana da qui: ho fatto molta strada per raggiungerti. Se tu puoi, mi vuoi mondare?».

«Da Betania? Lì abita anche il mio amico Lazzaro», disse Gesù.

«Sì, lo so, Maestro. È stato proprio lui a parlarmi di te. Prima che questa malattia mi colpisse, abitavo vicino alla sua casa. Era bella anche la mia casa, sai? Poi ho dovuto lasciarla».

Devi sapere, lettore, che i lebbrosi venivano esclusi da ogni contesto civile, avevano l'obbligo di vivere appartati in luoghi solitari e, quando incontravano qualcuno, dovevano gridare: «Scostatevi, scostatevi! C'è un impuro». In cambio di questo lugubre grido, le istituzioni assicuravano loro un po' di cibo che si lasciava davanti alla soglia del posto dove vivevano. La società non faceva altro per loro, perché li considerava impuri. Per questo il lebbroso Simone chiese a Gesù la grazia di essere purificato prima di essere guarito. Intorno al lebbroso si era creato il vuoto. Gesù, invece, si avvicinò e lo abbracciò.

Urla di disgusto arrivarono dalla folla: «Che schifo, che schifo, lo sta abbracciando. Sta abbracciando il lebbroso!».

Gesù non li ascoltò, il suo abbraccio fu lungo, stretto e affettuoso. Poi disse: «Simone, voglio che tu sia purificato». Stese la mano e la poggiò sulla sua testa. Simone riacquistò il colorito della sua pelle, sentì le forze ritornare e le piaghe si chiusero, guarite. Gesù, prima di allontanarsi, si raccomandò: «Simone, non dirlo a nessuno. Ma fai come dice la legge, presentati al sacerdote e mostragli che sei guarito».

«Come faccio a non dirlo? Tu mi hai ridato la vita».

La raccomandazione non fu rispettata. L'uomo era talmente euforico che gridò a tutti la sua felicità: «Mi ha guarito! Mi ha guarito! Non sono più lebbroso. Finalmente potrò tornare a vivere nella mia casa». La folla andò in delirio: «Gesù, Gesù, vieni». «Toccami, Gesù, sono malato». «Salvami».

Gesù, vedendo che la folla lo seguiva più per assistere ai suoi miracoli che per ascoltare le sue parole, decise di compierne altri, anche se a malincuore. E ogni volta si raccomandava di tenere il segreto: «Va' e non dirlo a nessuno».

«Maestro», disse Simone Zelota, «allontaniamoci. C'è troppa gente. È pericoloso stare qui».

«Sì, andiamo», disse Gesù sconsolato.

«Perché ti sei rattristato?», domandò Simone Zelota.

«Perché per credere hanno bisogno di vedere le mie guarigioni. Vorrei almeno che non ne parlassero in giro, perché chi non crederà in me, penserà che sono uno stregone».

«Non ti angosciare, Maestro. Vedrai, arriveranno a credere senza vedere. Ma ora andiamo via, è meglio».

«Hai ragione, andiamo. C'è un bivio laggiù. Io andrò da questa parte. Voi continuate a seguire la strada maestra. Qualcuno mi aspetta».

Gesù imboccò un sentiero solitario ma non sfuggì all'occhio attento di Giuda Iscariota, che lo seguì e si avvicinò. «Maestro», gli disse, «ho bisogno di parlarti. Devo darti una brutta notizia». Gesù si fermò. Si girò e gli sorrise come se lo conoscesse e lo aspettasse. «Qual è il tuo nome?», gli domandò.

«Mi chiamo Giuda Iscariota ed ero discepolo del Battista».

«Perché dici: ero?».

«Perché è morto. L'ha fatto uccidere Erode».

Gesù rimase impietrito. Anche se si aspettava quella notizia, sentirla gli procurò un grande dolore. Riuscì però a controllare il suo sgomento. Deglutì per rimandare indietro le lacrime che stavano affiorando dal suo cuore fino nei suoi occhi. «Perché sei venuto da me?», domandò.

«Perché il Battista più volte ha detto a me e ad altri di seguirti e così, ora che non c'è più, sono venuto da te. Maestro, sì, vorrei essere tuo discepolo».

«Perché dovrei sceglierti?».

«Perché sono un uomo giusto. Conosco le lingue e so fare di conto. Parlo il latino e il greco. Fino a oggi mi sono guadagnato da vivere traducendo i libri. Mio padre era un ricco costruttore e ha voluto che io fossi istruito. Sono quindi un uomo colto che vuole servirti. Tu saprai che fare di uno come me. Non ti pentirai di avermi accolto».

Gesù lo guardò. Sentì una fitta nello stomaco e un senso di nausea che gli parvero segnali di pericolo. Stava per mandarlo via, invece gli domandò: «Da dove vieni?».

«Sono di Karioth, la città della Giudea, Maestro, per questo mi chiamo Iscariota, da Karioth».

«Iscariota può anche derivare da *Ekariot*, che in aramaico significa "sicario"!».

Giuda fu sorpreso. «Sì, Maestro», ammise. «Mi chiamano così perché sono uno zelota, cioè uno che porta la "sica", il coltello che sgozza i romani. Prima di venire in cerca di te, avevo come compagni gli zeloti. Odio i romani e ne ho anche uccisi molti. Io credo, Gesù, che tu sia il Messia: ti prego, accoglimi. Ora che ti ho incontrato, voglio rinunciare alla mia vita passata, prendimi con te».

«Si riconosce un albero dai suoi frutti», commentò amaramente Gesù, guardandolo con disprezzo. Giuda Iscariota non capì perché fosse tanto diffidente. "Mi guarda come se fossi un suo nemico", pensò. "Come se si aspettasse del male da me. Ma perché? Come posso fargli capire che voglio essere suo discepolo?". Sentì un calore improvviso tormentargli il corpo. Ma il tormento svanì e lasciò il posto al sorriso, appena Gesù disse, sia pure con freddezza: «Giuda Iscariota resta con noi. Era già deciso che tu venissi e che io ti accogliessi».

«Grazie, Maestro», disse Giuda Iscariota tentando di baciargli la mano.

«Non farlo ora», gli disse brusco Gesù. «Avrai la possibilità di baciarmi in un'occasione più drammatica, vedrai. E, comunque, visto che sai fare di conto, ti farò nostro cassiere, così potrò destinare Matteo ad altri compiti. Ora voglio stare solo. Puoi dire a Simon Pietro di raggiungermi al molo? Voglio andare al largo con la barca».

«Corro, Maestro», disse Giuda Iscariota, tornato sereno. Raggiunse i discepoli, abbracciò Simone Zelota, comunicò che Gesù l'aveva accettato tra di loro e poi riferì a Simon Pietro ciò che il Maestro gli aveva comunicato.

Simon Pietro raggiunse il molo nello stesso momento in cui arrivò Gesù. «Simon Pietro», disse, «il mio cuore sanguina perché Giovanni, il mio caro cugino Giovanni il Battista, è stato ucciso. Ti prego, portami in un luogo solitario».

Salirono sulla barca e per tutto il tragitto Gesù non parlò. Simon Pietro remò fino al tramonto. Una sola volta si girò verso di lui e gli sembrò che per la prima volta piangesse.

21

In casa di Simon Pietro per giorni nessuno parlò. Gesù si era appartato nell'angolo della casa che gli era stato messo a disposizione per dormire e per giorni non volle assaggiare cibo. «Il dolore per la morte del Battista lo sta consumando», dicevano i discepoli non sapendo che cosa fare per consolarlo. Di tanto in tanto Channan e Ada gli portavano da bere. «Non puoi restare qui da solo al buio», gli dicevano. «Maestro, devi reagire».

«Ancora non me la sento», rispondeva Gesù ringraziando con un sorriso per quelle attenzioni. «Giovanni, il Battista, era la luce del faro che illuminava la mia strada buia. Ma non c'è più e la strada devo percorrerla da solo senza il faro che mi guida. Per questo ho bisogno di riflettere».

«Non sappiamo che cosa dirti», rispose la moglie di Simon Pietro, «tu fai sempre la cosa giusta e alla fine hai sempre ragione».

Fuori la folla lo invocava: «Gesù, fatti vedere». «Parlaci». «Abbiamo bisogno di te». Nonostante provasse tenerezza per quella gente che, per incontrarlo, toccarlo e ascoltarlo, si sottoponeva sotto il sole a fatiche estreme, Gesù per tre giorni non si fece vedere. E con lui restarono tutti i discepoli. Soltanto Matteo che aveva, ancora per qualche giorno prima di lasciarlo a Giuda Iscariota, l'incarico di curare la cassa per le necessità del gruppo, di tanto in tanto usciva per comprare un po' di cibo: qualche piccione come carne, un po' di mele, il pane con sesamo e un po' di vino.

L'isolamento servì a Gesù per capire come portare avanti la sua missione. Alla fine del terzo giorno chiamò tutti intorno a sé. «Il momento è arrivato», disse. «Da oggi comincerete a capire perché sono sceso in mezzo a voi. Andremo in giro per tutta la Palestina: dalla Galilea, alla Giudea, alla Samaria e in ogni villaggio porteremo la luce del regno di Dio».

Gesù aveva appena finito di parlare quando si sentì bussare alla porta in modo deciso.

«Sono Decio, il centurione», disse una voce al di là della porta.

«È il centurione di Cafarnao», riferì sollecito Simon Pietro. «Nonostante sia un romano, è una brava persona».

«Allora fatelo entrare», acconsentì Gesù.

«Sì, è un brav'uomo», confermò Filippo, «non ha mai approfittato della sua autorità, ha sempre aiutato, qui a Cafarnao, chi era in difficoltà».

Nonostante fosse un romano, Decio godeva di molto rispetto tra la popolazione. Proprio per questo, gli era stato facile aprirsi un varco tra la folla e arrivare alla casa di Simon Pietro. Appena fu davanti a Gesù, dimenticò di essere un soldato di Roma e, con le mani giunte, supplicò: «Maestro, io sono un pagano. Credo negli dèi, però so che soltanto tu puoi aiutarmi. Ho uno schiavo al quale sono affezionatissimo e che per me è più di un figlio. Ma ora si è ammalato e sta per morire».

«Come mai tu, soldato romano, hai tanto a cuore la salute del tuo schiavo?», domandò sorpreso Gesù.

«È con me da diciotto anni e un giorno mi salvò la vita. Ero con lui sulla nave che dall'Egitto mi portava a Roma, quando un'onda altissima mi fece cadere in acqua. Avevo indosso queste armature militari e, per quanti sforzi facessi per stare a galla, il peso mi stava portando a fondo. Sarei sicuramente annegato se il mio servo non si fosse gettato in acqua. Mi liberò dalle armature e mi salvò. Per questo, Maestro, ora tocca a me salvarlo. Le ho tentate tutte per farlo guarire. Ho chiamato i medici più famosi, ma ogni volta la delusione è stata immensa».

Simon Pietro si avvicinò a Gesù e all'orecchio gli sussurrò: «Maestro, se puoi, aiutalo. Lo merita. È stato lui a costruirci la sinagoga qui a Cafarnao».

Gesù fu indeciso sul da farsi. Decio allora, per convincerlo, si ricordò di un episodio che aveva vissuto un giorno a Nazaret, il villaggio dove Gesù era nato. «Maestro», gli disse, «so che sei di Nazaret, per questo ti racconto una vecchia storia che risale a tanti anni fa, quando ero un giovane soldato. Un giorno passai proprio da Nazaret con la mia guarnigione. Inseguivamo dei ribelli quando vidi un bambino uscire correndo dalla sua casa. Rischiava di essere travolto dai nostri cavalli, ma io riuscii a strapparlo alla morte afferrandolo al volo. Lo portai con me. Purtroppo dovetti abbandonarlo alle porte del deserto e di quel bambino non ho più saputo niente. Ho sempre avuto il rimorso per averlo abbandonato ma anche la gioia di avergli salvato la vita».

Mentre il centurione raccontava l'episodio, Gesù si

commosse. “Fu questo soldato allora che lo salvò quando era bambino”, pensò ricordando il racconto che Giovanni Battista gli aveva fatto sulle rive del Giordano parlando della sua scomparsa.

E così decise: «Vuoi che venga a casa tua? È da tre giorni che non esco da questa casa», gli disse. «Se tu lo vuoi, verrò».

«Oh, no», disse il centurione. «Signore, non ti disturbare. Non sono degno che tu venga in casa mia ma so che, se tu dirai: “Guarisci”, il mio servo guarirà. Anche io sono un uomo che ha una certa autorità e, se dico a un mio soldato “va’”, egli va e, se dico a un altro “vieni”, egli viene, e, se al mio schiavo dico: “fai questo”, egli lo fa. È inutile che io lo verifichi. So che lo farà. Per questo io sono certo che, se tu dirai una parola, sarai ascoltato».

Gesù l’ammirò per la sua umiltà e per quelle parole. E allora aprì la porta e si rivolse alla folla che lo seguiva e disse: «In verità vi dico: in nessuno ebreo che crede nel Dio d’Israele ho trovato una fede così grande». Poi si rivolse al centurione e disse: «Vai, torna a casa. Decio, il tuo servo è guarito». Il centurione tornò a casa sicuro di avere ottenuto la guarigione. E fu così. Entrò in casa e vide che il suo servo era già al lavoro.

Dopo l’incontro con Decio, Gesù trascorse la giornata a predicare. Quando tornò a Cafarnao, trovò ad aspettarlo il rabbino della sinagoga, Giairo, che lo pregò: «Gesù, aiutami. Mia figlia sta morendo. È l’unica gioia della mia vita. Ti prego, vieni a casa mia. Ha soltanto dodici anni. I suoi occhi, che prima brillavano, si stanno spegnendo. Ha vissuto poco, non è giusto che Dio me la porti via».

«Giairo, perché hai pensato a me per farti aiutare? Tu conosci le Sacre Scritture. Ogni sabato le spieghi ai tuoi fedeli e sai quindi che soltanto Dio può aiutarti».

«Sì, proprio perché so tutto questo, ho pensato a te e alle parole che ci dici. E ho capito che tu puoi tutto».

«Andiamo a casa tua», sorrise Gesù.

Gesù cercò di accelerare il passo per seguire Giairo ma era impossibile camminare in fretta perché la gente affollava la strada. Tutti cercavano di andargli vicino. C'era chi lo supplicava, chi gli baciava le mani. Improvvisamente Gesù si fermò. «Qualcuno mi ha toccato», disse girandosi indietro.

«Maestro», disse Simone Zelota, «qui tutti ti hanno toccato».

«No, qualcuno mi ha toccato con più insistenza degli altri, perché io ho sentito una grande energia uscire da me».

Da un lato una donna tutta tremante si fece largo. Si gettò ai suoi piedi, dichiarò la sua malattia e i suoi occhi abbassati fecero capire a Gesù che si vergognava. «Sì, sono stata io a toccarti. Da dodici anni soffro di perdite di sangue che mi tolgono ogni forza. Ho consumato tutte le mie sostanze per guarire senza risultato. Anzi l'emorragia è diventata sempre più insistente. Sono venuta qui perché credo in te, mio Signore. Ho pensato: "Se solo riuscissi a toccare la sua tunica, guarirò" e sono stata fortunata. Ho toccato la tua tunica e subito la mia emorragia si è fermata».

Gesù ebbe il desiderio di fermarsi ancora con lei e di parlarle. Ma vide Giairo che aveva fretta e lo guardava preoccupato. Allora si rivolse alla donna e le disse: «Figlia mia, la tua fede ti ha salvato. Vai in pace», e proseguì con Giairo.

Erano vicini alla casa quando videro uno dei servi andargli incontro. Aveva gli occhi lucidi per il pianto. «Tua figlia è morta. Non disturbare più il Maestro».

Gesù sentì e si rivolse a Giairo: «Non temere. Continua ad avere fede e tua figlia sarà salva».

«Ma è già morta», insistette il servo.

Gesù non lo ascoltò ed entrò nella casa dove tutti piangevano, distrutti dal dolore. Andò nella stanza dove la fanciulla giaceva distesa.

«È lì», disse Giairo indicando la figlia.

«Non piangete. È solo addormentata. Aspettate fuori. Lasciatemi solo con lei». Si avvicinò al corpo ormai freddo della fanciulla. Prese la sua mano: era dura e inerte. Uscì e tranquillizzò i suoi genitori: «Cessate di piangere, vostra figlia non è morta». Tutti tacquero e Gesù entrò di nuovo nella stanza. Si avvicinò ancora al corpo freddo della fanciulla. Le prese ancora la mano e gridò: «Fanciulla, su, sveglia!». Tra la sorpresa di tutti, lei aprì gli occhi, si sedette sul letto e chiamò il padre e la madre. Gesù, sorridendo, disse a Giairo: «Datele da mangiare». Poi si raccomandò: «Non dite nulla a nessuno».

Mentre lasciava la casa, vide, mortificato in un angolo, il servo che aveva annunciato la morte della fanciulla. Si avvicinò. «Qual è il tuo nome?», gli domandò.

«Tommaso», rispose il servo, rosso per la vergogna. «Eppure era morta», continuò come se parlasse con se stesso. Poi aggiunse: «Maestro, voglio domandarti scusa per avere detto che la figlia di Giairo era morta. Ma io l'ho vista davvero: per me era morta».

«E tu, Tommaso, se non vedi, non credi?».

«Sì, è così».

«Se hai tanti dubbi, hai bisogno di certezze. E allora vieni con me, seguimi».

Gesù si avvicinò a Giairo: «So che sei molto legato a questo tuo servo. Ma ho bisogno di uno come lui: diffidente, ingenuo, ma fedele. Posso portarlo via con me? Mi occorre per la mia missione».

«Ma, Gesù, hai visto come è Tommaso? È leale, servizievole, ma testardo. Quando ha in mente una cosa, è difficile fargli cambiare idea. Ma se tu lo vuoi e lui accetta...».

Tommaso aveva già al collo la sacca delle sue cose ed era già pronto. Salutò il vecchio padrone e iniziò la sua nuova vita come discepolo di Gesù.

22

La notizia della guarigione di Simone il lebbroso e ancora di più del ritorno alla vita della figlia del rabbino di Cafarnao, Giairo, uomo molto conosciuto e rispettato nella Galilea, aveva fatto accorrere nella cittadina sempre più gente. Il centurione Decio con la sua guarnigione controllava, anche se con molta discrezione, che non ci fossero rischi per Gesù, quando la gente, aspettando il suo arrivo, si attardava lungo la strada a raccontare episodi di cui aveva sentito parlare.

«Avete saputo? Ha guarito anche la suocera di Simon Pietro», disse uno. «Stava morendo, lui l'ha toccata e lei è guarita».

«Avete visto ieri? Ha guarito il lebbroso», commentava un altro.

«A Magdala in casa di un fariseo ha guarito un idropico anche di sabato».

«Anche di sabato?», si stupì un altro.

«Come è possibile? La legge dice che non si può fare nulla di sabato».

«Eppure l'ha fatto».

«Ma è contro la legge».

«Ma è Gesù la legge: dicono che sia il Messia».

«A Betsaida ha guarito un uomo che era sordo e muto».

«E come ha fatto?».

«Gesù gli ha toccato un orecchio, poi ha bagnato il suo dito con la saliva e gli ha toccato la lingua. Gli ha detto: "Parla", e quello ha parlato».

«Io invece», disse un altro, «ho visto che ha fatto resuscitare un morto».

«Resuscitare?».

«Sì, proprio così. Ha visto una madre disperata dietro al feretro del figlio. Ha avuto pietà di lei e ha detto: "Non piangere, donna". Poi si è rivolto verso il morto e ha gridato: "Giovane, alzati", e il giovane si è svegliato dalla morte».

Proprio in quel momento Gesù uscì dalla casa di Simon Pietro ma, dopo avere tentato più volte di passare per recarsi, come ogni mattina, alla sinagoga, fu costretto a rientrare. «Dobbiamo lasciare Cafarnao...», disse. «Questa gente non vuole sentire le mie parole. Aspetta da me soltanto i miracoli». Ma non finì di parlare che un rumore fortissimo coprì la sua voce. E vide scendere dal tetto una lettiga con un malato. «Perdonateci, Maestro. Non siamo riusciti a passare e allora siamo arrivati dall'alto», dissero quattro uomini. Gesù sospese il suo discorso, sorrise per la loro audacia e si avvicinò al paralitico. Lo guardò. Scrutò i suoi occhi e gli disse soltanto: «Figliolo, sono rimessi i tuoi peccati». Da fuori la folla vide la scena. Molti si guardarono attorno stupiti. «Come ha fatto a capire che è un peccatore?», si domandarono. Tra di loro c'erano anche farisei e scribi che commentarono subito indignati: «Questo bestemmia. Solo Dio può rimettere i peccati».

Il paralitico mosse prima una mano, la guardò. Poi mosse l'altra e guardò anch'essa, poi alzò una gamba, poi l'altra, scese dalla lettiga, arrotolò il suo giaciglio, uscì dalla casa e scappò incredulo come se temesse che tutto potesse finire da un momento all'altro.

I farisei, tra la folla, sorpresi e invidiosi del consenso che sempre più c'era intorno a Gesù, andarono a Gerusalemme e riferirono ai sacerdoti del Sinedrio quanto accadeva in Galilea. «Gesù di Nazaret è un sovversivo», raccontarono ai sacerdoti. «Dice che fa i miracoli: guarisce e scaccia i demoni. Dice anche che sta per arrivare il regno di Dio. Per noi è uno stregone. Invece la gente crede che sia il Messia».

Il Sommo Sacerdote, Caifa, ancora infuriato per ciò che era accaduto l'anno prima nel Tempio, fu estremamente duro: «Voglio prove!», urlò. «Dovete portarmi le prove in modo che possa inchiodarlo. Quell'uomo lo voglio vedere pendere da una croce. Pedinatelo. Seguitelo quando cerca di nascondersi. Ricordatevi: è un uomo come me, come voi. E anche se dice di essere il Messia, è un imbroglione. Siatene certi, commetterà qualche errore. Seguite anche i suoi discepoli. Mi è giunta all'orecchio la notizia che tra di loro ci siano anche degli zeloti. Se è vero, informerò il procuratore romano Pilato. Dovrà intervenire pure lui. Gli farò capire che questo Gesù di Nazaret è pericoloso anche per Roma. State attenti, verificate se commette azioni contrarie alle nostre regole religiose. So, per esempio, che trasgredisce all'obbligo di riposare il sabato».

«Sommo Sacerdote», replicarono alcuni, «lui non lavora il sabato. In quel giorno predica e guarisce soltanto».

«Anche queste azioni sono sacrileghe!», urlò irritato Caifa. «La legge ci impone di non fare nulla il sabato e nulla significa nulla».

Per sacerdoti e farisei la questione del sabato era l'appiglio ideale per accusare il Nazareno. E così, mentre predicava, a Gesù arrivò dalla folla, improvvisa, la domanda: «È lecito, secondo te, curare un infermo il giorno del sabato?».

Gesù riconobbe il fariseo e capì che la sua era una provocazione e che qualsiasi risposta sarebbe stata male interpretata. Così, vedendo un uomo con la mano paralizzata, lo invitò a farsi avanti. Poi si rivolse al fariseo che lo aveva interrogato: «Domando a te se è lecito di sabato fare del bene o fare del male. Salvare o distruggere una vita?». Aspettò la risposta ma il fariseo tacque. E tacquero anche gli altri che nel frattempo erano arrivati. Allora Gesù si alzò. Si avvicinò al gruppo guardandoli con sdegno e, vedendo che non reagivano, si rivolse all'uomo con la mano paralizzata: «Stendila», gli ordinò. L'uomo la stese. Poi guardò ancora il fariseo. Nessuno parlò. Gesù guardò ancora l'uomo che aspettava, con la mano stesa e lo sguardo supplicante, una sua parola. Che arrivò: «Muovila. Sei guarito». Poi si rivolse al gruppo dei farisei: «Ipocriti, forse qualcuno di voi non salva la sua pecora che è caduta nel pozzo se è sabato? O non libera il suo bue o il suo asino anche se è sabato? E costui, potendo essere guarito da me anche di sabato, non doveva essere guarito? Falsi, falsi, falsi!», Gesù urlò per tre volte l'insulto.

Il gruppo dei farisei si allontanò irritato oltre che offeso. «Non possiamo più permettere che si prenda gioco di noi. Dobbiamo acciuffarlo, portarlo a Gerusalemme e farlo uccidere. Proprio come Erode Antipa fece con il Battista nella fortezza di Macheronte».

«Non è facile», osservò un fariseo. «Quest'uomo ha ormai un esercito che lo protegge».

Quella notte a Cafarnao si respirò un'aria molto pesante. Dopo lo scontro con i farisei, Gesù e i suoi discepoli capirono che le minacce non sarebbero più rimaste solo minacce, ma che si sarebbero trasformate in una persecuzione. I giorni tranquilli erano finiti per sempre.

«Bisogna andare via il più presto possibile da questi luoghi», suggerì il saggio Bartolomeo.

«Ma dove possiamo andare?», domandò teso Tommaso.

«Andiamo verso Sichem», decise Gesù. «Lì, nel territorio dei samaritani, non avranno il coraggio di seguirci. Durante il viaggio, di ritorno da Gerusalemme, ho visto montagne che potranno nasconderci. Il clima in questo periodo è mite. Lì saremo al sicuro».

«Non andremo però tutti insieme», precisò Simone Zelota. «Per ingannarli ci divideremo in due gruppi. Voi», disse indicando Bartolomeo, Giuda Iscariota, Taddeo e Giovanni, «appena farà giorno, prenderete la strada che, attraversando il Giordano, scorre a fondovalle, porta nella regione Decapoli e da lì, ripassando il Giordano, arriverete in Samaria, e quindi a Sichem. Voi, invece», e indicò Giacomo, Filippo e Andrea alla sua destra, «andrete direttamente a Sichem, passando da Cana. Voi altri», e indicò Simon Pietro, Giacomo il Minore e Tommaso, «starete accanto a Gesù e a me e costeggeremo il fiume».

Mentre facevano piani per sfuggire alle insidie, Channan e Ada avevano già riempito le sacche del necessario: pane, frutta e formaggio. Gesù e i discepoli si separarono dagli amici e dai familiari con l'animo triste; per la prima volta erano preoccupati e i timori, che si agitavano nei loro cuori, si riflettevano nei loro occhi umidi e ansiosi ma ugualmente illuminati dalla dolcezza che ormai era parte di loro.

«Vorrei stare vicino al Maestro», pregò Giovanni.

«Va bene», acconsentì Simone Zelota. «Stai con lui. Ma tieni gli occhi e le orecchie bene aperti».

Gesù lasciò fare. Commentò soltanto: «Quando ero bambino, a Nazaret, giocavo a zeloti e romani così». In silenzio, come una carovana, ma guardandosi attorno guardinghi, lasciarono Cafarnao e si diressero verso le montagne di Sichem.

Il paesaggio cambiava man mano che si inerpicavano su sentieri angusti, sabbiosi, selvaggi. Alle loro spalle lasciavano le tranquille acque del lago, che sembravano incastonate nella vallata, per avviarsi nelle terre aride della Samaria. Ma, improvvisamente, Gesù, come se avesse un piano in testa, decise di cambiare destinazione: «Torniamo indietro», disse con tono che non ammetteva obiezioni. «Restiamo in Galilea. Ma non a Cafarnao. Ci fermeremo vicino al Monte Tabor». Rimasero tutti sorpresi, ma nessuno replicò.

Giovanni corse ad avvertire gli altri apostoli, già partiti per sentieri diversi. «Il Maestro ha cambiato i suoi piani», li avvertì. «Vuole che ci raduniamo tutti nella vallata del Monte Tabor».

Ci arrivarono dopo ore e ore di cammino. «Ora siamo abbastanza lontani», disse Gesù. «Vi ho portato fino a qui perché secondo le Sacre Scritture da questo monte inizia il nostro viaggio alla conquista del Regno dei Cieli. È giunto il momento di farvi sapere che cosa sono venuto a fare nel mondo».

«Sta per iniziare il nostro viaggio alla conquista del regno?», fu Giuda Iscariota a chiederlo cercando una conferma che non arrivò.

«In che senso, Maestro?», domandò Giovanni.

Gesù non ascoltò neppure lui.

«Devo prima andare lassù. In cima», disse poi. «Ho bisogno di stare solo. Parlerò con il Padre celeste e, quando scenderò dalla montagna, parlerò con voi e con tutti coloro che vorranno ascoltarmi per spiegare come conquistare il regno di Dio. Il mio discorso sarà duro e sicuramente molti andranno via voltandomi le spalle».

Si arrampicò sulla cima del monte tra arbusti secchi, che lo fecero inciampare, e rami spinosi, che gli ferirono i piedi e le gambe. Proseguì sudando, senza mai voltarsi, sotto un sole cocente che lo sfiancò. Camminò senza mai fermarsi finché la sua figura diventò un puntino agli occhi dei discepoli rimasti a valle. Poi anche il puntino scomparve.

Gesù passò la notte a pregare. Quando spuntò il sole, scese lentamente; i discepoli tornarono a vedere il puntino lontano che si faceva sempre più grande, finché lo ebbero di nuovo tra loro. «Ora nominerò chi dovrà seguirmi fino alla mia morte», disse freddamente. «Coloro che chiamerò saranno i prescelti e saranno coloro che staranno sempre con me. Saranno i miei apostoli: coloro che saranno mandati da me per il mondo ad annunciare che io sono arrivato».

Li chiamò uno a uno con il loro nome ed erano i discepoli che già aveva scelto. «Simon Pietro», iniziò. «Andrea... Giacomo... Giovanni... Filippo...». Si fermò. Gli altri che non erano stati chiamati sentirono un fremito nel cuore e sbiancarono. "Non mi ha scelto, non mi vuole", pensarono. Invece Gesù, dopo una breve pausa per sedersi su un grosso sasso, continuò: «Bartolomeo... Matteo... Tommaso... Giacomo... Simone Zelota... Taddeo... Giuda Iscariota...».

Fece un sospiro profondo. I suoi occhi li guardarono uno a uno. «Siete da oggi i miei dodici apostoli», disse. «E, quando un giorno non ci sarò più, voi parlerete di me e per me a tutti coloro che vorranno ascoltarvi».

«Ma che dici, Maestro?», disse Giovanni con voce rotta dalla commozione. «Tu... tu starai sempre con noi».

Gesù lo guardò con tenerezza perché sapeva che era tra gli apostoli quello che più si era legato a lui: «Non preoccuparti, Giovanni. Starò ancora a lungo con te. Ma adesso voglio che voi capiate come si arriva al regno di Dio».

Scesero più giù, lungo il pendio, alla vallata, dove ad attenderli c'erano migliaia di persone. Li avevano seguiti, ma si erano fermate in uno spiazzo perché erano storpi e disabili o perché portavano familiari malati. Gesù con un cenno della mano invitò tutti a sedersi. Il suo volto si illuminò con la luce del sole che sembrava donargli un'aureola intorno alla testa. I suoi occhi azzurri avevano un'espressione dolcissima che nessuno aveva mai visto prima: come se una magica energia fosse entrata in essi. Nonostante la notte passata insonne, in preghiera, e il faticoso cammino, non sembrava stanco. Alzò le mani al cielo e poi le abbassò facendo segno alla folla di raccogliersi ai suoi piedi.

Cominciò a parlare: «Beati i poveri di spirito, perché di essi è il Regno dei Cieli. Beati gli afflitti, perché saranno consolati. Beati i miti, perché erediteranno la terra. Beati quelli che hanno fame e sete di giustizia, perché saranno saziati. Beati i misericordiosi, perché troveranno misericordia. Beati i puri di cuore, perché vedranno Dio. Beati quelli che lavoreranno per la pace, perché saranno chiamati figli di Dio. Beati i perseguitati dalla giustizia, perché di essi è il Regno dei Cieli. Beati voi quando vi insulteranno, vi perseguiteranno e, mentendo, diranno ogni sorta di male contro di voi per causa mia. Godete ed esultate, perché grande è la vostra ricompensa nei cieli. Così infatti sono stati perseguitati i profeti prima di voi».

Gesù si fermò per asciugare con la mano il sudore che colava dalla fronte e si perdeva nella sua barba.

«Come è possibile mettere in pratica queste regole?», bisbigliò Giovanni ad Andrea.

«Taci», lo zittì Filippo. «Ascoltiamo fino in fondo».

Gesù infatti ricominciò. Ma il suo tono di voce fu diverso, diventò severo: «Ma guai a voi, ricchi, perché avete già la vostra consolazione. Guai a voi che ora siete sazi, perché avrete fame. Guai a voi che ora ridete, perché sarete afflitti e piangerete. Guai, quando tutti gli uomini diranno bene di voi come fecero i vostri padri con i falsi profeti».

Ancora una volta Gesù si fermò. Guardò intensamente uno a uno i suoi apostoli. Fece un respiro profondo per trovare la dolcezza da dare alle sue parole che sarebbero state di speranza: «Voi siete il sale della terra. Ma se il sale perdesse il sapore, con che cosa lo si potrà rendere salato? A null'altro serve che ad essere gettato via e calpestato dagli uomini. Voi siete la luce del mondo; una città non può restare nascosta, se è collocata sopra un monte; una lucerna non si accende per metterla sotto il moggio, ma si pone sopra il lucerniere perché faccia luce a tutti quelli che sono nella casa. Così risplenda la vostra luce davanti agli uomini, perché vedano le vostre opere buone e rendano gloria al vostro Padre che è nei cieli».

Gli apostoli si guardarono l'un l'altro. Avevano gli occhi lucidi. «Sono parole che mi tolgono il respiro», mormorò Giovanni. «Noi avremo davvero tanta luce?».

L'eco della voce di Gesù si distendeva nella vallata e poi si perdeva tra le montagne. E molti, anche da lontano, poterono ascoltare, perché non c'era altro rumore: perfino gli uccelli avevano smesso di cinguettare e stavano eretti sui rami e sulle rocce. «Non pensate che io sia venuto ad abolire la Legge o i profeti», proseguì. «Non sono venuto per abolire, ma per dare compimento. In verità vi dico: finché non siano passati il cielo e la terra, non passerà neppure un granello di sabbia o un segno dalla Legge, senza che tutto sia compiuto. Chi dunque trasgredirà uno solo di questi precetti, e insegnerà agli uomini a fare altrettanto, non sarà considerato degno del Regno dei Cieli. Chi invece li osserverà e li insegnerà agli uomini, sarà considerato degno del Regno dei Cieli. Poiché io vi dico: se la vostra giustizia non sarà migliore di quella degli scribi e dei farisei, non entrerete nel Regno dei Cieli. Avete inteso che fu detto agli antichi: "Non uccidere; chi avrà ucciso sarà sottoposto a giudizio". Ma io vi dico anche: "Chiunque si adira con il proprio fratello, sarà sottoposto a giudizio". Chi poi dice al fratello: "Stupido", sarà sottoposto anche lui a giudizio; e chi gli dice: "Pazzo", sarà condannato all'inferno».

Gesù guardò il cielo, allargò le braccia e con gli occhi carichi della luce dell'amore continuò: «Se presenti la tua offerta sull'altare e lì ti ricordi che tuo fratello ha qualche cosa contro di te, lascia lì il tuo dono. Va' prima a riconciliarti con tuo fratello e poi torna ad offrire. Mettiti subito d'accordo con il tuo avversario mentre sei per strada con lui, perché l'avversario non ti consegni al giudice e il giudice alla guardia finché tu vieni gettato in prigione. In verità ti dico: non uscirai di là finché non avrai pagato fino all'ultimo spicciolo!».

Gesù si fermò ancora una volta e scrutò gli occhi della folla, che gli parvero ansiosi di sapere ancora.

«Ora vi parlerò dell'amore e del matrimonio», disse deciso. «Fino a oggi vi è sempre stato detto: "Non commettere adulterio"; ma io vi dico: "Chiunque guarda una donna per desiderarla, ha già commesso adulterio con lei nel suo cuore" e per lui si aprono le porte dell'inferno. Se il tuo occhio ti fa peccare, cavalo e gettalo via da te. E se la tua mano destra ti è occasione di scandalo, tagliala e gettala via da te: conviene che perisca una delle tue membra, piuttosto che tutto il tuo corpo vada a finire all'inferno».

Sorrise per qualche attimo in silenzio a chi gli sembrava turbato. Fece ancora un respiro profondo e puntò, dolcemente, gli occhi sulla folla. Ricominciò: «Ora voglio parlarvi del matrimonio. L'uomo non separi quello che Dio ha unito. Fu detto: "Chi ripudia la propria moglie, le dia l'atto di ripudio"; ma io vi dico: "Chiunque ripudia sua moglie, la espone all'adulterio. E, se sposa un'altra donna, commette adulterio"».

Il tono della sua voce diventò improvvisamente alto, duro, severo: «Adesso fate ancora più attenzione e cercate di capire ciò che dirò. Fu detto: "Occhio per occhio e dente per dente"; ma io vi dico di non opporvi al malvagio; anzi se uno ti schiaffeggia sulla guancia destra, tu porgigli anche l'altra; e a chi ti vuole portare in tribunale per toglierti la tunica, tu lascia anche il mantello. E se uno ti costringe a fare un miglio di strada, tu fanne due con lui. Da' a chi ti chiede un prestito: non voltargli le spalle».

Giuda Iscariota guardò Simone Zelota e gli fece segno di non avere capito. Poi bisbigliò: «Che cosa vuole dire?».

Simone Zelota alzò le spalle per indicare che anche per lui quelle parole non erano chiare. Gesù intuì la loro incertezza e sottolineò: «Fu detto: "Amerai il tuo prossimo e odierai il tuo nemico"; ma io vi dico: "Amate i vostri nemici e pregate per i vostri persecutori", perché siete figli del Padre vostro celeste, che fa sorgere il suo sole sia sopra i malvagi, sia sopra i buoni, e fa piovere sopra i giusti e sopra gli ingiusti. Infatti, se amate soltanto quelli che vi amano, quale merito avete? Non fanno così anche i pubblicani? E se date il saluto soltanto ai vostri fratelli, che cosa fate di straordinario? Non fanno così anche i pagani? E se fate del bene a coloro che vi fanno del bene, che merito avete? Anche i peccatori si comportano così. E se prestate a coloro da cui sperate di ricevere, che merito ne avete? Anche i peccatori concedono prestiti ai peccatori per riceverne altrettanto. Siate voi dunque misericordiosi, come è misericordioso il Padre vostro celeste. Siate perfetti, come è perfetto il Padre».

Gesù lesse nei loro occhi che avevano capito ma si accorse anche che Giuda Iscariota era rimasto sconcertato quando aveva detto di porgere l'altra guancia al nemico. "Lui si sente un combattente, mi aspettavo che restasse perplesso", pensò prima di proseguire: «Può forse un cieco guidare un altro cieco? Se lo fanno non cadranno tutt'e due in una buca? Il discepolo non ne sa più del maestro; ma se viene ben preparato, può diventare come il suo maestro. Perché guardi la pagliuzza che è nell'occhio del tuo fratello, e non t'accorgi della trave che è nel tuo? Come puoi dire a tuo fratello: "Permetti che tolga la pagliuzza che è nel tuo occhio", e tu non vedi la trave che è nel tuo? Ipocrita, togli prima la trave dal tuo occhio e allora potrai vederci bene mentre togli la pagliuzza dall'occhio del tuo fratello».

Le sue parole avevano l'irruenza di un fiume in piena. Passava da un argomento all'altro senza sosta, come se avesse fretta di finire o temesse che si stancassero e se ne andassero. Invece più il discorso della montagna andava avanti, più la gente stava assorta e ferma sui sassi che non sentiva appuntiti e scomodi. Continuò: «State attenti a non fare le vostre buone opere davanti agli uomini per essere ammirati, altrimenti non avrete ricompensa presso il Padre vostro che è nei cieli. Quando dunque fai l'elemosina, non suonare la tromba, come fanno gli ipocriti nelle sinagoghe e nelle strade per essere lodati dagli uomini. In verità vi dico: hanno già ricevuto la loro ricompensa. Quando invece tu fai l'elemosina, non sappia la tua sinistra ciò che fa la tua destra, perché la tua elemosina resti segreta; e il Padre tuo, che vede nel segreto, ti ricompenserà.

«Quando pregate, non siate come gli ipocriti che amano pregare stando in piedi nelle sinagoghe e negli angoli delle piazze, per essere visti dagli altri. In verità vi dico: hanno già ricevuto la loro ricompensa e non sarà quella che speravano. Tu invece, quando preghi, entra nella tua camera e, chiusa la porta, prega il Padre tuo nel segreto; e il Padre tuo, che vede nel segreto, ti ricompenserà.

«Pregando poi, non sprecate parole come i pagani, i quali più parlano, più credono di venire ascoltati. Non siate dunque come loro, perché il Padre vostro sa di quali cose avete bisogno ancor prima che gliele chiediate. Voi dunque pregate così».

Allargò di nuovo le braccia e le innalzò al cielo, insieme ai suoi dolcissimi occhi azzurri che brillarono toccati dai raggi del sole, e la sua voce tuonò nel silenzio:

«Padre nostro che sei nei cieli,
sia santificato il tuo nome;
venga il tuo regno;
sia fatta la tua volontà,
come in cielo così in terra.
Dacci oggi il nostro pane quotidiano,
e rimetti a noi i nostri debiti
come noi li rimettiamo ai nostri debitori,
e non ci indurre in tentazione,
ma liberaci dal male».

Riportò lo sguardo a terra e incrociò le mani sul cuore. Continuò: «Se voi infatti perdonerete agli uomini le loro colpe, il Padre vostro perdonerà anche voi; ma se voi non perdonerete, neppure il Padre vostro perdonerà le vostre colpe. E, quando digiunate, non assumete un'aria malinconica come gli ipocriti, che si sfigurano la faccia per fare vedere che digiunano. In verità vi dico: hanno già ricevuto la loro ricompensa. Tu invece, quando digiuni, profumati la testa e lavati il volto, perché la gente non veda che tu digiuni. Deve vedere solo tuo Padre; e il Padre tuo, che vede nel segreto, ti ricompenserà».

Si avvicinò a una donna ricoperta di monili preziosi, appoggiò la mano sulla sua testa e disse: «Non accumulate tesori sulla terra, dove tignola e ruggine distruggono e dove i ladri scassinano e rubano; accumulate invece tesori nel cielo, dove né tignola né ruggine consumano, e dove i ladri non scassinano e non rubano. Perché là dov'è il tuo tesoro, sarà anche il tuo cuore.

«Perciò vi dico: per la vostra vita non affannatevi di quello che mangerete o berrete, e neanche per il vostro corpo, di quello che indosserete; la vita forse non vale più del cibo e il corpo più del vestito? Guardate gli uccelli del cielo: non seminano, né mietono, né ammassano nei granai; eppure il Padre vostro celeste li nutre. Non valete voi forse più di loro? E chi di voi, per quanto si dia da fare, può aggiungere un'ora sola alla sua vita? E perché vi affannate per il vestito? Osservate come crescono i gigli del campo: non lavorano e non filano. Eppure io vi dico che neanche Salomone, con tutta la sua gloria, vestiva come uno di essi. Ora se Dio veste così l'erba del campo, che oggi c'è e domani verrà gettata nel fuoco, non farà assai di più per voi, gente di poca fede? Non affannatevi dunque dicendo: "Che cosa mangeremo? Che cosa berremo? Che cosa indosseremo?". Di tutte queste cose si preoccupano i pagani; il Padre vostro celeste infatti sa già che ne avete bisogno. Cercate prima il regno di Dio e la sua giustizia, e tutte queste cose vi saranno date in aggiunta. Non affannatevi dunque per il domani, perché il domani avrà già le sue inquietudini. A ciascun giorno basta la sua pena.

«Chiedete e vi sarà dato; cercate e troverete; bussate e vi sarà aperto; perché chiunque chiede riceve, e chi cerca trova e a chi bussa sarà aperto. Chi, tra di voi, al figlio che gli chiede un pane, darà una pietra? O se gli chiede un pesce, darà una serpe? Se voi dunque, che siete cattivi, sapete dare cose buone ai vostri figli, quanto più il Padre vostro che è nei cieli darà cose buone a quelli che gliele domandano!».

Respirò profondamente, li guardò negli occhi girando la testa a destra e a sinistra, abbassò il tono e concluse: «Non chiunque mi dice: "Signore, Signore", entrerà nel Regno dei Cieli, ma colui che fa la volontà del Padre mio che è nei cieli. Perciò chiunque ascolta queste mie parole e le mette in pratica, è simile a un uomo saggio che ha costruito la sua casa sulla roccia. Cadde la pioggia, strariparono i fiumi, soffiarono i venti e si abbatterono su quella casa, ed essa non cadde, perché era costruita sopra la roccia. Chiunque ascolta queste mie parole e non le mette in pratica, è simile a un uomo stolto che ha costruito la sua casa sulla sabbia. Cadde la pioggia, strariparono i fiumi, soffiarono i venti e si abbatterono su quella casa, ed essa cadde, e la sua rovina fu grande».

Gesù finì di parlare e intorno lasciò il silenzio. Volevano tutti riflettere sulle sue parole. Un leggero venticello serale cominciava a portare un po' di fresco e l'aria sembrava più pulita: sapeva di buono. Il cinguettio degli uccelli si risvegliò improvvisamente. E scoppiò un boato. Migliaia di mani applaudirono. «Sono state parole bellissime», disse Giovanni guardando estasiato i suoi compagni. La gente a gruppi cominciò a disperdersi, fermandosi di tanto in tanto a riflettere e commentare.

Solo Giuda Iscariota continuò a essere perplesso e amareggiato: «Maestro, pensi veramente le cose che hai detto: "Dobbiamo perdonare i nostri nemici"? Ma tu ci avevi detto che non eri venuto per portare la pace, ma la spada. Perché ora dici che, se uno mi percuote una guancia, devo offrirgli anche l'altra. Non capisco più».

«Lo so, Giuda Iscariota. Non sei soltanto tu a non capire. Tanti qui si sentono confusi. Non è facile capire: ma ci sarà qualcuno dopo di me che interverrà con il suo spirito a fare capire le parole che ora non si capiscono. Sappiate che, se seguirete ciò che ho detto, avrete la vita eterna. E, quando capirete, tutte le porte per voi si apriranno. Chiederete e vi sarà dato; cercherete e troverete; busserete e vi sarà aperto. Sarà questa la ricompensa che riceverete per avere seguito i miei insegnamenti e per essere stati scelti come miei apostoli».

Si incamminò. Per la prima volta il suo passo sembrò stanco e la schiena era piegata in avanti come se non reggesse più il peso della fatica di un giorno difficile anche per lui. «Venite, ho finito», fece segno agli apostoli di seguirlo. Giuda Iscariota restò seduto a pensare con lo sguardo carico di delusione: "Le ha chiamate beatitudini, ma dentro di me è scoppiato un temporale. Come potremo cacciare i romani con i suoi insegnamenti? Come può mettersi a capo di noi ebrei se pensa di porgere l'altra guancia?".

Anche Simone Zelota era perplesso. Strinse la mano di Giuda Iscariota, lo aiutò ad alzarsi e gli disse: «Non bisogna riflettere. Bisogna solo avere fede in lui. Gesù sa quello che è giusto».

23

I farisei, che spiavano Gesù, riferirono ai sacerdoti del Sinedrio il lungo discorso della montagna. «Erano tanti ad ascoltarlo, e tutti pronti a seguirlo», conclusero. «È un chiaro messaggio politico», commentò con rabbia il Sommo Sacerdote, Caifa. «Altro che profeta: Gesù di Nazaret è un sovversivo. Vuole il potere. Quando parla di regno pensa veramente al trono. Informerò subito Erode Antipa di ciò che sta accadendo in Galilea. Tocca a lui intervenire. Questo nazareno opera nel suo territorio, è lì che è nato e da lì ha avuto inizio questa ribellione».

Caifa congedò i suoi informatori e prese penna e foglio: scrisse una lettera di fuoco e la inviò ad Erode Antipa che la lesse ma, senza alcun commento, la bruciò. Disse solo: «Non voglio più essere immischiato in storie di profeti e di Messia. Falsi o veri che siano».

Intanto, dopo un lungo e tortuoso cammino, un'ora prima del tramonto, Gesù e i suoi dodici apostoli arrivarono a Magdala, sulla sponda del lago di Tiberiade. Tra la folla che li aspettava c'era un ricchissimo commerciante, un fariseo di nome Simone, che andò incontro a Gesù.

«Maestro, voglio festeggiare il tuo ritorno e quello dei tuoi discepoli».

Gesù, che non rifiutava mai gli inviti, perché gli permettevano di incontrare sempre nuove persone e di predicare anche mentre si mangiava, accettò anche questa volta.

«Maestro, no», disse Simon Pietro che conosceva tutti nella zona intorno a Cafarnao. «No, Maestro, non accettare», ripeté. «È un fariseo della più brutta specie. Lo conosco bene, ha tanti soldi e paga bene il mio pesce. Ma è anche un uomo pericoloso, difende ladri e assassini. Se ti sta invitando a casa sua, è per tenderti una trappola. È un leguleio, sì, un avvocato. Conosce tutti i cavilli della legge. Una volta è riuscito a fare assolvere un ladro che aveva ucciso un uomo. "Era al buio", disse al giudice. "Non poteva vedere chi c'era né dove colpiva". Il Sinedrio spesso si serve di lui per scovare cavilli e accusare qualcuno di oltraggio alla religione per farlo condannare alle più severe punizioni o addirittura alla morte».

Anche Matteo, che aveva conosciuto il fariseo Simone quando faceva l'esattore, lo mise in guardia: «Maestro, Simon Pietro ha ragione. Rischi di cadere in una trappola pericolosa».

«Non abbiate paura», li rassicurò Gesù. «Non ho nulla da temere. So bene chi è».

Gesù entrò nella casa preceduto dal fariseo Simone che disse: «Guarda i fregi alle pareti, i mobili e le suppellettili. Credimi, questa è la più bella casa della Galilea». Mentre mostrava gli arredi, i suoi servi fecero entrare da una porta retrostante, in modo che non fosse vista, una prostituta, assidua frequentatrice della casa. Il fariseo la invitava spesso per fare divertire i suoi ospiti.

«Vieni vicino a me», disse Simone a Gesù, e fece sistemare gli apostoli nel lato opposto della sala per tenerli lontano. Il pasto fu frugale: un po' di riso bollito, verdure e vino di scarsa qualità.

Avevano appena iniziato a mangiare, quando nella stanza entrò la prostituta. Teneva la testa bassa, con il nero dei suoi capelli che metteva in risalto il pallore del suo viso: un bianco glaciale, sai, lettore, come quello che vedi soltanto nelle statue di donne della Grecia antica. La sua tunica era accesa come il rosso del fuoco e arricchita da monili pesanti che scendevano dal collo fino alla vita. Era alta, ma la schiena era piegata dai segni dell'imbarazzo e della timidezza. Era bella, anche se la stanchezza le segnava gli occhi rendendoli spenti e malinconici: occhi di una donna che esprimevano umiliazione mista a sofferenza.

«Che ci fa questa prostituta qui?», si domandarono sospettosi gli apostoli guardandola.

Anche Gesù la guardò e la riconobbe: era la Maddalena, che aveva incontrato quando era ragazzo.

Lei non alzò gli occhi dal pavimento e non poté vedere il suo sorriso, nemmeno quando si avvicinò. «Mi hanno detto che devo farti divertire», disse lei. «Ordina pure: che cosa vuoi che faccia per te?». La voce era triste, roca, spenta e soprattutto assente: come se non fosse collegata al cuore e alla mente, ma arrivasse da lontano, molto lontano.

Gesù sorrise ancora: «Non mi riconosci?». Lei alzò gli occhi, lo guardò e scoprì occhi azzurri dolcissimi che trasmettevano bontà, amicizia, amore. Non vide, per la prima volta, nello sguardo di uomo, il desiderio e la libidine. Fu una sensazione nuova che le creò imbarazzo perché quella dolcezza la fece sentire sporca. E abbassò di nuovo gli occhi, chiedendo: «Ci siamo già conosciuti?».

Gesù le tese la mano per avvicinarla: «Ma certo, non ti ricordi, Maddalena?».

Lei rabbrividì, alzò gli occhi e incrociò i suoi, si emozionò, riempì la sua voce di calore: «Come sai questo nome?».

«Non è il tuo nome, Maddalena?», fu ancora dolcissimo Gesù.

«Il mio nome è Maria. Mi chiamavano Maddalena quando ero giovane perché sono di Magdala. Allora abitavo a Nazaret, ma me ne andai da lì tanti anni fa e poi per tutti sono sempre stata Maria».

«Ti ho conosciuto, a Nazaret, proprio a Nazaret, quando eri la Maddalena».

«Come può essere? A quel tempo tu eri solo un ragazzo. Come potevi venire con me?».

«Non ricordi? Ero con gli amici che tiravano sassi contro la tua casa e ti dissi che ci saremmo incontrati ancora. Eccomi qui».

La Maddalena con emozione frugò nei ricordi, rivide la sua vecchia casa, cercò facce, parole, peccati, sensazioni finché l'incontro affiorò nella sua mente nitido, reale, vicino: «Ma tu allora... tu... tu... sei...».

«Sì, sono proprio io, Maddalena: Gesù».

Parlarono a bassa voce, nessuno poteva sentirli. Però li guardavano: il fariseo subdolamente, perché pensò che Gesù stesse per compromettersi, abbagliato dal fascino della prostituta; gli apostoli con sconcerto, perché temettero che il Maestro stesse cadendo in una trappola. Ma Gesù non badò ai loro occhi che indagavano sulle sue labbra per carpire le sue parole, né si sorprese per il brusio che si sollevò quando la Maddalena si gettò ai suoi piedi, li bagnò con l'acqua, ma anche con le sue lacrime, poi incominciò a massaggiarli. Il brusio si spense e lasciò il posto a un silenzio di stupore, di imbarazzo, di scandalo. Fu Simone, il fariseo, a interromperlo con un'accusa gridata con disprezzo: «Se tu fossi veramente un profeta, sapresti che questa donna che ti tocca è una prostituta e non le concederesti di lavare i tuoi piedi. Questo è il lavoro delle prostitute, dovresti saperlo». Poi infiammò la sua voce facendola vibrare, per additare a tutti lo scandalo a cui stavano assistendo: «Non puoi ignorarlo, alla tua età, e invece sembri godere della compagnia di questa Maria».

Gesù non rispose e sorrise invece alla Maddalena che spalmò un unguento profumato, raccolto in un vasetto d'alabastro, sui piedi che le offriva con tenerezza. La Maddalena lo fece sconvolta da un pianto irrefrenabile che le strozzava la gola e rendeva il suo respiro ansimante. Non ascoltò né il brusio né la protesta, continuò a massaggiare, sentendo alle sue spalle tutti gli occhi puntati su di lei. Poi asciugò i piedi con i suoi lunghi capelli, si alzò, restò ferma, con gli occhi che non osavano guardare nessuno. Aveva voglia di scappare, aspettando che qualcuno parlasse per dirle che cosa dovesse fare. Parlò Gesù, lasciando Simone il fariseo incredulo, stizzito, offeso: «Vieni, Maddalena. Dobbiamo parlare». Uscì dalla stanza e lei lo seguì. Si sedettero su una panchina in giardino. Lei, ancora piangendo, nascose il viso tra le mani. «Ho sentito tanto parlare di Gesù il Messia, ma non avrei mai potuto immaginare che fossi tu, il ragazzo che conobbi tanti anni fa. Perdonami... Potrai mai perdonarmi?».

«Perdonarti, Maddalena? E di che cosa?», sussurrò lui

accarezzandole il capo come fa un padre con la figlia quando è addolorata.

«Perché ho tanto peccato e ho osato venire vicino a te pensando che tu... che tu... Come ho potuto? Perdonami».

«Maddalena, sono io che devo essere perdonato da te, se non sono venuto a cercarti prima».

«Non dire così... Tu, il Messia, non devi chiedere perdono a me», mormorò, mettendo le sue mani davanti alle sue labbra, ma senza osare toccarle, per farlo tacere. «Ho tanto peccato, sai... Ma cercai di cambiare vita, dopo che ti incontrai. È vero, credimi: cercai. Ma trovai tutte le porte chiuse. Sono stata cacciata come se fossi una lebbrosa: di giorno, anche da quegli stessi uomini che poi mi cercavano la notte. Ed eccomi qui, come tanti anni fa: ma ora ho una pietra al posto del cuore, e la speranza è una parola che non esiste più».

«La speranza, Maddalena, non è di questa terra. La speranza è lassù, Maddalena, nel Regno dei Cieli».

«Conosco le cose che dici. Mi hanno raccontato il tuo discorso della montagna. Però ho capito che per me si possono aprire solo le porte del regno di Satana».

Gesù questa volta rise. «Maddalena... Maddalena... E tu dici di avere capito il significato delle mie parole su quel monte?».

Lei non rispose perché il suo pianto era diventato convulso e le strozzava la voce.

«Ascolta, Maddalena», fu paterno Gesù. «Tu hai peccato, ma sei pentita e sono sicuro che non vorrai più peccare».

«No... No... Questo no... Non peccherò mai più... Non so che cosa farò, come vivrò, dove andrò... Ma nessun uomo più mi toccherà». Alzò il tono della voce, frenò il pianto, fu decisa e glaciale: «Piuttosto morirò di fame».

«Maddalena, ritrova la speranza. Il Padre mio che è nei cieli comprende e sa perdonare i peccatori».

«Ma allora... allora», per la prima volta sorrise e riaprì il cuore per accogliere la speranza. «Il Padre tuo potrebbe accogliere nel suo regno anche una come me?».

«Non è solo il Padre mio», la rassicurò Gesù. «È anche il Padre tuo. Credi che un padre non sappia perdonare anche il figlio che ha perduto la strada?».

La Maddalena sentì che, dentro di sé, il macigno era tornato cuore e si gettò ai suoi piedi: «Farò tutto quello che mi dici... Ma io potrò seguirti, diventare la tua serva?».

«Non sarai più serva di nessuno su questa terra. Sarai solo una serva del Padre nostro, solo di lui».

«Oh, Gesù... Come sei buono».

«Io parlo per bocca del Padre che è nel Regno dei Cieli e che è buono, perché ama te come ama tutti quelli che sanno pentirsi dei loro peccati».

«Dimmi allora che cosa devo fare e lo farò».

«Andrai da mia madre e le starai sempre vicino. Come una figlia».

«Tua madre, Gesù? Io non oso. Come potrà tenermi accanto a sé, quando le diranno come ho vissuto?».

«La madre mia non darà ascolto a ciechi che non sanno vedere il pentimento che c'è nei tuoi occhi. Fai come ti ho detto. Ora alzati, torniamo di là».

Entrarono nella stanza, sfidando gli sguardi carichi di sconcerto del fariseo, degli apostoli, degli ospiti. Gesù fu deciso: «Ho perdonato i peccati di questa donna».

Gli apostoli sorrisero mentre gli occhi incrociarono quelli di Gesù per dire: «Ciò che hai deciso, per noi è giusto».

«Questa donna verrà accolta da mia madre come una figlia», disse Gesù, poi guardò con tenerezza la Maddalena: «Ora vai in pace. Vai da lei: so già che mia madre ti sta aspettando». Lei si avviò verso la porta d'uscita, camminando, questa volta, eretta, fiera, sicura, tranquilla: la nuova vita la stava aspettando.

Lei uscì lasciando nella stanza gli ospiti eccitati da un'indignazione che sfociò in una protesta generale. «Ci hai offesi», gridò Simone il fariseo. «E hai offeso la mia casa che ti ha dato ospitalità. Tu non immagini che vita ha fatto quella donna. Chi ti credi di essere tu, per perdonare peccati così gravi?».

Gesù restò calmo: «So chi è questa donna. Se ha fatto questa vita, non è stata sua la colpa. È di coloro che hanno approfittato di lei sin da bambina e non le hanno fatto capire che l'amore per un uomo, quello vero, è diverso. E la colpa è anche di quelli come te, che le chiedono amore in cambio di denaro. Lei oggi ha capito di avere sbagliato». Poi alzò il tono della voce e continuò: «C'era un uomo che aveva due debitori cui aveva prestato del denaro. Uno gli doveva mille, l'altro cento. Nessuno dei due sapeva come restituirli. Un giorno il creditore spinto dalla generosità condonò il debito a entrambi».

«Generoso!», ironizzò Simone.

«Sì, generoso», confermò Gesù. «Ma ora rispondimi. Chi dei due gli sarà più grato? Quello cui ha condonato mille oppure quello cui ha condonato cento?».

«È evidente», rispose il fariseo. «Quello cui è stato condonato di più».

«Hai ragione», approvò Gesù. «Ma ora, da uomo di Legge come ti consideri, ascoltami. Sono entrato nella tua casa e tu hai preparato un pasto frugale, senza offrirmi le vivande abbondanti che si offrono agli ospiti che si rispettano: perché per te non sono un ospite di riguardo. Tu non mi hai dato il bacio di benvenuto, nonostante arrivassi per la prima volta a casa tua. Tu non mi hai fatto sentire il tuo rispetto: lei, la Maddalena, lo ha fatto, dimostrandomi il suo pentimento».

Poi si infuriò: «Ma non hai visto le sue lacrime? Sei forse cieco? Ne ha versate tante, mentre lavava i miei piedi, perché riviveva i suoi peccati. Si è redenta. Non capisci che il suo non è stato il gesto di una prostituta? Lei mi ha voluto dimostrare la sua fedeltà e le sue lacrime dimostravano che in passato aveva sempre lavato i piedi con la disperazione nel cuore. Tu non capisci che lei ha bisogno di dare e di ricevere amore. Anche da te avrebbe voluto amore, ma tu le hai dato soltanto il tuo denaro. Per questo ti dico: lei ha molto peccato ma è stata perdonata perché ha molto amato. E ricordati, Simone», continuò Gesù con voce sempre più irritata, «si perdona poco a colui che ama poco. E si perdona molto a chi ama molto». Lo guardò con occhi glaciali e, indicando agli apostoli di seguirlo, sottolineò esausto: «Molto, come Maddalena».

Salutò freddamente, ringraziò per la cena, uscì. Fuori la Maddalena, nascosta tra la folla, lo vide passare e sussurrò: «Gesù, non ti lascerò mai. Ti seguirò fino alla morte».

24

Erano passati quasi due anni da quando aveva iniziato la sua vita pubblica. Gesù, nonostante avesse solo trentadue anni, temeva di non fare in tempo a compiere tutto quello che aveva in mente.

«Il tempo scorre veloce», confidò a Simon Pietro mentre uscivano dalla sua casa, «e ho paura di non farcela a insegnare le cose che vi serviranno quando non ci sarò più».

«Maestro, non parlarci così. Sei più giovane di molti di noi, di me, di Bartolomeo, di Filippo. Soltanto Tommaso e Giovanni hanno meno della tua età. Abbiamo tanto tempo per stare insieme».

Gesù sospirò: «Lasciarvi sarà molto doloroso per me, Simon Pietro, ma è necessario che tutto si compia come è stato deciso lassù. Quindi dobbiamo stare insieme il più possibile».

Arrivarono sulla spiaggia. Gesù, vedendo ancora la moltitudine di gente che era lì ad aspettarlo, disse ai discepoli di salire sulla barca e di passare dall'altra parte del lago. Nonostante l'inverno si stesse avvicinando, l'acqua era calma.

Approdarono nel paese dei geraseni. Appena Gesù mise piede a terra, gli corse incontro un uomo. Era nudo ed era solo. Gli abitanti sembravano scomparsi. Le porte delle case erano sbarrate. Soltanto un altro uomo arrivò da lontano agitando le braccia: «È un indemoniato, state lontani». Poi si avvicinò agli apostoli e spiegò: «In questo villaggio da anni, per colpa sua, le donne non escono mai da sole dalle case. Anche gli uomini hanno paura di incontrarlo. Da quando Satana si è impossessato di lui vive come un animale».

«Come un animale?», si incuriosì Giovanni.

«Sì, proprio così. Non ha casa, né parenti. Gira nudo e dorme tra i sepolcri».

Giovanni rabbrividì.

«Molte volte lo abbiamo legato con catene, ma i demoni, che sono in lui, lo hanno sempre liberato».

Gesù si avvicinò all'indemoniato: «Qual è il tuo nome?».

L'uomo cercò di aggredirlo con un sasso. Gesù non ebbe paura, restò immobile, con lo sguardo fermo.

L'uomo lasciò cadere il sasso: «Che cosa sei venuto a fare? Lasciaci tranquilli».

«Ti ho detto: qual è il tuo nome?», domandò Gesù, ma questa volta gridò.

«Legione», rispose con la voce che sembrò un tuono.

«Perché questo nome?».

«Siamo tanti dentro di lui», fu minaccioso l'uomo. «E non abbiamo paura di te. Che cosa vuoi da noi? Che cosa sei venuto a fare?».

Gesù continuò a sfidarlo con il suo sguardo.

«Che cosa vuoi da noi, figlio del Dio Altissimo? Non credere di farci paura con questi tuoi occhi».

Gesù continuò: «Demoni: lasciate quest'uomo».

«Non lo faremo», rispose l'indemoniato con un insieme di voci stridule e fastidiose, come se in lui ci fossero più esseri. «Quest'uomo ormai è nostro. Lo possediamo da quando aveva quindici anni. Gli abbiamo fatto commettere turpitudini che neanche a Sodoma e a Gomorra hanno conosciuto».

«Voi siete dei demoni: sapete chi sono io?».

«Sì, lo sappiamo. Sei il figlio di Dio sceso sulla Terra».

«E allora, giacché sapete chi sono io, vi ordino di lasciare quest'uomo».

L'uomo contorse la bocca in una smorfia di rabbia, vomitò saliva nera come la pece, gridò: «Vattene. Ti odiamo. Non vogliamo avere a che fare con te».

«Ho detto di lasciare quest'uomo!», urlò così forte Gesù che gli apostoli impauriti tornarono indietro e saltarono sulla barca. Ma l'uomo, come ferito da quell'urlo, crollò a terra, si rivoltò nella sabbia e i demoni che erano in lui parlarono: «Signore, non mandarci però negli abissi del lago. Lasciaci entrare in quel branco di porci».

Gesù capì che, se li avesse fatti annegare nel lago, anche l'uomo sarebbe morto e non lo voleva. «Allora, Legione, abbandonate quest'uomo e andate a rifugiarvi in quella mandria di porci», ordinò.

Gli apostoli rabbrividirono di paura e si abbracciarono, ognuno cercando coraggio nel calore del corpo dell'altro: videro i porci improvvisamente impazzire, correre da una parte all'altra, lanciarsi a precipizio dentro il lago e morire affogati. I guardiani, che stavano nascosti, rimasero talmente impressionati che fuggirono verso la città. Quando tornarono, videro l'uomo, dal quale erano usciti i demoni, parlare tranquillamente con Gesù.

«Maestro, ho commesso tanti peccati», confessò l'uomo. «Anche contro natura. Volevo godere di tutti i piaceri. Fino a quando non sono riuscito più a tornare indietro, mi sono annullato come uomo e mi sono comportato come un animale».

«Il demonio era entrato in te», lo confortò Gesù. «Anzi molti demoni si erano impossessati di te. Uno per ogni peccato che avevi commesso. Ora sei libero. Non peccare più».

Restarono tutti in silenzio, turbati, ansimanti. Solo Gesù era calmissimo, come se niente fosse successo e, poiché il sole stava tramontando, disse ai discepoli che era ora di tornare a Cafarnao. Salirono sulla barca e Gesù, vinto dalla stanchezza, durante la traversata si mise in disparte, poi si raggomitolò su se stesso e prese sonno.

Gli apostoli si assicurarono che non sentisse e, finalmente, bisbigliarono tutti insieme quel che avevano tenuto dentro dal pomeriggio e che sentivano pesare come un macigno.

«I demoni lo hanno chiamato figlio di Dio», Simon Pietro fu il primo a parlare. «E lui non ha negato», sottolineò Taddeo.

«Ci ha detto tante cose, perché, se è il figlio di Dio, ce lo ha tenuto nascosto?», domandò Tommaso aspettando da qualcuno la risposta che non arrivò perché un tuono improvviso li fece balzare in piedi. Si alzarono venti impetuosi e incresparono le acque del lago che si sollevarono in onde gigantesche, spingendo la barca in alto e in basso e facendo ruzzolare gli apostoli uno addosso all'altro. I fulmini squarciavano le nubi nere, che correvano veloci scontrandosi, e schiarivano il nero del cielo con una luce cupa che minacciava una tempesta senza fine. Acqua e grandine precipitarono dal cielo riempiendo la barca che rischiava di capovolgersi.

Gli apostoli, quasi tutti esperti pescatori, non avevano mai visto niente di simile e credettero che il lago fosse impazzito. «Guardate là», gridò Taddeo. Tremanti e sbalorditi, videro lontana un'onda altissima trascinata, con l'assordante rumore dei venti, contro la barca. Pensarono che l'acqua del lago non potesse alzarsi così in alto per forza della natura e che a minacciarli fosse una forza del male. «Tenetevi forte, ci farà capovolgere!», gridò Simon Pietro.

La paura li aveva paralizzati e nessuno si era preoccupato di vedere che cosa facesse Gesù mentre la barca stava per affondare.

Fu Giovanni che lo cercò con gli occhi e vide che la tempesta non aveva disturbato il suo sonno. Allora gridò: «Tu dormi mentre qui stiamo andando a fondo! Siamo perduti. Gesù... Gesù... Stiamo affondando. Annegheremo tutti. Salvaci!».

Gesù aprì gli occhi e lo guardò assonnato. Si alzò in piedi con calma e non perse l'equilibrio anche se la barca ondeggiava impetuosamente: «State tranquilli», li rassicurò. «Ci sono io con voi. Che cosa temete?».

«Maestro, Maestro, affondiamo!», urlò Matteo.

Gesù restò in piedi, mentre gli apostoli si distesero a terra con le mani sulla testa: l'onda gigantesca era arrivata. Credevano di venire sommersi e invece si sentirono sollevare da un dolce movimento che sembrava un dondolio. Aprirono gli occhi e si accorsero che l'acqua era dietro di loro: la barca era salita sulla cima dell'onda e lentamente stava scivolando dall'altra parte, giù verso il lago.

Gesù guardò il cielo, alzò le braccia e ordinò: «Vento, flutti, calmatevi».

Il vento si placò, l'acqua si appiattì e la barca riprese la sua navigazione. Gesù rimase in piedi in silenzio, poi quando vide che erano tornati tranquilli, li sgridò amareggiato: «Dov'è la vostra fede? È questa la fiducia che avete in me?».

Gli apostoli restarono sbalorditi. «È proprio il Messia», commentò felice Giuda Iscariota. «Il regno di Israele è vicino. Niente e nessuno potrà fermarlo».

«È proprio il figlio di Dio», dissero Simon Pietro e Giovanni. «Sì, proprio come ha detto Satana quando era in quell'uomo», ribadì Andrea.

«Ma, se è il figlio di Dio, perché non ce lo ha detto?», insistette dubbioso Tommaso.

«Perché non aveva bisogno di dircelo, se lo abbiamo capito da soli», concluse Simon Pietro.

Gesù da quel giorno decise di imporre alla sua missione un ritmo più intenso. Si confidava spesso con Simon Pietro, che considerò con il passare del tempo il suo apostolo più autorevole. Una mattina gli disse: «Dobbiamo fare sentire la nostra voce anche in zone più lontane».

«Maestro, qui siamo al sicuro. Se ci allontaniamo, ho paura che tu possa fare la fine del Battista. Abbiamo saputo che, oltre ai sommi sacerdoti di Gerusalemme, anche Erode Antipa ti sta facendo spiare».

«Sì, lo so», confermò Gesù. «Teme che io, come Giovanni Battista, condanni la sua vita dissoluta. Non capisce che io sono sulla Terra per altri compiti. Ma so per certo che le nostre strade presto si incontreranno».

Per evitare le spie mandate dal Sinedrio, spesso Gesù si spostava con i suoi apostoli da un luogo all'altro con il favore delle tenebre. Di giorno predicava nella sinagoga di una città, la sera si allontanava e la mattina seguente appariva in un altro villaggio.

«Non possiamo sempre fuggire», disse Simon Pietro dopo una giornata particolarmente faticosa.

«Sì», ammise Gesù. «È arrivato il momento di reagire. Basta fuggire. La folla che ci segue è sempre più stanca e sbandata. Però è arrivato il momento di mettervi alla prova e di verificare se avete appreso i miei insegnamenti. Andate in giro senza di me e predicate l'arrivo del regno di Dio in mio nome. Ma non andate a parlare con scribi, farisei, samaritani. Sono ancora troppo forti per voi. Vi do il potere e l'autorità di cacciare i demoni e di guarire i malati. Mi raccomando, non accettate nessuna ricompensa per i vostri prodigi. La vostra missione è comunicare che il Regno dei Cieli è vicino. Portate con voi solo lo stretto necessario per sopravvivere».

«Gesù, ci lasci andare da soli?», lo interruppe timidamente Giovanni.

«Sì, Giovanni. Andrete in giro senza di me ma per me. Non vi lascerò mai soli. Sarò sempre con voi, anche se non mi vedrete. Su, andate, avete imparato abbastanza con me. Ora mettete in pratica i miei insegnamenti. Non prendete nulla per il viaggio: né bastone, né bisaccia, né pane, né denaro, né tunica di ricambio. Accettate l'ospitalità che vi verrà offerta. Se qualche città non vi accetterà, non preoccupatevene. Allontanatevi e, uscendo dalla città, scuotete la polvere dalle vostre vesti e dai vostri calzari. Io vi mando come pecore in mezzo ai lupi. Siate accorti come serpenti e candidi come colombe. Non preoccupatevi di ciò che direte e di come lo direte. Sarà lo Spirito Santo a guidarvi. Ora andate. Dividetevi».

Gesù, dopo tanto tempo, per la prima volta rimase veramente solo. Era ormai abituato a essere circondato dai suoi apostoli e, lontano da loro, si sentì malinconico. Comunque, anche quella mattina uscì per recarsi nella sinagoga. La moltitudine della gente non lo spaventò. Trovò uno spiazzo libero e si sedette su una grossa pietra. Le persone formarono un grande cerchio intorno a lui. Un giovane ricco si alzò: «Maestro, che cosa devo fare per conquistare la vita eterna?». Gesù rimase in silenzio a guardarlo mentre aspettava la risposta. «Che cosa devo fare, Maestro?», ripeté il giovane ricco.

Gesù rispose: «Basta poco per conquistare il Regno dei Cieli: vendi tutto e seguimi». Il ricco si sedette pensieroso, ma, poco dopo, tra il brusio generale, si rialzò e si allontanò. «Vedete», commentò Gesù, «è più facile che un cammello entri nella cruna di un ago che un ricco nel Regno dei Cieli. E io in verità vi dico, se avete troppe ricchezze datele un po' ai poveri: usatele per farvi degli amici e così guadagnerete il Regno dei Cieli».

Alcuni farisei risero e Gesù li rimproverò: «Voi vi fate passare per giusti davanti agli uomini ma Dio conosce i vostri cuori. Sappiate che quello che gli uomini stimano eccelso può essere abominevole davanti a Dio». Anche i farisei, come il giovane ricco, si allontanarono. Allora Gesù trattenne i seguaci raccontando, come era suo solito, una storia: «C'era un ricco che si vestiva di porpora e di oro e se la spassava ogni giorno splendidamente. Davanti alla sua casa c'era un povero di nome Lazzaro che giaceva coperto di piaghe, cercando di saziarsi con le briciole che cadevano dalla sua mensa. Perfino i cani andavano a leccargli le piaghe ma lui, il ricco, non lo considerava. Un giorno il povero morì e fu portato dagli angeli in cielo. Morì poi anche il ricco e fu sepolto. Ma dall'inferno, dove era stato messo tra i tormenti, alzò gli occhi al cielo e vide da lontano Lazzaro che godeva delle gioie divine. Allora gridò: "Padre, abbi pietà di me! Manda Lazzaro a bagnare la punta del suo dito nell'acqua per rinfrescarmi la lingua perché io mi dispero in questo fuoco". "Figlio", rispose il Padre celeste, "ricordati che tu hai goduto dei tuoi beni durante la vita, mentre Lazzaro ha avuto solo i mali e le umiliazioni. Qui le cose sono cambiate. Egli è felice, tu sei invece tormentato". "Padre", disse ancora il ricco, "allora, ti prego, manda Lazzaro nella mia casa, dove ho cinque fratelli, per avvisarli e consigliarli di comportarsi come lui in modo che non vengano anche loro in questo luogo di tormenti". "Hanno le leggi divine", rispose il Padre celeste, "che le seguano". "No, Padre", insistette il ricco. "Si ravvederanno soltanto se qualcuno dei morti andrà a dirlo". Ma il Padre celeste gli replicò: "Se non si fanno convincere dalle leggi divine, pensi che si facciano convincere da uno che è morto?"».

Gesù, quando finì il racconto, si alzò. Era tardi. Da lontano vide i suoi apostoli tornare. Li abbracciò tutti, uno a uno. Erano euforici per le esperienze che avevano vissuto.

«Allontaniamoci», disse. «Voglio che mi raccontiate tutto».

«Andiamo dall'altra parte del lago, a Betsaida, lì staremo al riparo anche dalle guardie di Erode Antipa. Quella terra è governata dal tetrarca Filippo, suo fratello, un sovrano tranquillo che non tiranneggia il suo popolo», disse Simone Zelota.

Attraversarono il lago in barca e durante la navigazione gli apostoli raccontarono le loro esperienze. «Ho fatto camminare uno storpio», diceva uno. «Io, come te, Gesù, ho dato la vista a un cieco», diceva un altro. «È incredibile, Gesù», insisteva ancora un altro. «Tutto quello che ho visto fare a te, sono riuscito a farlo anch'io».

«Io», disse Giovanni, «sono andato a Nazaret e sono stato a trovare tua madre, Maria».

A Gesù brillarono gli occhi. «Come sta? Sta bene?».

«Dice che pensa sempre a te, che prega per te, che piange per te. Quando sono arrivato, l'ho salutata dicendo: "Benedetta sei tu tra le donne. Tu sei sua madre, Maria". E lei mi ha risposto: "Chiunque obbedisce al nostro Padre che è nei cieli è sua sorella, suo fratello, sua madre"».

Gesù si asciugò una lacrima. Poi domandò ancora: «Chi dice la gente che io sia?».

Non interrogò per avere una risposta, ma perché i suoi apostoli gli dimostrassero di averlo capito. Alla domanda tergiversarono, temendo che Gesù non sarebbe stato soddisfatto. Poi Tommaso prese la parola: «Io ho incontrato alcuni che mi hanno detto che tu sei il profeta Elia reincarnato».

Taddeo invece disse: «Io sono stato a Magdala e mi hanno detto che tu sei Mosè redivivo».

Andrea riferì: «Alcuni pensano che tu sei Giacobbe».

Gesù domandò: «Ma tu, Giuda Iscariota, chi dici che io sia?».

«Io dico che tu sei un capo, un grande capo e il più grande di tutti i maestri».

«E tu, Tommaso?».

«Tu sei Gesù di Nazaret».

«E tu, Simon Pietro?».

«Tu sei il Cristo, il Messia. Il figlio di Dio fatto uomo», rispose d'un fiato.

«Hai detto bene e sei stato l'unico. Per questo io dico: beato sei tu, Simon Pietro, perché non ti è stato rivelato da un uomo ma dal Padre mio che è nei cieli. Tu, Simon Pietro, sei duro come la roccia, per questo ti dico che da oggi ti chiamerò solo Pietro». Poi indicò un macigno e continuò: «E su questa pietra io edificherò la mia Chiesa e ti darò le chiavi del mio regno».

«Signore, pietà per i miei peccati, per le mie debolezze», disse tra le lacrime Pietro inginocchiandosi.

«Ti ho perdonato tante volte, Pietro. Ora non hai più bisogno di implorarmi. Tu prenderai il mio posto, quando non ci sarò più».

Il sole cominciava a tramontare e la sera avanzava velocemente. Quando arrivarono sulla spiaggia per tornare a Cafarnao, si accorsero che la folla li aveva seguiti. C'erano migliaia di poveri arrivati da lontano. Fra loro si lamentavano molti malati e avevano sfidato le fatiche del viaggio anche donne e bambini. «E adesso, Gesù», domandò uno degli apostoli, «come facciamo? Ci bloccheranno. Di' loro qualcosa per farli andare via».

«Congeda questa gente», disse Matteo. «Consiglia di andare nelle borgate qui attorno per trovare alloggio e qualcosa da mangiare».

Gesù con tranquillità rispose: «Dategli voi da mangiare».

«Ma, Maestro», rispose preoccupato Matteo, «sono tanti, sono migliaia, forse cinquemila. Noi non abbiamo denaro per comprare cibo».

«Possibile che non abbiamo nulla?», domandò Gesù.

«Nulla, Maestro. E tra di loro vedo solo un bambino che ha nella sua sacca cinque pani e due pesci».

«Basteranno», disse Gesù deciso.

«Come basteranno?», domandò incredulo Tommaso.

Gesù lo guardò severo. Poi ordinò: «Fateli sedere a gruppi di cinquanta».

Gli apostoli lo guardarono meravigliati ma non ebbero il coraggio di contraddirlo. Si mescolarono ai pellegrini e li convinsero a formare dei cerchi di cinquanta persone.

Quando tutti furono seduti, Gesù ordinò: «Portatemi una cesta con quei cinque pani e un'altra cesta con i due pesci».

Nonostante fossero cinquemila persone non si sentì un respiro. Tutti gli occhi si puntarono su Gesù e sulle due ceste che aveva davanti. Gesù alzò le mani al cielo e pregò a lungo. Poi si chinò su una cesta. Infilò la mano dove c'erano i pani, li spezzò e li ripose nella cesta. Poi spezzò i pesci e li ripose nell'altra cesta. «Prendete le due ceste e passate tra la gente distribuendo quel che trovate», ordinò.

Gli apostoli ubbidirono più sbalorditi che convinti. E iniziarono a distribuire. Ma per un pane che distribuivano, un altro ne appariva nella cesta.

«È un miracolo. È un miracolo di Gesù», urlarono tutti, mangiando con avidità. E, quando ogni pellegrino fu sazio, le ceste erano ancora stracolme di pani e di pesci.

25

La moltiplicazione dei pani e dei pesci stupì tutti coloro che si erano sfamati. «Vi rendete conto che cosa è riuscito a fare quest'uomo?», disse uno dei più entusiasti a chi ancora era titubante. «Ha trasformato l'acqua in vino. Ha guarito gli ammalati. E adesso? Eravamo in cinquemila e lui è riuscito a dare cibo a tutti. Quest'uomo può fare tutto, può sterminare eserciti nemici, può attraversare il mare come Mosè. È l'unico degno di essere il nostro re».

«Sì», confermò un altro seguace, «facciamolo nostro re. Basta con la stirpe di Erode e con i romani».

«Sì, avete ragione», intervenne uno mentre si puliva la bocca dopo avere finito il suo pesce. «Questo è veramente il Re dei Giudei di cui parlano le Sacre Scritture. Convinciamolo a essere il nostro re. Nel suo regno nessuno più patirà la fame».

Gesù, dall'alto del masso su cui si era seduto, intuì quel che stavano dicendo e, prima che gridassero pubblicamente di volerlo re, chiamò a raccolta i suoi apostoli. «Andiamo via da qui. Dividiamoci per disorientarli. Non voglio acclamazioni e disordini. Voi salite sulla barca e dirigetevi verso Cafarnao. Io resterò solo e vi raggiungerò».

Remarono nella notte in silenzio, un po' tristi per non essere rimasti con Gesù. Le stelle si riflettevano nell'acqua schiarita dalla luce della luna, creando un'atmosfera di quiete. Non avevano voglia di parlare e stavano a guardare il lago con lo sguardo impigrito dal sonno. Per questo, all'inizio, quando videro tra gli spruzzi delle onde un uomo camminare sull'acqua, credettero di sognare. Pietro fu il primo a stropicciarsi gli occhi. «Guardate là», li fece sobbalzare con un vocione meravigliato. «Vedete anche voi quel che vedo io?».

«C'è un fantasma che cammina sull'acqua», mormorò Andrea.

«Non è un fantasma, quello è un uomo», bisbigliò Taddeo. Giovanni fissò quella figura lontana avvicinarsi veloce con passo sicuro sulla superficie dell'acqua che, sotto i suoi piedi, sembrava terreno di roccia; sorrise quando vide che un dolce venticello scompigliava una massa di capelli lunghi schiariti dalla luce del cielo; provò un brivido di gioia quando ebbe la certezza di riconoscere, anche da lontano, quel volto.

«È Gesù», urlò emozionato. «È il nostro Maestro».

Gli altri guardarono meglio fin dove il lago, prima di diventare nero perché la luce non lo raggiungeva, sosteneva quella figura che camminava a passo più veloce. «È vero, è Gesù... È lui... Cammina sull'acqua... Incredibile», gridarono battendo le mani per applaudire il suo arrivo.

Pietro, prima con una gamba poi con l'altra, scavalcò la murata della barca. Con le gambe penzoloni restò seduto non sapendo che fare. «Maestro», gridò, «se sei tu, ordinami di venire da te camminando sull'acqua».

«Vieni, Pietro», gridò anche Gesù.

Pietro si dette una spinta, si lasciò andare e restò in piedi sull'acqua. Si avviò verso Gesù con passo incerto e tremante. Stava per raggiungerlo quando un'onda improvvisamente lo investì. Si spaventò, perse l'equilibrio e affondò nell'acqua: «Signore, salvami», implorò. Gesù gli tese la mano e lo sostenne. Poi lo rimproverò: «Uomo di poca fede, perché hai dubitato?». Pietro si strinse a lui tremando di paura e, soltanto quando salirono sulla barca, si tranquillizzò.

Gli apostoli si gettarono ai suoi piedi, tremanti per l'emozione: «Tu sei... sei veramente il figlio di Dio».

«E voi siete i miei apostoli», ribadì Gesù accarezzando la barba di Pietro per consolarlo.

Gesù sorrise con l'azzurro dei suoi occhi illuminati di felicità, perché i suoi fedeli apostoli avevano capito che era il "figlio di Dio", senza che lui glielo dicesse.

«Non andiamo a Cafarnao», ordinò Gesù. «La folla che abbiamo lasciato a Betsaida, sicuramente si sarà spostata là. Andiamo a Gennesaret, saremo al sicuro».

L'arrivo di Gesù fu però segnalato e cominciarono ad arrivare anche lì malati e seguaci imploranti. Arrivarono anche quelli che a Betsaida, dopo la moltiplicazione dei pani, avevano deciso di proclamarlo re. «Maestro, noi sogniamo un regno di Israele. Quello di cui parlano le Scritture», dissero. «Siamo convinti che tu sei quel re che il popolo aspetta da secoli. Se ci stiamo sbagliando, dillo e finiremo di illuderci».

«In verità, in verità, vi dico», rispose Gesù, «voi mi volete re perché siete stati convinti dai miei miracoli e avete mangiato i pani e i pesci. Voi pensate che io possa risolvere i vostri problemi terreni, invece io voglio darvi il regno celeste, che dura in eterno. Per questo solo Dio può nominarmi re».

«Ma per entrare nel tuo regno che cosa dobbiamo fare?», domandarono.

«Credere che sono stato mandato da Dio. Io sono il pane della vita. Chi viene da me, non avrà mai fame e chi crede in me, non avrà mai sete. Io sono il pane disceso dal cielo; se qualcuno mangia questo pane, vivrà in eterno perché è la mia carne».

«Ma come puoi darci la tua carne da mangiare?», domandarono alcuni perplessi.

«In verità, in verità vi dico: chi mangia la mia carne e beve il mio sangue, ha vita eterna e io lo resusciterò nel giorno della morte. La carne mia infatti è il vero nutrimento e il sangue mio è la vera bevanda».

Un mormorio di incredulità si alzò dalla folla.

«Questo è pazzo», commentarono alcuni andandosene. Restarono invece gli uomini di Caifa. «Lo stiamo incastrando», bisbigliarono convinti di averlo in pugno. «Quest'uomo offende la religione, perché pensa di essere Dio. Andiamo a denunciarlo al Sinedrio».

Gesù e gli apostoli restarono silenziosi sotto le stelle. Il sonno uno a uno li sorprese e si addormentarono. Solo Gesù rimase sveglio, seduto a guardare il cielo e a riflettere. Era triste. Molta gente che per tanto tempo lo aveva seguito, dopo avere ascoltato le sue ultime parole, se ne era andata delusa. "Padre mio, se anche questi che hanno visto non credono, come potrà credere in me chi non ha visto?", alzò la voce al cielo.

Il giorno dopo decise di andare via sia dalla Betania sia dalla Galilea. «In questi territori», spiegò agli apostoli, «la gente ha voluto da me soltanto miracoli. Pochi hanno creduto in me e nelle mie parole. Ma credono che io sia uno stregone? Basta. Voglio andare a Gerusalemme. È lì che si giocherà il mio destino. Voi sapete che, pur amando quella città, non avevo più voluto tornarci. Ebbene, ora è arrivato il momento di andarci perché là si dovrà compiere la volontà del Padre mio». Giuda Iscariota tirò un sospiro di sollievo. "Non vedo l'ora di arrivare a Gerusalemme. Finalmente si combatte e si farà nominare re", pensò.

«Ma Maestro, ci sono i sacerdoti. Ci odiano. È pericoloso andarci. Soltanto qui in Galilea e a Cafarnao siamo tranquilli», disse Giovanni. «Ho ancora ben vivo il ricordo di quello che accadde a Gerusalemme il giorno di Pasqua di due anni fa. Cacciasti i mercanti dal Tempio e gli scribi e da allora i farisei ti vogliono morto. Le guardie del Sinedrio non aspettano che di incrociarti sulla loro strada».

«Molte cose sono cambiate da allora, Giovanni. Voi stessi siete diversi. Andremo a Gerusalemme. Vedrete: la gente anche nella Giudea ci seguirà», ribadì Gesù. «Prima di arrivare a Gerusalemme, però, andremo in giro per gli altri villaggi della Palestina. Tutti devono sentire la mia voce. Percorreremo le strade della Fenicia, poi della Dodecapoli e poi risaliremo le sorgenti del Giordano. Passeremo dalla Samaria, arriveremo a Betania e poi ci fermeremo a Gerusalemme per la Pasqua. Saranno mesi molto intensi per noi e ci faremo seguire da tutti coloro che lo vorranno», concluse.

«Sarà un esercito di seguaci», scherzò Filippo. «Tutta la Palestina ci seguirà», confermò entusiasta Andrea. «Saremo tantissimi».

«Ma poi torneremo qui a Cafarnao?», domandò preoccupato Pietro. «Ho moglie, due figli e la suocera, dovrò almeno salutarli».

Gesù lo rassicurò: «Non è necessario. Tutti quelli che ci amano verranno a Gerusalemme per la Pasqua». Poi chiese: «Ci sono altri che hanno dubbi?».

«Io ti seguirò, Maestro. Ma prima vorrei andare a casa a salutare mio padre Zebedeo e mia mamma Susanna», disse Giacomo.

Gesù reagì con durezza: «Chiunque mette mano all'aratro e poi guarda indietro, non è adatto per il regno di Dio. Chi vuole venire con me, deve rinunciare a se stesso. Chi pensa solo a salvare la sua vita, la perderà. Chi invece è pronto a sacrificare la sua vita per me, la salverà».

Nessuno replicò più. Raccolsero le poche cose che avevano e si misero in cammino.

Passarono da Cana: lì molti si ricordavano ancora del miracolo del vino e furono subito riconosciuti. Una coppia con un bambino in braccio sbarrò la strada a Gesù: «Siamo quelli del vino», dissero andandogli incontro. «Non ti abbiamo ancora detto grazie, Maestro». Gesù li riconobbe: erano gli sposi di Cana, gli amici di Filippo e di Maria, sua madre.

«Grazie, perché?», domandò sorridendo Gesù. «Perché quel vino era buono?», scherzò.

«Era ottimo, Maestro, il migliore che abbiamo mai bevuto».

Gesù accarezzò il bambino che la donna aveva in braccio: «E questo?».

«È Giuseppe. Abbiamo voluto dargli il nome di tuo padre. È stata tua madre Maria a suggerircelo. Noi non pensavamo di incontrarti ancora e così abbiamo pensato di ricordarti attraverso il nome di nostro figlio». Gesù baciò la fronte del bambino, poi si rivolse alla folla che si era già formata. «Chiunque nel mio nome accoglie un bambino, è come se accogliesse me. Ma chiunque darà scandalo a uno solo di questi bambini, sarebbe meglio per lui di essere gettato in mare con un macigno appeso al collo».

Gesù proseguì il suo cammino per Gerusalemme e molti decisero di seguirlo. Si formò una lunga carovana. Durante il viaggio, si venne a sapere che Erode Antipa era sfuggito a un attentato. «I seguaci del Battista avevano promesso che si sarebbero vendicati e lo hanno fatto», raccontò qualcuno bene informato. «Erode Antipa stava rientrando nel suo palazzo quando la sua scorta è stata assalita dagli zeloti. Il capo della spedizione si chiama Barabba. La scorta del re è stata massacrata. Il sovrano si è salvato perché in suo aiuto sono intervenuti i soldati romani che stavano perlustrando proprio quella zona. Dicono che a comandare i soldati fosse un centurione di Cafarnao».

«Decio?», domandarono gli apostoli.

«Non so come si chiama, so soltanto che era un centurione di servizio».

Gesù commentò con rassegnazione: «Anche questo è scritto nelle Scritture. Erode Antipa non doveva morire». Poi aggiunse: «Ci saranno rappresaglie e disordini. Evitiamo le strade principali, seguiamo i sentieri».

26

Gesù per mesi peregrinò per i villaggi della Palestina cercando di farsi notare il meno possibile. «Maestro, perché sei così timoroso?», domandò Pietro. «Perché parli sempre di cose tristi che dovranno accadere? Siamo sconcertati».

«Capirete quando sarà il tempo», rispose Gesù, che pensava fosse ancora troppo presto per svelare tutto sulla sua missione. Gli apostoli erano sconcertati, anche perché, sempre più spesso e, improvvisamente, cambiava il piano di viaggio, senza dare spiegazione. Infatti una mattina decise di ritornare in Galilea e di fermarsi alle pendici del Monte Tabor. «Perché siamo di nuovo qui?», domandò Pietro. «Puoi dircelo, Maestro?».

«Perché oggi vi farò vedere qualcosa che non dimenticherete mai. Voi venite con me», l'invito fu rivolto soltanto a Pietro e ai due fratelli Giacomo e Giovanni.

Gli altri si rattristarono per essere stati esclusi, ma non fecero domande, anche perché, dopo tanto camminare, erano stanchi e videro che Pietro, Giacomo e Giovanni, per seguirlo, facevano fatica ad arrampicarsi sul monte, affondando i piedi nella neve. «Fermatevi qui», disse Gesù. «Ora vado da solo». E continuò ad arrampicarsi lungo un sentiero ripido e stretto. I tre apostoli lo videro confondersi con la neve e la sua figura scomparve ai loro occhi in una nuvola bianca abbassata sul monte. Improvvisamente provarono una sensazione di grande benessere e i loro occhi furono abbagliati da una luce intensa che scendeva dal cielo e illuminava la neve, come un faro di notte illumina il mare. «Oh», esclamarono con meraviglia quando videro, al centro della luce, una nuvola che aveva la forma della figura di Gesù. «È una visione scesa dal cielo», mormorarono i tre apostoli con emozione. Poi restarono ancora più sbalorditi quando, accanto alla nuvola, apparvero due figure che a loro sembrarono Mosè ed Elia, il profeta che nelle Sacre Scritture annunciava l'arrivo del Messia. Poi le due figure scomparvero, restò solo la nuvola con Gesù, e si udì dal cielo una voce: «Questo è il mio figlio diletto, ascoltatelo».

Pietro, Giacomo e Giovanni si sentirono spinti a terra da una forza irresistibile, mentre con la voce spezzata dall'emozione balbettavano: «Incredibile, abbiamo assistito alla sua trasfigurazione, perché ha assunto sembianze divine diventando luce». Quando si rialzarono, la visione era finita: accanto a loro c'era Gesù che continuava a pregare. «Signore è stato bellissimo. Perché non ci fermiamo? Se vuoi farò tre tende, una per te, una per Mosè e una per Elia», disse Pietro entusiasta.

Gesù sorrise. Lo guardò con tenerezza. Poi si alzò. «Ora torniamo», disse. «Ho mostrato solo a voi chi sono veramente, da dove vengo e dove tornerò. Non riferite a nessuno quello che avete visto finché tutto quello che coinvolgerà la mia persona si sarà concluso». Ancora una volta gli apostoli non capirono perché dovessero tacere, ma non osarono ribattere.

Quando rientrarono, morivano dalla voglia di raccontare ciò che avevano visto ma furono distratti dalla folla. «Gesù, fammi un miracolo», pregò un padre che aveva stretto a sé il figlio malato di epilessia. «Se tu puoi, guariscilo. Lo chiedo a te perché i tuoi apostoli non ci sono riusciti».

«Tuo figlio è guarito», disse Gesù. «Torna a casa».

Gli apostoli che erano rimasti nella vallata domandarono: «Maestro, mentre eravate sul monte, quest'uomo è venuto da noi chiedendoci di guarire il figlio. Perché non ci siamo riusciti? Invece quando siamo andati in giro da soli ci riuscivamo».

«Perché avete avuto poca fede», rispose Gesù.

«Ma allora come si può avere più fede?».

«Non c'è una misura per la fede. Nessuno ne ha più o meno di un altro: si ha fede o non se ne ha».

Dal Monte Tabor Gesù decise di partire per Betania. Dopo giorni e giorni di marcia incontrarono uno scriba, un dottore della Legge che si stava recando a Gerusalemme. «Maestro, ho sentito parlare di te molto male nel Sinedrio», disse, «ma io, prima di dare la mia opinione, voglio conoscerti. Voglio sapere il tuo pensiero. Maestro, che cosa devo fare per ottenere la vita eterna?».

«Ti rispondo con una domanda: lo faccio perché tu sei uno scriba e quindi la legge la conosci bene. Che cosa sta scritto nella legge?».

Lo scriba non esitò: «C'è scritto: amerai il Signore Dio tuo con tutto il tuo cuore, con tutta la tua anima, con tutte le tue forze e con tutta la tua mente, e il prossimo tuo come te stesso».

«Hai risposto bene», si congratulò Gesù, «fai così e vivrai».

Lo scriba non fu soddisfatto. Mentre Gesù camminava speditamente, lo accostò ancora: «Spiegami, Maestro, chi è il mio prossimo?».

«Ascolta: un uomo stava tornando a Gerico dopo essere stato a Gerusalemme, quando fu assalito dai predoni. Intorno non c'era nessuno a cui chiedere aiuto. L'uomo restò in balia di quei malfattori. Lo spogliarono di tutto quello che aveva e lo picchiarono a sangue lasciandolo mezzo morto. Un sacerdote, poco dopo, passò per caso da lì, lo vide e, invece di fermarsi per soccorrerlo, passò dall'altra parte della strada e andò oltre».

«Un sacerdote?», lo interruppe sorpreso lo scriba.

«Sì, un sacerdote», ribadì Gesù. «Ebbene passò un levita, un altro religioso che stava tornando dal Tempio: lo vide, ma passò oltre anche lui. Da lì a poco, passò un terzo viandante, era un commerciante samaritano, uno di quegli uomini che voi considerate barbari. Era in viaggio, andava di fretta, ma, quando lo vide, si fermò. "Che cosa ti è successo?", gli domandò. "Che cosa ti hanno fatto?". Lo sollevò da terra, gli curò e fasciò le ferite versandovi un po' di olio che aveva con sé per il viaggio. Poi lo mise sulla sua giumenta e lo condusse con sé nella locanda dove dormiva. Non solo: quando al mattino dopo dovette lasciarlo per riprendere il viaggio, lo affidò al padrone che gli aveva affittato la stanza, e lasciò due monete d'argento dicendo: "Abbi cura di lui e, se spenderà di più, io al mio ritorno ti rimborserò"».

Gesù finì di parlare. Guardò il dottore della legge che per stargli dietro ansimava e gli domandò: «Volevi sapere chi è il prossimo? Lo domando a te: chi di quei tre viandanti, secondo te, è stato il prossimo per quel malcapitato?».

«Quello che lo ha aiutato», rispose sicuro il dottore della legge.

«E allora», concluse Gesù, «vai e comportati come lui».

Aveva appena finito di parlare con lo scriba che si sentì chiamare: «Gesù, Gesù». Si girò sorpreso. Da tempo nessuno lo chiamava con il suo nome. Per tutti era solo il Maestro. Chi lo chiamava così doveva essere sicuramente un familiare o un vecchio amico. Si girò e vide un uomo che non conosceva. Ma con la voce tremante gridò ancora: «Gesù, sono un amico di Lazzaro di Betania e delle sue sorelle».

Gesù gli andò incontro facendosi largo tra la folla. «Perché sei così agitato?», domandò preoccupato.

«Le sorelle di Lazzaro, Marta e Maria mi hanno incaricato di cercarti. Sono disperate: Lazzaro, il fratello, è molto malato».

Gesù si avvicinò in preda all'ansia. Gli mise il braccio sulla spalla e lo portò più lontano. «Che significa: è molto malato?».

«Sì, Gesù. Dopo la tua partenza improvvisamente non ha più parlato. Se devo essere sincero, per me Lazzaro sta morendo».

«Come è possibile?», si domandò Gesù. «È ancora giovane, ha più o meno la mia età».

Gesù sentì tremare le sue gambe. Vide un grande masso sul ciglio della strada e si sedette. «Lazzaro? Il mio fratello Lazzaro sta morendo?», continuò a domandarsi mentre si sentì svenire. L'uomo di Betania cercò di consolarlo. «So che siete molto legati», gli disse. «Ma forse sono stato troppo crudo. Io ho visto soltanto le due sorelle, Maria e Marta, molto disperate. Mi hanno incaricato di raggiungerti e si sono raccomandate di riferirti soltanto le parole che sto per dirti». L'amico di Lazzaro respirò profondamente per placare l'ansia e l'emozione. «Mi hanno pregato di dirti: "Signore, sappi che quello che tu ami tanto è malato". Poi hanno precisato: "Lui capirà". Ecco, questo, Maestro, dovevo dirti. Soltanto questo. Non tenere conto delle altre mie parole».

Gesù sorrise all'uomo. Capì che era rimasto dispiaciuto per la sua reazione. «Stai tranquillo. Non preoccuparti. Ora vai», gli disse, «riposati e poi torna a Betania». Aspettò che si allontanasse e, quando restò solo, si abbandonò alla tristezza. Pensò a Lazzaro con l'amore che soltanto un fratello prova. Lazzaro era il suo amico più caro, il compagno di giochi della sua adolescenza, il confidente più leale. Rivisse i periodi più spensierati passati con lui. Poi fissò il cielo con gli occhi sbarrati, quasi con rimprovero: "Padre, perché mi fai questo?". Ma subito si diede la risposta. "Devo conoscere tutto, anche il dolore per la morte di un amico". Si piegò sulle ginocchia e sfogò la sua disperazione. "Perché, perché proprio Lazzaro?", si domandò, mentre aveva la sensazione che il cuore sanguinasse per il dolore. Ma improvvisamente reagì: "No, Lazzaro non può farmi questo, non può essere morto senza prima avermi dato un saluto, un abbraccio, un ultimo bacio". Si convinse e tornò dai suoi apostoli, che non avevano voluto disturbare il suo dolore. Ma lo videro più sereno e si avvicinarono. Fu lui a parlare: «Lazzaro sta solo dormendo. Io andrò a svegliarlo».

«Ma allora, se si è addormentato, si sveglierà da solo. Non è necessario andare», disse ingenuamente Giovanni.

«Sì, ma io devo essere lì con lui. Prepariamoci».

Si avvicinò Simone Zelota: «Maestro, andare in questi giorni a Betania, che è vicina a Gerusalemme, è molto pericoloso», disse. «Ci sono ancora pochi pellegrini per le strade. Manca ancora più di un mese alla Pasqua e il nostro arrivo, insieme con tutta questa gente che ci segue, si farebbe subito notare. Te lo dico chiaramente: andare adesso significa farsi arrestare».

«Simone, stai tranquillo, non è ancora arrivato il momento. Abbiamo ancora tempo per fare molte cose. Adesso è il tempo di pensare a Lazzaro. Nel disegno di Dio c'è tutto: anche la morte di Lazzaro».

Gli apostoli non capirono: «Se sa che è morto, perché andare adesso in Giudea? Significa gettarsi tra le braccia dei farisei e del Sommo Sacerdote. Non capisce che vogliono prenderlo per ucciderlo? E che mette in pericolo tutti noi?», commentarono.

Gesù fu irremovibile. Prese la sua sacca e cominciò a incamminarsi verso Betania. Gli apostoli aspettarono indecisi. Fu Tommaso, che era il più giovane, a svegliare il loro torpore: «Andiamo anche noi. Se lui morirà, moriremo insieme con lui».

Per arrivare impiegarono due giorni. Betania distava da Gerusalemme soltanto due chilometri e mezzo e, quando il cielo era limpido come quel giorno, potevano vedere la sagoma della cupola del Tempio e le alte mura che circondavano la città. Come aveva previsto Simone Zelota, i pellegrini erano ancora pochi.

A Betania, invece, il gruppo di Gesù incontrò molta gente. Erano amici e conoscenti di Lazzaro andati a consolare Marta e Maria. Quello che Gesù aveva pensato era vero: Lazzaro era morto da quattro giorni, subito dopo che il messaggero era partito per andare a cercarlo.

Marta appena sentì che Gesù era arrivato, gli corse incontro. Maria aspettò in casa con il gruppo di gente che la consolava. «Gesù», disse Marta piangente, disperata, ma anche un po' fredda. «Sei venuto a seppellire il morto?», disse con durezza. «O a consolare noi che siamo in lutto? Lazzaro, mio fratello, il tuo amico Lazzaro, non c'è più. Se tu fossi stato qui, con lui, sicuramente non sarebbe morto. Tu hai guarito un lebbroso, hai fatto camminare gli storpi, ma non sei riuscito ad arrivare prima che Lazzaro morisse? Perché sei venuto solo ora che è morto? Perché? So che qualsiasi cosa tu chieda a Dio, Dio te la dà. Ora è tutto finito e non puoi più fare nulla». Gesù l'abbracciò e lei trovò un po' di consolazione.

La tenne stretta a lungo fino a che sentì che non aveva più lacrime. Poi si distaccò, la guardò, con i suoi occhi profondi che lei conosceva da sempre, e, con la voce roca per il dolore, disse sicuro: «Marta, Lazzaro è morto, ma risorgerà».

«Lo so, Gesù: conosco il tuo pensiero e ti credo. Tu lo hai sempre sostenuto, anche quando giocavamo da bambini. Dicevi: "Statene certi: dopo la morte ci sarà la vita eterna con la resurrezione dei nostri corpi nel cielo di Dio". Ma intanto Lazzaro non starà più con noi».

«Marta, io sono la resurrezione e la vita: chi crede in me, quando anche fosse morto, vivrà, e chiunque vive e crede in me non morirà mai. Credi in tutto ciò, Marta?».

«Credo in tutto ciò che dici», rispose, convinta, Marta. «Tu, per me e per mia sorella Maria, sei tutto quello che ci resta. Non ho ben capito che cosa mi hai detto, ma credo che tu hai parlato per darmi serenità. Noi, qui, nella casa che era di mio fratello Lazzaro, abbiamo sempre creduto che tu, mio Signore, sei il Cristo, il figlio di Dio, colui che è sceso dal cielo per la salvezza del mondo». Marta pronunciò le sue parole tutte di un fiato perché le uscivano dal cuore. Con gli occhi lucidi per l'emozione, corse a chiamare Maria. La sorella parlava con le altre donne e in un orecchio le disse: «Di là c'è il Maestro». Maria si alzò, lasciò le persone che la circondavano senza dire una parola, e, piangendo e invocando il suo nome, andò incontro a Gesù, lo abbracciò e lo baciò come era solita fare ogni volta che lo vedeva. Poi si gettò ai suoi piedi: «Gesù, mio Signore», gli disse. «Se tu fossi stato qui, Lazzaro non sarebbe morto».

Gesù non riuscì più a controllarsi. Girò il viso per nascondere le sue lacrime, mentre il suo cuore e tutto il suo corpo venivano scossi da un fremito irrefrenabile. Soffriva, come soffre ogni uomo che ha l'anima straziata dal dolore. Poi si asciugò con il polso della tunica le lacrime, si girò deciso verso Maria e domandò: «Dove l'avete messo?».

Maria asciugò, anche lei, le lacrime e lo prese per mano: «Signore, vieni con me e vedrai».

Arrivarono al sepolcro di Lazzaro. Gesù rimase in silenzio davanti a una grotta chiusa da una grande pietra. Intorno nessuno parlava. Gli apostoli, in disparte, ebbero la sensazione che qualcosa di molto grande stesse per accadere. Maria, da un lato, e Marta, dall'altro, stringevano il braccio di Gesù per sostenersi e sostenerlo. «È accaduto tutto all'improvviso», raccontò Marta. «Ha cominciato a non mangiare e a non bere. Poi improvvisamente non è riuscito a muoversi. Lo abbiamo adagiato sulla stuoia. Il medico ci ha detto che aveva avuto un "colpo". Io e Maria abbiamo pensato subito a te e abbiamo mandato il nostro vicino a cercarti. Ma, appena partito, Lazzaro ci ha lasciato. Prima di morire, ha sussurrato il tuo nome, Gesù. Si è addormentato, per sempre, con il tuo nome sulle labbra».

«Continua, Marta, parlami ancora di lui», la incoraggiò.

«Eravamo disperate, Maestro, non sapevamo che fare. Anche dopo la morte dei nostri genitori, nella nostra casa c'è sempre stata la vita, perché pensando che tu, anche da lontano, ci stavi vicino, ci sentivamo sereni. Ma questa volta ci siamo sentite perdute, perché tu non eri con noi e non riuscivamo a trovarti».

Gesù strinse le loro mani perché capissero che era lì con loro, come sempre. Marta continuò: «Eravamo sole, io e Maria, quando ci ha lasciato. Lo abbiamo lavato, lo abbiamo cosparso di aromi, lo abbiamo fasciato con le bende e lo abbiamo avvolto nel suo lenzuolo. Ed ora è lì, Maestro, Lazzaro è lì dentro, al freddo, nel suo sepolcro».

Marta finì di parlare e Gesù si scostò da lei e da Maria. Con passo deciso si avvicinò al sepolcro. I suoi occhi erano tornati asciutti e il suo volto era impietrito dall'angoscia. Alzò le braccia in alto e, tra la sorpresa di tutti, ordinò: «Togliete quella pietra». Marta si avvicinò: «Maestro, se togliamo quella pietra, sentiremo l'odore del suo corpo. È morto da quattro giorni».

Gesù la guardò severo: «Marta, non ti dissi una volta che, se tu avessi creduto, avresti visto la gloria di Dio?».

«Sì, Maestro, tante volte me lo hai detto. Ma adesso...».

Gesù fece segno di levare la pietra. Vedendo che nessuno si muoveva, si prestarono a farlo Simone Zelota, Giuda Iscariota, Andrea, Filippo e Giacomo. Era un masso pesante. Con fatica riuscirono a sollevarlo e a adagiarlo di fianco. Gesù fece segno di allontanarsi. Alzò gli occhi al cielo e disse: «Padre, ti ringrazio perché mi hai sempre ascoltato. Ora ti chiedo di ascoltare ancora, perché questa folla creda che sono qui perché tu lo hai voluto». Gesù finì di pregare. Poi si rivolse verso il sepolcro e gridò: «Lazzaro, alzati, vieni fuori!».

Intorno si formò un silenzio angosciante. Tutti sbarrarono gli occhi in attesa. A molti il cuore si raggelò. Marta e Maria rimasero abbracciate senza fiatare. Tutti guardarono il sepolcro. Tra il terrore, lo sgomento, l'ansia e la speranza, improvvisamente si sentì un suono assordante. Un "Oh" di stupore, misto a paura, uscì dalla bocca di tutti, quando, dal sepolcro, apparve una figura che si muoveva eretta e alta, coperta di bende bianche: sembrava una mummia. Era invece Lazzaro che, a fatica, uscì trascinando le gambe. Alcuni, spaventati, fuggirono. Altri, tra cui Marta e Maria, gli andarono incontro urlando il suo nome e piangendo.

Gesù, ancora con voce ferma, ordinò: «Sciogliete le sue bende e lasciatelo andare nella sua casa». Approfittò della confusione per allontanarsi velocemente, mentre Lazzaro, tornato alla vita, gridava e abbracciava le sorelle: «Sono rinato».

Lazzaro cercò Gesù tra la folla ma non lo vide. «So che

sei qui, vicino a me», mormorò. «E, so, Gesù, che mi senti: grazie, ti voglio bene. Grazie per avere permesso che io fossi amico del figlio di Dio». Poi entrò in casa per godersi l'amore delle sorelle.

Molti credettero in quel che avevano visto; altri invece andarono a riferire ai farisei di Gerusalemme. «Dobbiamo ucciderlo», dissero al Sinedrio. «È un mistificatore. Dobbiamo arrestare anche quel Lazzaro che sicuramente era d'accordo. Se lo lasciamo fare, nasceranno disordini e allora verranno i romani a distruggere sia questo Tempio sia il nostro Paese. Quest'uomo va eliminato subito».

Gesù si trovava ancora nei pressi di Betania quando Giuseppe d'Arimatea, il saggio del Sinedrio, lo incontrò. Senza giri di parole gli disse: «Maestro, devi allontanarti da Gerusalemme. Le guardie del Sommo Sacerdote ti stanno dando la caccia per ucciderti. Sono già vicine».

Gesù e i suoi apostoli riuscirono a evitare che la folla dei seguaci li seguisse e si diressero verso Efraim, una città che distava circa venticinque chilometri da Gerusalemme, non molto distante quindi, ma sicura perché era ai margini del deserto.

27

La Pasqua era vicina e cominciavano a passare da Efraim le prime carovane dirette a Gerusalemme. Il clima, dopo la stagione delle piogge, era tornato tiepido e le lunghe distese di aranceti e uliveti rendevano il paesaggio variopinto. Quei giorni non furono tranquilli per Gesù. I sommi sacerdoti e i farisei avevano disposto una vera e propria rete di spionaggio per scoprire dove fosse. Il pericolo si nascondeva in ogni viandante; ogni domanda poteva celare una insidia. «Scusate, avete notizie di un certo Gesù di Nazaret?». «Sapete dove possiamo incontrare il Messia?». «Sapreste dirci dove vive?». Per evitare incontri pericolosi, Gesù, per arrivare a Gerusalemme, scelse la strada non frequentata, più impervia e più lunga, che fiancheggiando il Giordano passava per Gerico.

«Lì ci confonderemo con la moltitudine di pellegrini», spiegò sicuro Gesù agli apostoli che vedeva preoccupati.

Su consiglio di Pietro li radunò e, con gli occhi tristi, li chiamò per nome uno a uno: «Pietro... Andrea... Giovanni... Giacomo... Tommaso... Filippo... Bartolomeo... Matteo... Giacomo... Taddeo... Simone Zelota... Giuda Iscariota... Voglio parlarvi come un padre parla ai figli», disse, mentre i suoi occhi si posavano su ognuno e la sua voce si incrinava per la tristezza. «Stiamo andando verso Gerusalemme e voglio prepararvi a ciò che vedrete. Sappiate che il vostro Maestro rischia di essere arrestato e consegnato ai sacerdoti e agli scribi».

«Maestro, dovranno passare sul nostro cadavere prima di arrivare a te», lo interruppe Simone Zelota alzando il pugno.

«Non lo permetteremo!», gridò Pietro.

«Il vostro Maestro sarà condannato a morte, lo beffeggeranno, gli sputeranno addosso, lo flagelleranno e alla fine lo uccideranno. Ma, dopo tre giorni, risorgerà», proseguì Gesù.

Gli apostoli non dettero peso alle sue parole, perché già altre volte le avevano sentite. «Parla sempre per parabole», commentarono. «Maestro», disse Tommaso, «le tue parole sono difficili da capire».

«Specialmente per te», gli rispose guardandolo con affetto Gesù. «Tu, Tommaso, se non vedi, non credi ancora».

Giacomo e Giovanni si soffermarono sulle parole più ermetiche: "Risorgerà dopo tre giorni", e commentarono: «Risorgere significa rinascere, trionfare. Ci ha voluto annunciare che la sua missione avrà successo». Dietro di loro c'era nel gruppo delle donne anche la loro mamma, Susanna. I due fratelli la raggiunsero per riferirle ciò che Gesù aveva appena detto: «Madre, la missione del Maestro sta per concludersi: ci attendono onori e gloria. Sappiamo che il Maestro ti tiene in molta considerazione. Convincilo ad avere per noi un occhio di riguardo, quando salirà al trono».

Susanna si avvicinò con i due figli a Gesù: «Maestro, adesso che fonderai il tuo regno a Gerusalemme, ricordati dei miei due figli. Ti amano, specialmente Giovanni, il mio Giovanni. Per amor tuo, hanno abbandonato la casa e le barche del padre. Quando assegnerai ai tuoi apostoli i posti a corte, mettili vicino a te, uno alla destra e l'altro alla sinistra del tuo trono. Per me, loro madre, non chiedo nulla, spero soltanto che, prima di morire, possa vedere i miei due figli accanto a te. E poi c'è anche mio nipote, Taddeo: ha molto sofferto...».

Gesù guardò teneramente Susanna, poi più severamente i suoi due discepoli. Infine sospirò: «Non sapete quello che chiedete. Potete bere il calice che io bevo e sopportare quello che io dovrò sopportare?».

Giovanni e Giacomo con la baldanza della loro età, risposero: «Possiamo! Con te e per te siamo pronti a tutto».

«Sì, sì. Avrete il mio calice e sopporterete le mie pene. Ma vi dico subito che non posso accontentarvi. I posti saranno occupati da coloro che il Padre celeste ha già scelto».

Il dialogo fu ascoltato dagli altri discepoli che si indignarono contro i due fratelli: «È una vergogna. Noi abbiamo lasciato le nostre mogli e i nostri figli per seguire il Maestro e non abbiamo chiesto nulla».

«Vi dico la verità», li redarguì Gesù. «Chi ha abbandonato la casa o la moglie o il fratello o il figlio per il regno di Dio, riceverà la vita eterna. Ma nessuno deve vergognarsi, quando chiede al vostro Padre celeste. Perché io vi dico: chiedete e vi sarà dato; cercate e troverete; bussate e vi sarà aperto. Chi chiede, riceve; chi cerca, trova; e a chi bussa, si apre. C'è forse tra di voi un padre che al figlio che chiede un pane, dà invece un sasso? O se gli chiede un pesce, gli dà un serpente? Se dunque voi sapete dare cose buone ai vostri figli, il Padre celeste vi darà la grazia se gliela chiederete».

Le parole di Gesù riportarono il buon umore nel gruppo. E tutti per scherzare si rivolsero ai due fratelli, Giacomo e Giovanni, gridando: «Chiedete il trono a Gesù, chiedete il trono. Non accontentatevi di stare a destra e a sinistra. Chiedete il trono».

Giacomo e Giovanni reagirono allegramente minacciosi: «Se non la finite, avrete guai. Noi chiederemo il trono e voi chiederete le bastonate, e noi ve le daremo».

Scherzando e parlando in allegria, sai, lettore, proprio come oggi spesso si fa con gli amici al bar, il gruppo arrivò a Gerico e si fermò ad ammirare la città, dall'alto di una collina. Con l'arrivo della primavera, gli alberi stavano fiorendo e i colori delle foglie offrivano uno spettacolo suggestivo. Sul ciglio della strada, assistito dal fratello minore, c'era un cieco che chiedeva l'elemosina e che, sentendo la presenza di un gruppo numeroso, domandò chi fosse arrivato. «Passa Gesù di Nazaret, il Messia», lo avvertirono.

Il cieco ne aveva già sentito parlare: «È quello che fa i miracoli?», domandò.

«Sì, è proprio lui».

Allora cominciò a gridare: «Gesù, figlio di Dio, abbi pietà di me. Gesù, figlio di Dio, abbi pietà di me».

«Ma smettila di gridare», urlarono alcuni. «Perché lo chiami figlio di Dio? Sei impazzito?».

Ma lui gridò ancora più forte: «Gesù, figlio di Dio, abbi pietà di me».

Gesù sentì e disse a Bartolomeo: «Vai e portalo da me».

Bartolomeo andò, prese per mano il cieco e lo guidò davanti a Gesù. «Eccolo», gli disse Bartolomeo.

«Che cosa vuoi che io ti faccia? Sei qui davanti a me», domandò Gesù.

«Signore, fa' che io veda», implorò.

Gesù toccò i suoi occhi e gli disse: «Ecco, la tua fede ti ha guarito».

«Ci vedo!», gridò il mendicante abbracciando il fratello. «Ci vedo», ripeté abbracciando altri. «Gesù, figlio di Dio, portami con te».

La notizia del miracolo sollevò grande entusiasmo e, quando Gesù entrò a Gerico, gli abitanti uscirono per la strada ad acclamarlo. «Chi è?», domandarono alcuni che non sapevano. «È Gesù: dicono che sia il Messia».

«No, è il nuovo re di Israele».

C'erano anche molti bambini.

Tra coloro che erano accorsi, spinti dalla curiosità, c'era il capo dei pubblicani della città. Era un uomo molto ricco. Si chiamava Zaccheo. Siccome, però, era di bassa statura e stava dietro la folla, non riusciva a vedere Gesù che passava.

«Salirò su quell'albero», disse a un servo che era uscito dalla casa insieme con lui.

«Ma padrone», lo fermò il servo, «tu sei un uomo ricco, conosciuto a Gerico, non puoi farti vedere da tutti su un albero».

«Tu stai zitto. Hai la fortuna di essere alto e lo vedi. Io sono basso e non riesco a scorgere neppure i suoi capelli».

Senza perdere tempo, corse verso l'albero e con un grande balzo si arrampicò.

«Guarda là. È quella sanguisuga di Zaccheo», lo additarono.

«Sì, è proprio lui, il capo dei pubblicani che succhia il sangue al popolo», lo derise uno.

«Dagli una spinta, fallo cadere dall'albero», gridò un altro.

«Accendi un fuoco, fai che bruci quel bastardo», si eccitò la folla.

Gesù lo vide arrampicato sull'albero e provò simpatia per lui: «Non so chi tu sia. Scendi giù perché voglio fermarmi a mangiare a casa tua».

Zaccheo si buttò giù e lo invitò a seguirlo.

«Ma come? Sta entrando nella casa di un pubblicano?», mormorarono molti. «Quello è un impuro. È un peccatore. Perché lo fa?».

Ma Zaccheo li calmò perché offrì ospitalità a tutti. «Sono felice, Maestro», gridò accogliendo con le braccia aperte l'ospite inatteso. Poi, senza che qualcuno glielo avesse chiesto, annunciò: «Signore, ho deciso di dare la metà dei miei beni ai poveri e, se per caso durante il mio lavoro ho frodato qualcuno, restituirò per quattro volte quello che ho tolto».

Gesù sorrise soddisfatto e poi si rivolse alla folla: «Oggi in questa casa è arrivata la salvezza».

I servi di Zaccheo prepararono la tavola e moltissimi parteciparono al banchetto. C'era una atmosfera di entusiasmo. C'erano anche molti zeloti, convinti che prima o poi Gesù sarebbe diventato il loro capo; ma c'erano anche molti scribi e farisei che speravano di sentire qualche discorso di incitamento alla ribellione, per poterlo denunciare. «Il momento è vicino, si tradirà e interverremo», confabularono.

Gesù, che riuscì a sentire, decise di intervenire a suo modo: con una parabola. «Un uomo di nobili natali, partì per una regione lontana per ricevere l'investitura di un regno. Per non lasciare infruttifero il proprio denaro durante la sua assenza, chiamò dieci servi e consegnò a ciascuno una moneta preziosa. "Fatela fruttare fino al mio ritorno". Senonché, i suoi concittadini, che lo odiavano, mandarono prima che lui arrivasse, una delegazione per dire a chi doveva conferirgli l'investitura di non concedergliela. "Non vogliamo che costui regni sopra di noi", dissero. Tuttavia l'investitura fu concessa e il nobile tornò come re. Convocò i servi a cui aveva lasciato la moneta preziosa e verificò che cosa avevano fatto del suo denaro. Si presentò il primo servo: "Signore", disse, "la tua moneta l'ho fatta fruttare dieci volte". "Bene, sei un buon servo", gli disse il re, "perché ti sei mostrato abile e fedele in una cosa piccolissima. Ti nomino governatore di dieci città". Venne il secondo e disse: "La tua moneta l'ho fatta fruttare per cinque". "Bene", disse il re. "Ti nomino governatore di cinque città". Arrivò il terzo: "Signore, ecco la tua moneta. L'ho custodita in un fazzoletto. So che tu sei avaro: ritiri ciò che non hai depositato e mieti ciò che non hai seminato". "Da quanto tu dici", disse il nuovo re "ti giudicherò un servo cattivo. Proprio perché sai che sono un uomo avaro, avresti dovuto fare fruttare la tua moneta". Poi si girò verso gli altri sudditi e disse: "Toglietegli la moneta e datela a colui che ne ha dieci". "Ma come?", osservarono, "quello ne ha già più di tutti". "Fate come vi dico. A chi già ha, sarà ancora dato, mentre a chi non ha, sarà tolto ciò che ha. Inoltre, quanto a coloro che volevano che io non diventassi re, prendeteli e uccideteli davanti a me"».

La parabola lasciò perplessi gli zeloti e soprattutto Giuda Iscariota, perché pensavano che Gesù, una volta arrivati a Gerusalemme, si sarebbe fatto proclamare re. «Non ho capito», disse Giuda Iscariota confidandosi con Simone Zelota. «Che cosa ha voluto dire quando ha raccontato che il nobile è partito per una regione lontana per farsi nominare re? Perché non ha detto che andava a Gerusalemme?».

«Ma non è di questo che ha parlato», lo ammonì il saggio Bartolomeo. «Ha voluto rimproverare gli scribi e i farisei che non hanno saputo fare fruttare il potere di cui erano stati investiti».

«Quello che ho capito io è che, quando arriveremo a Gerusalemme, ci saranno di sicuro grandi novità», concluse Simone Zelota.

28

Gesù e i discepoli da Gerico arrivarono a Betania senza problemi. Le spie del Sinedrio, per quanto li avessero cercati, non erano riusciti a sorprenderli. Simone Zelota dimostrò una notevole abilità a sventare le loro trappole. «Avere tra di noi un ex zelota, è stato molto utile», gli disse Gesù abbracciandolo. «Ma con questo viaggio il tuo compito sta finendo, mio caro Simone. Nulla potrai più fare per salvare il tuo Maestro».

«Sarò sempre accanto a te, Maestro», ribatté deciso Simone Zelota. «Nessuno oserà toccarti finché vivrò».

Gesù non rispose ma il suo sguardo triste e accorato fece capire che la sua mente era rivolta altrove e che lui sapeva molte cose che loro ancora non potevano intuire.

Gerusalemme era vicina e Gesù decise di essere ospite per quei giorni di Pasqua del suo amico Lazzaro.

Dopo essere resuscitato, Lazzaro era diventato molto popolare non soltanto a Betania ma in tutta la Giudea. Erano arrivati per conoscerlo da tutta la Palestina. «Dov'è l'uomo che è risorto?», domandavano i viaggiatori appena raggiungevano Betania. Per vederlo molti bivaccavano a lungo davanti alla sua casa: «Fatti almeno vedere, Lazzaro», supplicavano.

Lazzaro talvolta li accontentava: si affacciava velocemente sulla porta, salutava con il gesto della mano e poi rientrava, sai, proprio come oggi fanno le rockstar. Volevano sapere da lui che cosa era accaduto in quei quattro giorni "vissuti da morto". Lazzaro non ne parlò mai con nessuno, perché aspettava di rivedere prima Gesù. «Chi mi ha fatto tornare tra i vivi è stato lui. Da lui dovete ricevere le risposte alle vostre domande», diceva.

Gesù arrivò proprio mentre era circondato dalla folla che premeva per convincerlo a raccontare. Lazzaro lo vide e si fece largo per raggiungerlo con il sorriso della gioia sulle labbra.

«Gesù, finalmente. Quanto ti ho aspettato. Sei scomparso, dopo avermi ridato la vita», disse mentre le lacrime rigavano il suo volto.

«Lazzaro, fratello mio». Gesù ricambiò l'abbraccio con lo stesso calore. Poi gli chiese: «Come stai?».

«Ora che ti vedo, molto meglio. Gesù, mi sei mancato tanto. Sei scappato. Mi hai riportato alla vita, ma tu sei andato via. Ti ho cercato... Quanto ti ho cercato... Ho bisogno di parlarti per capire che cosa mi è accaduto».

«Non c'è nulla da capire, Lazzaro. Tu dormivi e io ti ho svegliato. La tua ora non era ancora arrivata. Ora vedo che tutti vogliono stare con te, vogliono parlarti», commentò Gesù guardando la folla che li guardava commossa.

«Sì, vogliono parlare con me perché vogliono sapere di te», rispose Lazzaro.

«Sono venuto per la Pasqua», lo interruppe Gesù. «Spero di non recarti disturbo se io e i miei apostoli ci fermeremo qui per qualche giorno».

«Solo per così poco?», esclamò Lazzaro. «Pasqua è fra

otto giorni. Tu e i tuoi apostoli sarete miei ospiti, finché sarà passata».

«Non sarà necessario, Lazzaro. Otto giorni sono tanti e noi toglieremo il disturbo molto prima».

«Ma che dici?». Lazzaro stava per replicare quando, a salutare Gesù, arrivarono le sue due sorelle, Marta e Maria. C'era anche il vicino di casa, Simone il lebbroso, come tutti lo chiamavano nonostante Gesù lo avesse guarito. «Ora basta piangere», disse Simone.

«Hai ragione», confermò Lazzaro. «Adesso abbiamo tante cose da dirci».

«Posso farti vedere la mia casa?», lo invitò Simone il lebbroso. «Se sono riuscito a rientrarci, è merito tuo».

La casa di Simone era bella, su due piani e una scala esterna portava al terrazzo. Simone era felice: «Non ti aspettavo», disse. «Non ho nulla da offrirti, ma domani ti organizzerò un pranzo che ricorderai a lungo. Per adesso sediamoci, raccontiamoci le nostre cose davanti a una brocca di vino».

Le ore del giorno passarono veloci. Simone raccontò la sua vita da lebbroso: «Mi ammalai senza accorgermene», spiegò. «Ero giovane quando la mia pelle cominciò a squamarsi e poi a tagliarsi fino a cadere. Ero tutto una piaga. Per anni tutti mi hanno sempre evitato, come se, perfino l'aria che respiravo, fosse infetta. Tante volte ho desiderato morire. Invece un giorno ho incontrato te, Maestro, e mi hai parlato. Ero così felice che mi sarebbe bastato soltanto sentire le tue parole...».

«E invece», lo interruppe Maria, «approfittasti e gli chiedesti di farti guarire».

«Sì, ma credetemi: quando chiesi al Maestro di guarirmi, ero già un uomo felice».

Gesù gli sorrise e lo accarezzò con affetto: «Simone, quello che hai avuto, te lo sei meritato. Sei guarito perché hai avuto fede».

Dopo Simone il lebbroso, tutti aspettavano il racconto di Lazzaro. La curiosità era tanta: tutti volevano conoscere come avesse vissuto “da morto”.

Fu Maria a chiedergli di parlare. «Lazzaro, racconta...». Lazzaro si sentì osservato. Prese un grappolo di uva, ne strappò un acino e lo offrì a Gesù. Prese un altro acino e lo mangiò. Si passò la mano sulla fronte per raccogliere i pensieri e cominciò.

«Io non so che cosa mi sia successo prima di morire. Ancora oggi mi sembra che la mia vita sia iniziata quando sono uscito da quel sepolcro. Ricordo la tua voce, Gesù, che mi ordinava di alzarmi. La sentivo bene. Ma non riuscivo a reagire. Quando hai ripetuto il tuo ordine, ho sentito tornare le forze. Il cuore ha cominciato a battere, ho sentito calore alle braccia e alle gambe. Ho mosso prima le dita delle mani, poi i piedi. Ma è stato difficile rialzarmi. Ero immobilizzato dalle bende. Soltanto la bocca era scoperta e ho potuto respirare. Una forza indescrivibile mi ha invaso il corpo e mi ha dato la spinta per alzarmi e uscire alla luce. Non ho capito nulla, la mia mente non era ancora lucida quando le mie sorelle, Marta e Maria, mi hanno liberato dalle bende. “È stato il Maestro, è stato il Maestro”, gridavano mentre mi baciavano e mi bagnavano con le loro lacrime».

Lazzaro fermò il suo racconto. Intorno ci fu silenzio. Perfino i respiri sembravano tacere. Un colpo di tosse ruppe l'atmosfera irreale e preannunciò una domanda. Era di Giuda Iscariota: «Di quei quattro giorni da morto che cosa riesci a ricordare?».

«Quei quattro giorni da morto li ho vissuti come uno strano viaggio. Ero io, mi vedevo così come sono oggi ma era la mia anima a muoversi. Mi spostavo da un luogo all'altro volando in cerca della pace. La mia anima sapeva che doveva cercare la luce ma non conosceva la strada. E così volava, volava. Era come se fosse costretta ad attraversare un labirinto per trovare la luce pura, quella viva che illumina le emozioni, le gioie, i dispiaceri, i desideri, i peccati. Poi quella luce l'ho raggiunta e ti ho visto, Maestro. Quella luce eri tu». Tutti si girarono verso Gesù...

Giuda Iscariota intervenne ancora: «Ma quando hai sentito che la tua anima stava ritornando nel tuo corpo?».

«Non era andata molto lontano perché, appena raggiunsi quella luce viva, la voce del Maestro bloccò il viaggio».

Giuda Iscariota si rivolse a Gesù: «Come è stato possibile, Maestro, tutto questo?».

«Chi crede in me, Giuda Iscariota, vivrà in eterno». In quel momento ci fu un grido: «Le guardie, ci sono le guardie del Sinedrio». Simone ordinò di spegnere le torce e tutti scapparono. Gesù disse a Lazzaro di fermarsi. «Non andiamo a casa tua questa notte. Dormiremo qui da Simone».

Gesù, ancora una volta, era stato astuto. Le guardie del Sinedrio andarono nella casa di Lazzaro convinti di trovarlo. Invece c'erano soltanto Marta e Maria. Passarono anche davanti alla casa di Simone ma non entrarono: «Questa è la casa di un lebbroso», disse una guardia, «allontaniamoci».

29

Al mattino di buon'ora Gesù e i discepoli uscirono dalla casa di Simone il lebbroso e si diressero verso Gerusalemme. Era domenica: mancavano sette giorni alla Pasqua. Appena fuori da Betania, incrociarono le carovane dei pellegrini: uomini, donne, bambini che viaggiavano accompagnati da canti e preghiere. La giornata era bellissima, il tepore e il profumo della primavera rendevano l'atmosfera gioiosa. Un vento tiepido piegava le cime degli alberi e le gemme dei frutteti.

Gesù dall'alto del colle ammirò Gerusalemme che in quell'ora del mattino era immersa in una luce bianca, delicata. «Che bella città», sussurrò a Pietro. «È l'ultima volta che la vedo da qui. Il mio destino sta per compiersi». Pietro stava per replicare ma Gesù in quel momento chiamò Matteo e Giuda Iscariota: «Questa volta non voglio entrare a piedi. Voi prendete quel sentiero. È poco conosciuto e vi condurrà a Betfage, un sobborgo di Gerusalemme. Nel villaggio, legata a un albero, troverete un'asina. Prendetela e portatela. Se il padrone dirà qualcosa, rispondete che il Signore ne ha bisogno».

Matteo e Giuda Iscariota sorrisero: «Maestro, è uno scherzo? Che cosa ce ne facciamo di un'asina? Nel Tempio si sacrificano gli agnelli, non gli asini».

«Fate come vi dico», insistette Gesù.

Matteo e Giuda Iscariota arrivarono nel villaggio e, come Gesù aveva previsto, trovarono l'asina.

La slegarono, ma, da lontano, un contadino urlò: «Quell'asina è mia: al ladro, al ladro!».

«No, non siamo ladri», disse Matteo. «Serve al nostro Signore, ve la riporteremo al nostro ritorno questa sera stessa».

«Se serve al Signore», rispose il contadino alzando le mani in segno di rispetto, «ve la lascio volentieri».

«Come fa a sapere chi è il nostro Signore?», si domandò Giuda Iscariota, ma non riuscì a darsi una risposta.

La sorpresa di vederli arrivare con l'asina fu pari alla gioia di vedere salire Gesù sulla sua groppa. Gli apostoli, per formare una sella comoda, utilizzarono i loro mantelli. Ben presto i pellegrini intorno a Gesù furono numerosi. Molti uscivano dalle case, vedevano il corteo e si accodavano. Molti restavano invece sull'uscio agitando le mani in segno di gioia e gridando: «Salvaci, libera questo paese!».

«È il Messia!», gridò improvvisamente un anziano dal ciglio della strada. «Nelle Scritture c'è scritto che il liberatore del popolo d'Israele sarebbe entrato a Gerusalemme sul dorso di un'asina. È lui, il liberatore».

«Sì, è il Messia!», gridò un pellegrino che aveva assistito al prodigio della moltiplicazione dei pani e dei pesci. «È Gesù. Guarisce gli ammalati e fa i miracoli».

«Sì», disse ancora un altro che arrivava da Gerico. «Ha dato la vista a un cieco».

Mentre si diffondevano le voci sull'arrivo di Gesù, a Gerusalemme aumentava il numero dei pellegrini che, curiosi di vederlo, andavano verso il corteo e si arrestavano ai lati del sentiero applaudendo e formando due immense ali di folla esultante.

Molti seguivano il corteo gridando: «Osanna! Osanna! Al figlio di Davide», mentre Gesù, in groppa all'asina, avanzava lentamente verso il Tempio di Gerusalemme.

«Osanna! Osanna!», ripeterono ininterrottamente al suo passaggio. «Osanna al figlio di re Davide».

Devi sapere, lettore, che "Osanna" è la trascrizione in greco antico, la lingua in cui i quattro Vangeli furono scritti, dell'espressione ebraica "Hôsci'âhnà", che vuole dire: "Dona salvezza ora". Riferita a Dio, aveva due significati: uno di supplica, "Aiutaci Signore"; l'altro di esultanza, "Dio è grande! Evviva! Urrà". Come "Evviva" era usato a Roma per accogliere il ritorno a casa dei condottieri e delle loro armate dopo una vittoria. Nelle feste religiose in Palestina invece era usato nel suo primo significato, come preghiera a Dio e come segno di esultanza. Gesù venne accolto quindi per la prima volta con un termine divino: quel giorno dunque la folla lo considerò ufficialmente il Messia tanto atteso, discendente dalla stirpe del mitico re Davide, il figlio di Dio mandato sulla Terra per portare la salvezza.

Sentendo tanto entusiasmo, dunque, gli apostoli furono felici e non ebbero più paura. Più di tutti era soddisfatto Giuda Iscariota, che aveva gli occhi pieni di lacrime d'emozione. «È il giorno più bello della mia vita», diceva abbracciando ogni pellegrino che gli capitava vicino. «È arrivato, finalmente, il grande giorno. La conquista del regno si sta avverando. Ecco il Re dei Giudei. Benedetto il re che viene nel nome di Dio».

Le grida di Osanna vennero udite fin sopra la Torre Antonia che dominava il Tempio, dove il procuratore Ponzio Pilato e la moglie Claudia Procula risiedevano quando si trovavano a Gerusalemme.

Scortata da due schiave, Claudia si fece accompagnare sulla cima della torre. «Sono curiosa di vedere che cosa stanno combinando questi ebrei», disse affacciandosi. Dall'alto vide un uomo in groppa all'asina acclamato dalla folla. Riconobbe Gesù. «Ma è lui», si lasciò scappare ma si fermò in tempo. Poi si emozionò: "È proprio lui, Gesù, l'uomo che due anni fa ho salvato dalle ire dei mercanti del Tempio".

Anche nel palazzo reale, Erode Antipa udì le grida di Osanna dall'alto del suo palazzo. Circondato dai suoi soldati, si precipitò sui bastioni e vide le centinaia di migliaia di pellegrini che, con ramoscelli di ulivo e maestose foglie di palma, facevano festa al passaggio dell'uomo in groppa all'asina. «Chi è?», domandò stupito al sovrintendente Cusa che lo aveva raggiunto con la moglie Giovanna. «È Gesù di Nazaret», rispose lei decisa.

«E che fa? Perché lo festeggiano?».

«È un profeta», rispose ancora Giovanna, senza trovare il coraggio di dire che lo consideravano il Messia, il re dei Giudei.

«Che noia! Questi profeti!», esclamò allontanandosi con sufficienza e alzando le spalle Erode Antipa. Poi si ricordò della lettera, che qualche mese prima Caifa gli aveva fatto arrivare, sentì un brivido e ordinò a Cusa di mandare i soldati a controllare. «Voglio sapere tutto. Chi è, che cosa fa, quanta gente c'è al suo seguito».

«Non c'è pericolo», riferirono i soldati, tornando qualche ora dopo. «Non sono armati. Hanno soltanto ramoscelli di ulivo e rami di palma».

«Allora è un problema dei sacerdoti e di Caifa. Si occupi lui di questo profeta», commentò rassicurato Erode Antipa. «E, se la situazione sfuggisse al loro controllo, sarà un problema di Ponzio Pilato. Il rispetto dell'ordine pubblico della Giudea dipende dai romani. Anzi non vedo il momento che passi anche questa Pasqua per tornarmene a Tiberiade, in Galilea». Poi allontanandosi borbottò: «Io con questi profeti non voglio più avere a che fare».

Intanto Gesù continuò il corteo trionfale in groppa all'asina fino alla piazzetta del Tempio. «Osanna! Osanna!», continuarono a gridare i pellegrini, stendendo in terra i loro mantelli al suo passaggio. «Benedetto colui che viene nel nome del Signore». «Osanna al figlio di Davide». «Osanna nel più alto dei cieli».

Arrivati al Tempio, le ali di folla si chiusero al passaggio di Gesù e un muro umano si formò alle sue spalle. Caifa, il Sommo Sacerdote, vide la scena e dette l'ordine di sbarrare le porte del Tempio.

Nicodemo lo fermò. «No, non lo fare. Non puoi chiudere il Tempio, porterebbe disgrazie. Vuoi essere Caifa la causa di tutti i nostri mali?».

Davanti al portone del Tempio, Gesù scese dall'asina e si girò verso la folla che, a poco a poco, ammutolì. Soltanto i bambini continuarono a saltare felici e a gridare «Osanna».

«Falli stare zitti», ordinarono i sacerdoti che sbarravano l'ingresso indignati.

«Se li facessi tacere, griderebbero i sassi», fu severo Gesù che poi ordinò alla folla: «È ora di tornare ai vostri accampamenti per prepararvi alla Pasqua».

«No, Gesù, vogliamo continuare a portarti in trionfo fino al palazzo reale», si levò un urlo. «Lì è il tuo posto. Sarai il nostro re».

«Tu sei il nostro Messia», gridarono in coro.

Gesù ancora una volta li invitò a tornare a casa. «Prepariamoci per la Pasqua», insistette.

A malincuore la folla si disperse. Giuda Iscariota si avvicinò a Gesù deluso. «Maestro, perché li lasci andare?», domandò. E poi ribadì con rabbia: «Avevamo la città in pugno. Tutta questa gente ti ha acclamato re. Non abbiamo incontrato alcuna resistenza. Il Tempio è rimasto aperto. Il nemico è inesistente. Era il momento giusto per trionfare».

Gesù non rispose. Entrò nel Tempio seguito dagli apostoli. Soltanto Giuda Iscariota restò fuori, si appoggiò a una colonna, con gli occhi carichi di delusione: "Dove è finito l'uomo che mi aveva affascinato? Pieno di ardore e di forza. Colui che cacciava i mercanti a frustate. No, non è possibile".

Gesù salì sull'altare con passo deciso: l'acclamazione della folla gli aveva dato sicurezza. Pensò che fosse giunto il momento di attaccare fino in fondo con un discorso, duro e aperto. Così, dal leggio, scagliò le sue accuse ai farisei: «Avete rinnegato le vostre radici. Fate sfoggio di ipocrisia. Disprezzate i poveri. Vi fermate a controllare chi opera il sabato e a punire, mentre i vostri comportamenti sono scandalosi. Vi farò capire meglio con un esempio che in passato ho già fatto a coloro che hanno sollevato questa questione. Chi tra di voi, avendo una pecora, se questa gli cade di sabato in una fossa non si dà da fare per tirarla fuori e salvarla? Ora, quanto è più prezioso un uomo o una pecora? E allora: lasciate fare il bene anche di sabato».

I sacerdoti e i farisei si strinsero intorno a Caifa: «Vuole rifare le leggi», mormorarono con i volti rossi di rabbia. Gesù continuò a parlare, accusò ancora, raccontò altre parabole, usò parole che a molti toccarono il cuore, ma che suscitarono l'odio dei sacerdoti. Dopo di lui nessun altro parlò. Il Tempio si svuotò lentamente. Caifa, furente più che mai, chiamò uno scriba: «Avverti tutti, per domani è convocata l'assemblea straordinaria del Sinedrio, per discutere argomenti di estrema gravità. È in pericolo l'esistenza stessa di Israele».

Gesù, aiutato dagli apostoli, si ritirò in tutta fretta a Betania. Nella casa di Lazzaro erano arrivati altri pellegrini, familiari e amici provenienti dalla Galilea. C'era tutta la famiglia di Pietro: i due figli, la moglie e la suocera. C'era la famiglia di Giovanni e Giacomo: il padre Zebedeo con la moglie Susanna. E c'era la Maddalena. In fondo alla stanza Gesù vide Maria, sua madre. Era stanca, ma l'età non più giovane, anche se aveva alterato il suo viso, non aveva offuscato la sua bellezza. Non si incontravano dal giorno delle nozze di Cana. Gesù le corse incontro. Maria, la madre, fu sorpresa: aprì le sue braccia e lo accolse bagnandogli di lacrime il viso per la gioia e per l'emozione.

«Madre, madre mia», mormorò Gesù come faceva da bambino quando i dubbi erano tanti.

«Figlio mio, Gesù mio. Quanto mi sei mancato».

Dalla morte del padre Giuseppe, Gesù non era stato più tanto affettuoso con lei. E Maria trovò la forza di spiegarsi: «Non so se ho sbagliato a nasconderti, quando eri ragazzo, il mistero della tua nascita. Pensai che fosse giusto farlo. Figlio mio, non ti ho mai detto che eri stato mandato da Dio sulla Terra perché ritenevo che dovessi scoprirlo da solo, che non fosse mio compito svelartelo. E poi», la sua voce si incrinò e il suo sorriso non riuscì a nascondere quella malinconia che l'aveva accompagnata tutta la vita. «... E poi, mi illudevo che non fosse vero, che appartenessi solo a me, che io fossi come tutte le mamme della Terra».

«Madre», l'abbracciò ancora Gesù, «tu non hai sbagliato. Era tutto scritto dal Padre mio che è nei cieli. Facendo nascere me, tu hai fatto nascere tutti gli uomini. Sei la madre di tutti. Sappi però che presto una spada ti trafiggerà il cuore».

«Figlio mio, non ho paura. Per amore tuo mi farei uccidere», disse Maria abbracciandolo stretto e sentendo che era uno degli ultimi abbracci.

A interrompere il loro colloquio carico di amore ma anche di disperazione, arrivò Simone Zelota: «Maestro, c'è un gruppo di zeloti che ti vuole parlare».

Gesù guardò Maria dolcemente, lei capì che si stava avvicinando il momento in cui l'avrebbe perduto per sempre e uscì.

Il gruppo degli zeloti era guidato da un uomo grande e grosso con la barba folta e riccia. Nonostante fossero passati tanti anni, Gesù lo riconobbe. «Barabba», lo chiamò sicuro.

«Conosci il mio nome?», domandò lui perplesso.

«Un giorno ti ho dato da bere».

«Tu, il Messia, hai dato da bere a me?», sorrise ironico Barabba.

«Sì», confermò ancora Gesù. «Tu eri un prigioniero. Eri trascinato in catene dai romani...».

A Barabba si illuminarono gli occhi che improvvisamente diventarono meno duri.

«Tu... Tu... Quel bambino... Ricordo... Si chiamava... Gesù... È vero... Gesù, come te. Sei tu... Proprio tu... Quel ragazzino dagli occhi azzurri che mi dette da bere sfidando l'ira dei romani?».

«Sì, Barabba, sono proprio io».

«E come hai fatto a diventare il Messia?», disse ironico Barabba, ritornando a essere l'uomo truce e dagli occhi cattivi. «Ne è passato di tempo», continuò. «Riuscii a fuggire, mentre mi trasferivano. E da allora ho ucciso tanti di quei romani da perdere il conto. È quello che si meritano. Ci dissanguano e ci disprezzano. Ne ho ammazzati tanti e ancora tanti ne ammazzerò», concluse.

«Ora dimmi, Barabba, che cosa sei venuto a fare da me?», tagliò corto Gesù.

«Gesù, abbiamo visto oggi la folla osannarti. Vogliamo che tu ti metta alla testa dei nostri uomini per cacciare i romani. Il popolo ti vuole re. Tu sarai il Re dei Giudei».

«Barabba, state sbagliando. Io non odio i romani e non odio nessuno, perché il mio regno non è in questo mondo».

«Che cosa vuoi dire?», si sorprese Barabba. «Stai rifiutando la nostra offerta?».

«Non la rifiuto, Barabba, ma non sono io quello che tu cerchi. Anzi, se vuoi, unisciti a me e ai miei apostoli».

«Venire con te? A fare che cosa? Io voglio cacciare i

romani dalla nostra terra. Chi è con i romani, è contro di me. Bada, Gesù, la mia vendetta non ha limiti. Se rifiuti, mi avrai contro».

«Rifiuto», fu gelido Gesù e Barabba uscì dalla casa di Lazzaro furente. Gesù invece rimase tranquillo. "Anche questo incontro era scritto. Tutto si sta compiendo", pensò.

La giornata era stata particolarmente calda ma con il calare della sera si era rinfrescata. I pellegrini, dopo avere acceso le torce davanti alla casa, continuarono a intonare canti e a invocare Gesù.

Maria, la sorella di Lazzaro, lo prese per mano e lo portò nella sala dove Marta aveva preparato la cena: «Ora che siamo tutti uniti, beviamo», disse Gesù.

30

La mattina dopo, sulla strada per Gerusalemme, l'aria era fresca e Gesù, per non sentire il freddo, camminò con passo veloce. A terra c'erano ancora i segni della festa e degli onori che i pellegrini gli avevano tributato il giorno prima: le palme, i fiori, i ramoscelli di ulivo, calpestati e secchi. Il cielo era grigio come l'animo di coloro che incontrava. Si respirava un'atmosfera di tensione e di paura. Sai, lettore, come se si attendesse da un momento all'altro lo scoppio di un evento terribile, una tempesta dal cielo o un terremoto dalle viscere della Terra. Gesù arrivò al Tempio ma era ancora chiuso. Aspettò che venisse aperto. Quando fu l'ora, tre suoni di corno annunciarono che si poteva entrare. Poiché si era formata una piccola folla, come era solito fare, salì sull'altare e, dopo avere letto dal leggio, qualche brano delle Sacre Scritture, disse: «Oggi voglio parlarvi del peccato e della presenza di Dio. Sapete che, chi commette il peccato, è schiavo del peccato. Ma, contrariamente a quanto accade per lo schiavo che può ottenere la libertà dal suo padrone, chi è schiavo del peccato può essere liberato soltanto da Dio. Se il figlio di Dio vi libera dal peccato, è come se vi liberasse il Padre, cioè lo stesso Dio, perché il figlio dimora sempre nella casa del Padre. Se dunque il figlio vi farà liberi, allora sarete liberi veramente».

I farisei non capirono che Gesù, come casa del Padre, intendeva la Casa Celeste, e reagirono con durezza: «Noi non siamo bastardi, né schiavi, abbiamo solo un padre che è Dio».

«Se Dio fosse il vostro Padre, come voi dite», rispose sereno Gesù, «certamente amereste anche me. Io infatti vengo da Dio, non sono venuto per mia volontà ma è lui, il Padre, che mi ha mandato».

«Ma come parli? Sei un ignorante, non sai neppure tu quello che dici», lo insultarono.

«Voi non capite il mio linguaggio», replicò Gesù alzando il tono della voce che diventò arrabbiato, «perché non volete accettare il mio insegnamento. Voi avete il diavolo per padre e volete eseguire le brame di quel vostro padre. A me non credete perché io sono la verità».

I farisei se ne andarono infastiditi e rabbiosi, gridando: «Ignorante... ignorante». Gesù restò a parlare ancora alla folla. Poi uscì dal Tempio per tornare a Betania a passare la serata in casa di Simone il lebbroso dove lo aspettavano i suoi apostoli, Lazzaro con le sorelle, la madre Maria, la Maddalena e tutte le altre donne fedeli che ormai lo segui vano in ogni spostamento.

Sulla piazzetta del Tempio fu fermato da un gruppo di scribi e di farisei: trascinavano con forza una donna con le mani legate e i vestiti stracciati che lasciavano vedere il suo corpo. «Questa donna è un'adultera», gli dissero. «Il marito l'ha sorpresa con un altro uomo. L'amante è già stato lapidato. Ora tocca a lei. Mosè, infatti, nella Legge ha ordinato: "Se un uomo commette adulterio con una donna sposata o con una donna del suo vicino, l'uomo e la donna saranno lapidati". Tu che dici?».

Gesù non rispose. Si sedette per terra, si appoggiò al muro, si chinò e cominciò a fare disegni con il dito sulla sabbia come se la loro domanda non lo interessasse.

Loro insistettero sfidandolo a parlare di perdono davanti alla trasgressione della legge di Mosè: «Avanti, che cosa dobbiamo fare di questa peccatrice? Tu sei il Maestro. Ti piace dare lezioni. Di': che cosa dobbiamo fare».

Gesù guardò la donna. Era scalza, indossava una vestaglia corta che le scopriva le gambe, bianca, sporca di polvere e aveva i capelli neri unti che le davano un aspetto trasandato. «La vedi? È sudicia dentro e fuori. L'abbiamo strappata al suo amante proprio mentre stava peccando con lui», accusarono ancora scribi e farisei.

Gesù si alzò, guardò ancora la donna e poi, in segno di sfida, guardò gli accusatori.

«Dite che lei è una peccatrice. È così?», gridò.

«Sì, ha tradito il marito. È stato lui stesso a scoprirla, mentre stava appartata con il suo amante, e a chiamarci per lapidarla. È una adultera; sì, è una peccatrice».

«Quindi deve essere punita perché è una peccatrice», gridò ancora più forte Gesù allargando le braccia.

«Sì, è un'adultera», confermarono i farisei in coro.

«Bene. Avete ragione, ora chi di voi non ha mai peccato scagli la prima pietra contro di lei», e tornò a sedersi per fare disegni nella sabbia. Non aveva altro da dire e aspettò. Ognuno degli accusatori guardò il vicino, in attesa che venisse scagliata la prima pietra contro la donna. Ma le pietre, una a una, vennero appoggiate per terra. Nessuna fu scagliata. Poi gli scribi e i farisei se ne andarono in silenzio. Nella piazzetta non rimase più nessuno.

Gesù restò solo con la donna, lì a terra, in attesa del suo destino. Si alzò, le andò vicino, le liberò i polsi dalla corda e sorridendo le chiese: «Donna, i tuoi accusatori sono scomparsi».

La donna gli lanciò uno sguardo dolente, ma dignitoso. Restò distesa nella polvere, gli occhi fissi nel vuoto. Cercò di coprirsi le gambe e il seno con le braccia, raggomitolandosi. Gesù le disse: «Alzati». Lei si alzò e continuò a tentare di coprirsi. Lì, in piedi, Gesù le ripeté: «Vedi, i tuoi accusatori non ci sono più».

Lei si girò e, mentre le lacrime scendevano sulle sue guance, si guardò intorno per cercare gli uomini che l'accusavano, ma non vide nessuno.

«Sono andati via. Nessuno ti ha condannato, non è così?», le disse Gesù.

«Sì, nessuno, Signore».

«Neppure io ti condanno: vai ora, non peccare mai più».

La donna prima timorosa, poi sospettosa, finalmente sicura che nessuno le avrebbe più fatto del male, guardò Gesù e gli domandò: «Perché mi hai perdonato?».

«Perché hai cercato l'amore», rispose Gesù. «Anche se era un amore sbagliato. Per questo, invece della pena, hai ricevuto misericordia».

«Chi sei tu che stai trafiggendo il mio cuore?», domandò ancora la donna alzandosi. «I tuoi occhi mi fanno sentire pura. È la prima volta che un uomo mi guarda con la tua dolcezza, senza desiderio».

«Vai, inizia la tua nuova vita e non voltarti più indietro. Dimentica quello che hai fatto».

La donna guardò ancora una volta Gesù, e poi, temendo di svegliarsi da quel meraviglioso sogno, scappò. Anche Gesù si mosse per andare via, ma aveva fatto pochi passi quando sentì la voce di un uomo che chiedeva la carità. Era un cieco. «Fate la carità a un povero cieco. Pietà. Fate la carità».

Gesù si avvicinò: «Da quando sei cieco?», domandò.

«Sono cieco dalla nascita. Ma tu chi sei? Quando ti sei avvicinato a me, ho sentito una sensazione strana: un calore che mi sta facendo sudare».

Gesù non rispose. «È l'uomo di Nazaret», disse invece uno che gli era vicino.

«Gesù di Nazaret?», si stupì il cieco.

«Sì, proprio io».

«Il Messia?».

«Sì, il Messia», confermò il suo vicino.

«L'amico di Lazzaro?».

«Sì, quello che lo ha resuscitato».

Il cieco si gettò ai suoi piedi. «Gesù, se sei il Messia, fai che io veda. Tu puoi tutto. Se sei riuscito a fare resuscitare un morto, puoi dare la vista a me».

Gesù cercò di allontanarsi. Aveva deciso di non fare più miracoli: "Voglio che la gente creda per quello che dico e non per quello che faccio. E poi non qui vicino al Tempio, sotto lo sguardo severo dei sacerdoti e dei farisei".

Vedendolo titubante un fariseo gli domandò: «Maestro, chi peccò, lui o i suoi genitori, perché nascesse cieco?».

Gesù si fermò a rispondere: «Lo so che voi siete convinti che l'infelicità di questo uomo sia colpa di peccati commessi da lui o da qualcuno della sua famiglia. Ebbene, vi dico che sbagliate. Sono superstizioni stupide. Quest'uomo non ha nessuna colpa, se è cieco. Per questo io lo guarirò».

Si chinò, raccolse della terra e ne fece, con la saliva, un po' di fango, che spalmò sugli occhi del cieco dicendo: «Portatelo a lavarsi nella vasca qui vicino».

Il cieco andò e si lavò. «Che mi succede?», domandò incredulo. «Come è possibile? Io vedo la mia immagine nell'acqua. Io ci vedo, io ci vedo».

«Come è possibile che un cieco veda?», dissero i sacerdoti e i farisei che erano arrivati lì vicino. «È falso, è falso», urlarono alla folla. «Si è finto cieco per fare gridare al miracolo. Sono due impostori».

«Ma no, io sono il mendicante che da anni chiede l'elemosina qui, davanti al Tempio», insistette l'uomo, che cieco non era più, andando incontro a Gesù. «Lui mi ha fatto un miracolo».

«Sono due peccatori!», urlarono ancora i sacerdoti.

«Ma se fosse un peccatore», ribatté un pellegrino, «come potrebbe fare questi prodigi?».

«È tutto un imbroglio», ribadirono i sacerdoti. «Sono d'accordo per dividersi l'elemosina».

«Ma non è possibile. Li conosciamo: lui è Gesù di Nazaret, è un profeta; e lui è cieco dalla nascita. È da anni che chiede l'elemosina qui».

Intorno si formò una folla ancora più numerosa. La gente, arrivata per entrare nel Tempio, si fermò e si accalcò nella piazzetta. La confusione divenne sempre più turbolenta. Alcuni curiosavano soltanto, altri intervenivano. Si avvicinò anche un gruppo di uomini dal volto semicoperto da mantelli neri. Arrivò anche la ronda dei soldati romani che controllava il Tempio. «Sgomberate, sgomberate. Non potete stare fermi qui davanti», urlò il capo. «Sgomberate la piazza. Liberate l'ingresso».

Ma anche la ronda si fermò incuriosita dal cieco, che gridava al miracolo, e dalla folla, divisa tra proteste e applausi. Ai farisei e ai sacerdoti si erano aggiunti anche alcuni scribi che, attirati dagli schiamazzi, erano usciti dal Tempio.

«Fate largo, fate passare», gridarono i farisei.

«Che succede?», domandarono con tono autoritario gli scribi.

«Costui», spiegarono i farisei, indicando con sdegno Gesù, «afferma di avere ridato la vista a questo cieco. È un bugiardo e il cieco è un impostore: non è mai stato cieco».

«Ma che dite?», si indignò il mendicante. «Io sono cieco dalla nascita».

Gli scribi si rivolsero allora a Gesù. «E tu ora ti metti a ridare la vista ai ciechi? Insomma ti credi onnipotente: fai camminare gli storpi e i paralitici, guarisci chi è malato...».

«Ha ridato la vita ai morti...», urlò con sarcasmo un sacerdote.

«Sì, abbiamo saputo anche questo... Hai fatto risorgere un certo Lazzaro, lo hai fatto uscire dalla tomba, cacci i demoni e ora dai anche la vista. Ma bravo... bravo. Allora ti chiedo ancora, sei onnipotente?».

Gesù alzò gli occhi e li puntò come una lancia contro il suo interlocutore fino ad arrivargli all'anima. Poi li abbassò, frenando la sua ira. E rispose: «Io sono venuto in questo mondo per dare la vista ai ciechi, come a quest'uomo, ma anche a voi, che credete di vedere e invece siete ciechi».

«Noi che conosciamo la legge sacra siamo ciechi? È questo che vuoi dire?».

«Voi siete più che ciechi». Gesù alzò il tono della voce. «Se foste solo ciechi, sareste senza peccato. Invece...».

«Ora stai esagerando. Vuoi provocarci. Sei un sobillatore. Un bugiardo».

Gesù tentò di allontanarsi. Un fariseo lo fermò: «Ma chi credi di essere? Tu stai truffando questa gente. Parli di regno da conquistare. Sei un bugiardo. Anzi sei uno stregone, un mago».

Per Gesù quelle parole furono come una frustata in pieno viso. Si avvicinò al fariseo, allungò il braccio, e tese l'indice: «Guai a voi, scribi e farisei!», urlò con gli occhi azzurri arrossati dalla rabbia. «Ipocriti. Maestri del vuoto. Siete come i sepolcri imbiancati: bellissimi e splendenti fuori, ma dentro pieni di ossa putrefatte. In verità vi dico che, dopo di me, Gerusalemme piangerà e che questo Tempio, reso da voi ricettacolo di peccato, sarà distrutto. Perché state per macchiarvi di una colpa che griderà vendetta per generazioni in tutto il mondo. Voi siete serpenti. Invece di gridare: "Benedetto colui che viene nel nome del Signore", mi insultate. In verità vi dico che io e il Padre, che è nei cieli, siamo una cosa sola».

«Ha bestemmiato, ha bestemmiato. Dice di essere Dio. Uccidiamolo come prescrive la legge».

In quel momento si udì un fischio. «È il segnale!», urlò uno degli uomini che indossavano il mantello nero, lanciandosi nella folla insieme con i suoi compagni. «A morte i romani», urlarono. «A morte i romani».

«Gli zeloti, gli zeloti», gridò la folla correndo via in cerca di scampo.

Il sole fece luccicare le lame del coltello degli zeloti, "la sica" piccola e affilata. Il manipolo dei soldati romani fu subito annientato e, sotto i loro corpi, si formò una pozza di sangue. Ma arrivò un altro contingente di soldati e la guerriglia continuò più cruenta.

Quando finì, sulla piazzetta del Tempio si contarono i morti e i feriti. Molti erano pellegrini innocenti. Degli zeloti soltanto uno si salvò. Fu preso, trascinato in catene e picchiato a sangue a ogni passo. «È un traditore!», urlò un uomo ferito. «È il capo degli zeloti. Il più crudele», urlò un gruppo di gente esasperata che si lanciò tentando di rompere lo schieramento dei soldati per linciarlo. «Sei un bastardo, Barabba, un cane rognoso. Criminale», inveì un altro ancora. «Appendetelo subito, impiccatelo. Non merita di vivere più: è un essere immondo. Per colpa sua non c'è più pace in questo paese. Uccidetelo». La folla era inferocita. Barabba si faceva trascinare senza perdere la sua fierezza: pur sanguinante, guardò tutti con odio mentre un ghigno gli segnava la bocca.

Gesù riuscì, approfittando della confusione, ad allontanarsi e arrivò a Betania che era già mezzogiorno. Gli apostoli, Lazzaro, le sue due sorelle e tutti gli amici pellegrini gli furono attorno. «Gesù, stai bene? Eravamo preoccupati. Abbiamo saputo che ci sono stati gravi disordini davanti al Tempio. Abbiamo avuto paura per te».

Gesù rassicurò tutti. Il suo viso era triste e i suoi occhi vicini al pianto. Raccontò i fatti che lo avevano visto protagonista e concluse: «È stato un massacro. Ma è soltanto l'inizio».

Arrivò Simone il lebbroso. Tutti erano stati invitati nella sua casa per il pranzo e fremeva perché le pietanze rischiavano di diventare fredde.

«Forza. Mettiamoci a tavola», disse battendo le mani per sollecitare a entrare in casa. «Non pensiamo più alle cose tristi. Adesso mangiamo».

Gesù entrò. Salutò tutti gli ospiti e poi andò a sedersi vicino a sua madre. Gesù le prese la mano, gliela strinse con amore e lei se la portò sulla bocca, accarezzandola con un bacio.

31

Il giorno seguente, martedì, Gesù chiamò come sempre di buon mattino i suoi apostoli: «Torniamo al Tempio», disse deciso.

«Maestro», disse Simone Zelota, «forse stiamo sbagliando a tornare; dopo quello che è accaduto, ci saranno soldati romani dappertutto. Restiamo tranquilli a Betania per fare calmare le acque».

«Non abbiamo più tempo, Simone», ribadì Gesù. «Quello che è deciso è deciso. Non possiamo farci vedere timorosi. La verità è con noi. Ed è arrivato il momento di farlo capire. Avete visto la folla? Chiede a gran voce cambiamenti».

Arrivarono al Tempio e le porte erano già aperte. Gesù, come aveva fatto il giorno prima, salì sull'altare per parlare.

«Con che arroganza entri ancora qui dentro? Non puoi fare finta di niente», disse un sacerdote appena lo vide. «Chi ti dà l'autorità di comportarti così?».

«State a sentire», disse Gesù lasciando il leggio e avvicinandosi ai pellegrini che già erano numerosi. «Un uomo, un agricoltore, ha due figli e dice a uno: "Vai in campagna a lavorare la vigna". Il figlio risponde: "Che seccatura, oggi non ho voglia". Però poi ci va. Dice la stessa cosa all'altro figlio che risponde: "D'accordo, padre, vado subito".

Invece non ci va». Gesù si guardò attorno poi si rivolse al sacerdote che lo aveva interrogato e gli domandò: «Chi dei due, secondo te, ha fatto la volontà del padre?».

«È chiaro, che domande? Il primo».

«E così vi state comportando con me: voi non mi credete, i peccatori invece sì. E, perfino dopo avere visto i peccatori pentirsi, continuate a non credere. Io vi dico che saranno i peccatori a precedervi nel regno di Dio. Ecco perché io sono qui. Perché so che sono nel giusto. E lo sapete anche voi».

Gesù girò le spalle al sacerdote e si avvicinò alla folla: «Un uomo, un agricoltore, piantò una vigna. Poi però dovette partire e affidò la sua vigna ad alcuni contadini perché la curassero. Quando fu tempo di raccolto, mandò i suoi servi per ricevere la sua parte di raccolto, ma i contadini li aggredirono e li picchiarono fino a ucciderli. L'agricoltore mandò altri servi e accadde la stessa cosa: non tornarono. Mandò infine il proprio figlio. "Avranno rispetto per lui", pensò. Invece fu peggio: "Questo è l'erede", dissero i contadini, "uccidiamolo e noi saremo i padroni". E lo uccisero».

Gesù finì la sua storia e domandò: «Che cosa farà, secondo voi, il padrone della vigna?».

«Andrà con i soldati e ammazzerà tutti i contadini», si levò un boato dalla folla, che fece accorrere altri sacerdoti indignati: «Tu insegni la violenza. A Dio non piace la violenza».

«Io vi dico: è ora che il popolo si ribelli a voi», disse Gesù deciso e guardandoli a uno a uno negli occhi. «E vi dico ancora che il regno di Dio sarà tolto a voi e dato ad altri che faranno meglio di voi».

Gli apostoli non avevano mai visto Gesù così deciso. Ne furono terrorizzati. Si fermarono in un angolo timorosi. I sacerdoti e i farisei si guardarono. I loro occhi erano rossi di rabbia. «Diamogli addosso!», disse qualcuno. «No, è pericoloso», obiettò un altro, «c'è la folla che lo difende. Andiamo... Tanto per lui il destino è già segnato».

Si allontanarono, ma incaricarono alcuni leviti, addetti ai lavori umili nel Tempio, di controllarlo. «Fategli più domande possibili», suggerirono. «Prima o poi cadrà in contraddizione e lo sorprenderemo in errore».

«Secondo te, è lecito pagare le tasse ai romani?», domandò subito un levita.

Gesù chiese a Giuda Iscariota una moneta. La prese, la girò tra le dita e poi disse al levita: «Di chi è questa faccia impressa sulla moneta?».

«Di Cesare, l'imperatore», rispose.

«E allora date a Cesare quel che è di Cesare e date a Dio quello che è di Dio».

Si avvicinò un altro levita e gli domandò: «È lecito mandare via la propria moglie per qualsiasi motivo, come è scritto nella legge di Mosè?».

«Non avete letto che il Creatore li fece sin dall'inizio uomo e donna e disse: "L'uomo abbandonerà il padre e la madre e si unirà con la propria moglie e i due saranno una sola carne". Non separi dunque l'uomo, quello che Dio ha unito».

«Ma la legge di Mosè dice che si può ripudiare la moglie, mandarla via».

Gesù spazientito, rispose: «Mosè vi permise di ripudiare le vostre mogli solo per placare la durezza del vostro cuore. Ma in principio non fu così. Ora io vi dico: chiunque rimanda la sua donna e ne sposa un'altra, commette adulterio. E chi sposa la ripudiata, commette adulterio».

«Ma allora non conviene sposarsi», ribatté con aria furba il levita. «Quindi tu sei contro la legge di Mosè?».

«Purtroppo», rispose deciso Gesù, «non tutti possono capire le mie parole. E tu sei fra questi».

Aveva appena finito di rispondere che arrivarono due sadducei. «Maestro, se uno muore senza figli e suo fratello sposa la vedova per dare continuità alla famiglia... E poi muore anche questo senza figli... E così via fino a sposarne sette... E infine anche la donna muore. Nella resurrezione, di chi sarà moglie?».

«Voi non conoscete né la Scrittura né la potenza di Dio», rispose Gesù con stizza. «Nella resurrezione i risorti non prendono moglie né si sposano, ma sono come angeli di Dio nel cielo».

Dopo ogni domanda, tutti si ritiravano costernati e delusi. «Non riusciamo a coglierlo in errore», dissero. «Ha sempre una risposta, anche per i quesiti più complicati, come questo dei sette mariti».

Gesù si stancò di quelle domande ed esasperato chiamò attorno a sé i suoi apostoli. Poi si rivolse al popolo dei pellegrini che avevano ormai riempito il Tempio. E come non aveva mai fatto, parlò con violenza contro le autorità religiose.

«In questo Tempio si sono insediati scribi e farisei che non osservano la legge di Dio. Non imitateli perché essi parlano bene ma operano male. Fanno tutto per essere ammirati. Amano i primi posti nelle sinagoghe e vogliono essere riveriti e chiamati maestri. Ma voi non chiamateli più maestri perché uno solo è il vostro Maestro e voi siete tutti fratelli. E non chiamate nessuno sulla Terra vostro padre, perché uno solo è il Padre vostro, quello che sta nei cieli. Non chiamateli precettori, perché uno solo è il vostro precettore, sono io che vi parlo. Il più importante tra voi sia il vostro servo. Perché chiunque si innalza, sarà umiliato; e chi si umilia sarà innalzato».

La folla restò muta, quasi terrorizzata, per le sue parole così dure contro i farisei, i sacerdoti e gli scribi. Gesù non si fermò e diventò impetuoso come un condottiero. Disse puntando l'indice verso gli scranni dei dottori della Legge: «Guai a voi, scribi e farisei ipocriti. Guai a voi che avete preso la chiave della scienza e impedito agli uomini di entrare nel Regno dei Cieli. Guai a voi che girate per la Terra per cercare di fare proseliti e li rendete meritevoli dell'inferno due volte più di voi. Guai a voi, guide cieche, che dite di pagare il tributo al Tempio per ogni minima cosa e poi trasgredite la legge. Stolti, ciechi! Che cosa vale di più: l'oro oppure il Tempio che rende sacro l'oro? Guai a voi, scribi e farisei ipocriti, che pagate la tassa per ogni più piccola cosa e trascurate le cose più importanti della nostra legge: la giustizia, la misericordia e la buona fede. Guai a voi, guide cieche, che filtrate il vostro vino per non inghiottire un insetto e inghiottite un cammello. Guai a voi che costruite i sepolcri ai profeti e abbellite le tombe dei giusti e dite: "Se fossimo stati al posto dei nostri padri, non avremmo versato il sangue dei profeti". Così voi testimoniate contro voi stessi che siete figli di quelli che uccisero i profeti. Serpenti, razza di vipere, come pensate di sfuggire alle fiamme dell'inferno?».

Gesù si fermò. Poi riprese ancora più duro: «Allora, ammettete che siete i figli di coloro che hanno ucciso i profeti! Ebbene, questo sangue, quello che ancora farete versare, ricadrà su di voi».

La tensione gli aveva riempito la fronte di sudore. Si appoggiò a una panca sfinito. Ma, anche da seduto, continuò e parlò della città che più amava ma che più lo stava facendo soffrire: «Gerusalemme, Gerusalemme che uccidi i profeti e lapidi coloro che ti sono stati inviati, quante volte ho voluto radunare i tuoi figli come la gallina raduna i suoi pulcini sotto le sue ali. Eppure sarai lasciata deserta. D'ora in poi non mi vedrai più fino a che tutti grideranno: "Benedetto colui che viene nel nome del Signore!"».

La folla restò in silenzio e gli aprì un varco dove lui passò velocemente, a testa bassa per non guardare nessuno. Ormai il sole era alto e voleva tornare con i suoi apostoli a Betania. Ci arrivò velocemente, senza che venisse fermato o disturbato. A casa, sfinito, salutò tutti velocemente. «Perdonatemi», disse, «ho bisogno di stare solo per riposare e per riflettere».

32

Il giorno dopo, i sacerdoti giudei della città si passarono la voce: dovevano riunirsi e prendere decisioni; senza perdere ulteriore tempo. Si diedero appuntamento nel Tempio, che mai come quel giorno fu così affollato: stavano pigiati insieme ai farisei, con le gole urlanti e gli occhi incattiviti; sentendo uno il respiro dell'altro sul proprio corpo; odorando uno il sudore dell'altro; alitando uno sulla nuca dell'altro. «Quest'uomo che dice di essere il figlio di Dio», ci fu un grido che sollevò un applauso, «ci sta togliendo ogni potere agli occhi del popolo, va fermato». «Scoppierà una tragedia», gli fece eco un altro dall'altare del Tempio. «Il popolo potrebbe ribellarsi e proclamarlo re d'Israele». E lo sgomento affiorò negli occhi di molti che zittirono chi osò dire: «Ma lui non sembra volersi occupare di politica». «E non è forse un politico uno che trascina la folla facendo credere di essere capace di compiere miracoli sbalorditivi? Lui è più di un politico», fu la conclusione di quelli considerati i più saggi.

Si convinsero che, se Gesù non fosse stato fermato, per placare la rivolta sarebbero arrivate a Gerusalemme tutte le coorti romane di stanza in Palestina, e forse anche le legioni di Siria. Ci sarebbe stata una strage di ebrei, molti avrebbero pagato con la vita. «Basta», tuonò uno dei sacerdoti più vecchi. «Bisogna prevenire questa catastrofe, bisogna stroncare il potere di questo Gesù prima che esso infiammi le masse e susciti una rivolta. Agiamo subito: domani è già troppo tardi».

Il bisbiglio diventò assordante e i pensieri esternati a voce bassissima diventarono rumore: «Se lo lasciamo fare, molti crederanno in questo Gesù e lo seguiranno. I romani verranno a distruggere il nostro Tempio e il nostro Paese».

Poi scese il silenzio e tutti aspettarono le parole di Caifa, il Sommo Sacerdote. Caifa apparteneva al gruppo religioso dei sadducei, che erano, come sai già, nemici dei farisei perché li consideravano accecati dal loro integralismo religioso: troppo per loro che si consideravano permissivi. Ma Caifa fece subito capire che contro Gesù i due gruppi dovevano unire i pensieri e le forze: «È meglio che muoia un solo uomo per salvare il popolo, piuttosto che mandare alla guerra una nazione intera». Caifa non fece il nome di Gesù, ma fu chiaro a tutti che Gesù doveva morire. «Prendiamolo subito prima che lo avvertano e si nasconda», gridò eccitata la folla di sacerdoti e di farisei.

«Fermi», gridò Caifa. «È pericoloso tentare di sorprenderlo e ucciderlo in mezzo alla gente che sta dalla sua parte. Non dobbiamo ucciderlo durante la festa per i preparativi della Pasqua. Ci sarebbero tumulti tra il popolo».

«Parla chiaro, Caifa», gridò un sacerdote dal fondo del Tempio con un vocione che arrivò chiaro anche alle orecchie di chi stava lontano. «Dicci il tuo piano».

Il silenzio scese nel Tempio nell'attesa che Caifa rispondesse. E Caifa rispose con voce calma e decisa, che non concedeva repliche: «Bisogna agire con l'inganno. Fate "passaparola" tra le persone più fidate. Chi scopre dove Gesù può essere trovato da solo, lo denunci, e lo arresteremo».

Gesù intanto stava pranzando a Betania in casa dell'uomo che aveva guarito dalla lebbra. C'erano i suoi amici Lazzaro e le sue sorelle Marta e Maria. C'erano alcuni dei suoi apostoli. E c'era sua madre, Maria. Gli occhi sembravano malinconici anche se sulle sue labbra affiorava il sorriso. «Che cosa hai?», gli domandò Lazzaro. «Qualcosa ti tormenta?».

«Come potrei tormentarmi?», mormorò Gesù mettendo una mano sulla spalla dell'amico. «Sono circondato dalle persone a cui voglio bene. Il pranzo è succulento e sto mangiando in abbondanza».

«Già, Simone il lebbroso non ha badato a spese», lo interruppe Lazzaro sorseggiando vino dal calice.

«Perché ancora chiami così il buon padrone di casa, Lazzaro?», disse Gesù con un lieve tono di rimprovero.

«Scusami, Gesù. Lo chiamano tutti Simone il lebbroso da quando lo hai guarito dalla lebbra».

«Non lo chiamavate così, per rispetto, quando era malato e, ora che è guarito, non lo rispettate più», disapprovò, ma amorevolmente, Gesù, che poi ringraziò Marta che gli stava servendo altro cibo, mentre sua sorella Maria entrava nella sala da pranzo: portava un vaso di alabastro che conteneva una libbra di nardo autentico, un olio profumato assai prezioso. Maria spezzò il collo del vaso, si inginocchiò davanti a Gesù che la lasciò fare, e versò nelle sue mani il nardo.

«Che fa tua sorella Maria?», domandò l'apostolo Giuda Iscariota a Lazzaro, mostrandosi preoccupato.

«Rende omaggio a Gesù spalmandogli il nardo sui piedi», rispose Lazzaro mentre la casa si riempiva del profumo dell'unguento. «Non sai, Giuda, che agli ospiti di riguardo, dopo i banchetti, si offrono profumi?».

«È follia», borbottò Giuda Iscariota alzando la voce per farsi sentire da tutti. «Una libbra di un profumo così pregiato costa almeno trecento denari. È la paga di un anno per un bracciante».

«Hai ragione», mormorò l'apostolo Tommaso riconoscendo a Giuda Iscariota una certa autorevolezza, che doveva pur avere se era diventato il tesoriere del gruppo perché Gesù gli aveva affidato la cassa comune, quella che serviva alle necessità del gruppo e alle elemosine per i poveri. Una cassa, per la verità, che Giuda Iscariota alleggeriva spesso perché rubava per sé, ma questo i commensali lo ignoravano. Il mormorio di alcuni degli altri apostoli diede forza a Giuda Iscariota che questa volta alzò la voce: «Perché quest'olio profumato non si è venduto per trecento denari per poi darli ai poveri?».

Giuda Iscariota sembrava davvero indignato, ma nessuno immaginava che non lo era per i poveri: su trecento denari gli sarebbe stato facile rubarne una parte per sé. E così alcuni protestarono: «Giusto. Ha ragione Giuda!».

Mentre Maria continuava a cospargergli i piedi di unguento, Gesù fulminò tutti con gli occhi e con voce severa disse: «Lasciate in pace questa donna. Perché fate apparire brutto il suo gesto? Sta compiendo un'opera buona verso di me». Poi la sua voce si fece più calma, più dolce: «Dopotutto i poveri li avrete sempre con voi e potrete beneficarli quando vorrete. Io...», e la sua voce si fece più bassa, trasformata da una leggera malinconia che sembrava uscire dal profondo del suo cuore e dai suoi occhi azzurri che improvvisamente persero il brillio della gioia. «... Io... Me... Me non mi avrete per sempre». Poi accarezzò la nuca di Maria che intanto con i suoi lunghi capelli gli asciugava i piedi. «Maria ha solo in anticipo unto il mio corpo per la sepoltura».

Restarono tutti sbalorditi; sapevano bene che il corpo dei morti prima della sepoltura veniva cosparso di essenze profumate. "Ma che cosa vuole dire Gesù?", pensarono tutti incrociando i loro occhi, senza osare fiatare. E ancora di più restarono sbalorditi quando Gesù aggiunse: «In verità vi dico che quando in tutto il mondo sarà annunciata la buona novella che io porto, si racconterà pure, in suo ricordo, ciò che lei ha fatto stasera».

Intorno alla tavola nessuno toccò più cibo. Maria, Marta e Lazzaro attirarono gli occhi di Gesù cercando una spiegazione che non arrivò. Il silenzio scese nella stanza e gli animi si placarono.

Ancora una volta nessuno osava contrariare Gesù. Giuda Iscariota sentì che non aveva più alcun potere e pensò che le sue ambizioni e i suoi sogni erano svaniti definitivamente.

Come sai, lettore, si era lasciato affascinare da Gesù perché pensava che fosse destinato a diventare un condottiero glorioso che avrebbe messo in ginocchio il potere di Roma. L'aveva seguito convinto di ottenere attraverso di lui onori e ricchezze. Ma, standogli vicino, aveva ormai capito che a Gesù il potere non interessava. "Da questo qui non ci caverò niente. È solo un sognatore", si convinse. "Sto sprecando il mio tempo. Altro che potente, questo qui non ci darà niente. È solo un fanatico religioso". Frugò nelle sue tasche. Ci trovò pochi denari che aveva rubato dalla cassa comune. "Ecco quel che ho guadagnato in un mese", pensò. "Ah, ma non finisce qui. Buttare via trecento denari di unguento è il colmo. Mi rifarò. O sì, mi rifarò". Sentì la rabbia avvampargli il volto. Il sudore d'improvviso gli bagnò il corpo. Perfino i suoi capelli si inumidirono. Gesù lo osservò e rattristandosi pensò: "Ecco, è il momento: Satana si sta impadronendo della sua mente". D'istinto avrebbe voluto alzarsi per andargli vicino, ma non fece in tempo. Giuda Iscariota gettò sulla tavola il pezzo di pane che aveva in mano, di scatto si alzò, girò la schiena a tutti e uscì, con la mente che gli mormorava perfidamente: "Tanto gli resta poco da vivere. Ho sentito dire che i sacerdoti lo vogliono morto. So io come ripagarmi per tutto il tempo che mi ha fatto perdere".

Giuda Iscariota sapeva bene che i sacerdoti avevano fretta di acciuffare Gesù. «Mancano pochi giorni alla nostra Pasqua. Dobbiamo agire prima che inizi la festa», dicevano nelle loro riunioni. «Sta per arrivare a Gerusalemme una folla di pellegrini. I romani per mantenere l'ordine stanno raddoppiando la vigilanza dei soldati per le strade. Se la folla si eccita vedendo Gesù e lo proclama suo re, i romani reagiranno colpendo alla cieca. Ci sarà un bagno di sangue. Quest'uomo deve morire prima di Pasqua».

Stava per finire la sera del mercoledì di quella settimana che poi, come tu sai, lettore, entrerà nella storia come "la Settimana Santa".

E quella sera i sacerdoti impensieriti si stavano domandando come avrebbero potuto scovare Gesù da solo, per farlo scomparire senza che nessuno se ne accorgesse.

Fu in quel momento che apparve tra di loro, nel Tempio, Giuda Iscariota, deciso a tradire. «Voi volete Gesù?», gridò. «Io posso darvelo».

«E tu chi sei?», domandò Caifa, per nulla turbato dall'arrivo dello sconosciuto nel Tempio.

«Sono Giuda Iscariota. E conosco i luoghi che frequenta Gesù quando, qui a Gerusalemme, non è tra la folla. Mi hanno detto che voi volete sorprenderlo quando è solo. Io posso consegnarvelo». La sua voce era decisa, il suo capo stava eretto con spavalderia, i suoi occhi apparivano freddi e convincenti: sapeva bene che Gesù si ritirava a meditare da solo nel giardino Getsemani sul Monte degli Ulivi, poco in alto sopra Gerusalemme.

Caifa pensò che non ci perdeva niente a fidarsi e domandò: «Non ti ho mai visto da queste parti. Perché ci aiuti? Nessuno fa niente per niente».

«L'hai detto», disse Giuda Iscariota con lucidità e con il tono di chi sa sottolineare l'importanza di ciò che afferma.

«E allora, che cosa vuoi?», domandò Caifa.

«De-na-ro», scandì Giuda Iscariota lentamente la parola.

«Quanto?», domandò Caifa puntandogli gli occhi con sospetto come se cercasse di entrare nella sua mente per leggere ciò che c'era scritto.

«Cento denari», fu rapido Giuda Iscariota.

«Cento? È una cifra enorme per un ciarlatano come questo Gesù», fu deciso Caifa.

«Tu fai la tua controproposta», disse Giuda Iscariota capendo bene che Caifa era un osso duro nella trattativa.

«Non più di trenta denari. Ed è la mia ultima offerta», disse Caifa con un tono che non concedeva replica perché trenta denari gli sembravano più che sufficienti.

«Ma è quanto si paga uno schiavo!», protestò Giuda Iscariota e non fece in tempo a proseguire perché Caifa, piantandogli nuovamente contro i suoi occhi glaciali, imperscrutabili, sentenziò: «È il risarcimento che deve al padrone chi uccide lo schiavo di un altro. Quell'uomo non vale di più». Poi ritirò l'offerta: «Non importa. Ormai molti cercano questo Gesù. Qualcun altro ci dirà dove trovarlo».

«Sei abile», si rassegnò Giuda Iscariota facendo apparire sulle labbra un sorriso sprezzante. «Hai vinto. Vada per trenta denari».

Caifa domandò: «Dove e quando?».

Giuda Iscariota rispose deciso: «Entro poche ore ti dirò dove. So che domani vuole riunire tutti per la cena».

«Che non ci sia folla», lo fermò Caifa.

«Stai tranquillo, con lui ci saremo solo io e gli altri apostoli».

«Come lo riconosceremo?».

«Te lo indicherò».

«No, non voglio che si sappia che ci hai informato. La folla dei suoi seguaci potrebbe sollevarsi contro di te e io voglio evitare disordini che farebbero intervenire i soldati romani».

«Quando arriverete, mi avvicinerò a lui. E lo bacerò».

«D'accordo, il tuo bacio sarà il nostro segnale», accettò Caifa.

Il giovedì, quel giovedì che ora tu conosci, lettore, come il Giovedì Santo, iniziò come un giorno che sembrava di pace. Nella casa di Lazzaro, dove Gesù aveva dormito, tutti si preparavano a celebrare la Pasqua per ricordare l'uscita dall'Egitto del popolo di Israele, finalmente libero dalla schiavitù, grazie a Mosè. Era il primo dei sette giorni di festa ed era dedicato alla cena che chiamavano "degli azzimi", perché si metteva in tavola pane senza lievito e si sacrificavano gli agnelli. Venivano anche svuotate le giare per riempire le brocche di buon vino. Le donne, già di buon mattino, cucinavano e il profumo del cibo impregnava l'aria invitando le ritardatarie a mettersi davanti ai fuochi. I bambini giocavano per le strade aspettando la sera per essere chiamati intorno alla tavola.

«Stasera ceniamo qui a casa?», domandò Lazzaro a Gesù.

Gesù non rispose. Lazzaro notò che non lo aveva mai visto così assorto nei suoi pensieri. «Che c'è, Gesù?», chiese alzando un poco la voce per distoglierlo dalle sue preoccupazioni. Lazzaro notò che era sudato, che i suoi occhi si erano svegliati con una luce malinconica, che il suo volto aveva un colore rossastro; «Che c'è?», ripeté. «Non ti senti bene?».

Gesù uscì dal suo torpore: «Sto benissimo, Lazzaro. Ho solo un po' di caldo».

«Ma è una giornata fresca».

«È una giornata decisiva», sottolineò Gesù, ma Lazzaro non capì e ripeté la domanda: «Ceniamo qui a Betania? Dico alle mie sorelle di preparare la cena: Marta e Maria sono ansiose di sapere il tuo desiderio».

«Non dispiacerti, Lazzaro. Stasera cenerò solo con tutti i miei apostoli. È una serata importante, dobbiamo parlare».

«E dove andate?», domandò Lazzaro pentendosi subito di averlo chiesto: «Scusami...».

«Lazzaro, sai bene che puoi chiedermi tutto. Ma non ti rispondo per non metterti in pericolo. Meno sai, più sono tranquillo. Ora devo lasciarti; prima di partire voglio salutare mia madre».

Maria era nella sua stanza e si meravigliò di vederlo al mattino così presto. Lo abbracciò e sentì entrare nel cuore, direttamente dal suo, un senso di angoscia che la preoccupò. «Non stai bene, Gesù?».

Gesù la fece sedere accanto a sé, le prese la mano, la guardò con dolcezza e lei si accorse che i suoi occhi erano tornati pieni di amore come quando era bambino. Gesù sospirò: «Devi prepararti, madre».

«A che cosa?», mormorò lei sentendo improvvisamente che quell'angoscia, arrivata nel suo cuore, stava salendo sul suo viso e spingeva le lacrime fuori dai suoi occhi, che improvvisamente si velarono.

«Madre, la mia missione terrena è compiuta: presto dovrò morire».

«Ma...», pronunciò Maria cercando di cancellare dalla sua mente quelle parole lucide e determinate.

«Non c'è ma. Così sta scritto», fu lapidario Gesù.

Maria non trattenne più le lacrime e fece uscire, in un grido, il groppo che le stava soffocando la gola: «Fa' che io muoia con te. Non chiedo altro».

«No, madre mia, dovrai resistere e farti forza nel tuo

dolore», sussurrò Gesù. «Ma posso dirti questo: la mia morte non sarà eterna». Fece una pausa e la persuase frenando il suo pianto: «Risorgerò come ho fatto risorgere Lazzaro. E riapparirò davanti ai tuoi occhi».

Gesù la strinse al cuore e la sua tenerezza fece affiorare un sorriso sereno sulle labbra di Maria che domandò: «Così presto?».

«Sì, sono già stato tradito».

«Da chi?», fu durissima Maria.

«No, madre. Voglio che tu preghi per lui. Non devi condannarlo. È Giuda Iscariota: ha bisogno di tante preghiere».

Gesù le diede l'ultimo bacio sulla fronte, poi si svincolò dal suo abbraccio e uscì dalla stanza lasciandola sola. Maria restò in piedi paralizzata a guardare le sue spalle che si allontanavano. Era confusa. Non sapeva se piangere o sorridere attaccandosi al ricordo della dolcezza degli occhi di Gesù. E, senza che se ne accorgesse, si trovò in ginocchio a pregare per la salvezza dell'anima di Giuda Iscariota.

Appena fuori dalla stanza, Gesù incontrò le amiche Marta e Maria. Non disse nulla ma le abbracciò. Loro non chiesero, ma Maria si immalinconì cercando di scacciare il pensiero che l'aveva assalita: durante l'abbraccio ebbe infatti la sensazione che non l'avrebbe più rivisto.

Gesù andò a cercare Pietro e Giovanni, che si sorpresero vedendolo arrivare così di buon mattino. «Tu qui?», domandarono. «È ora di preparare la cena per stasera», disse Gesù. «Ho voglia di fresco», aggiunse.

«Ma non è un giorno caldo», obiettò Pietro.

Gesù sorrise: «Mi accontenterete, spero».

Pietro e Giovanni annuirono: «Cercheremo un posto sicuro».

«Andiamo sul Monte Sion».

«Perché fin lassù?».

«Pietro, te l'ho già detto: è un posto fresco e poi c'è la casa di un uomo che mi è amico e che spesso mi ha invitato. È una brava persona, che crede in noi. E poi la sua casa è poco lontano dal Monte degli Ulivi, dove, come sai, c'è il giardino Getsemani e dove, dopo cena, mi ritirerò, come spesso ho fatto, a meditare. Il nostro amico ci ospiterà volentieri. Quello è un posto sicuro», disse Gesù convinto però che ormai per lui non c'era più alcun posto sicuro. «Andate sul Monte Sion ad avvertire quel buon uomo che arriveremo».

«E chi sarà con te alla cena?».

«Solo noi».

«Noi, i dodici apostoli?».

Gesù annuì. E Pietro e Giovanni, convinti che sarebbe stata una bella cena, andarono a cercare gli altri dieci, Andrea, Giacomo, Filippo, Bartolomeo, Tommaso, Matteo, Giacomo il Minore, Simone Zelota, Taddeo e Giuda Iscariota.

33

Arrivò sera e con la sera Gesù arrivò insieme ai dodici apostoli sul Monte Sion, dove nella casa tutto era già pronto per accoglierlo: era una casa con due ampie sale. Una era al pian terreno; l'altra al piano di sopra, addobbata con tappeti e destinata ai banchetti: è qui che era stata preparata la cena.

Sappi, lettore, ma probabilmente già lo sai, che la stanza dove si incontrarono per la cena, dopo la morte di Gesù diventò il luogo delle riunioni degli apostoli e fu quindi considerata la prima chiesa cristiana della storia. In seguito, quella stanza fu ingrandita ed è ancora lì, sul Monte Sion: è la chiesa del Santo Cenacolo ed è meta dei pellegrini di tutto il mondo che arrivano a Gerusalemme.

Stava per scendere la notte sul giorno degli azzimi. Nella sala, al piano alto, che il padrone di casa aveva messo a disposizione, c'era una tavola a forma di semicerchio imbandita con pane azzimo, erbe di campagna, agnello arrostito e, per ogni commensale, come prevedeva il rito, quattro calici colmi di vino. Gesù prese posto al centro della tavola. Era tranquillo. Sorrideva agli apostoli che lentamente si sedevano, ma il suo sorriso non era il solito: tutti si accorsero che era velato di malinconia. Pareva più opaco anche l'azzurro dei suoi occhi, che però, invitando ad accomodarsi accanto a lui, cercavano di infondere serenità. Nella grande stanza, nemmeno una voce faceva rumore nel silenzio.

Gesù fece cenno a Pietro di sedere alla sua sinistra e gli sorrise mentre lui si accomodava imbarazzato per l'onore. Poi fece cenno a Giovanni di sedersi alla sua destra e il suo sorriso si fece ancora più amorevole, ricordando come quel fragile ragazzo di un tempo era diventato uno dei suoi seguaci più convinti e più sicuri. Giovanni ricambiò il sorriso con amore e Gesù sentì nel profondo del cuore che alla sua destra stava sedendo il discepolo che lo amava di più.

Accanto a Giovanni sedette Giuda Iscariota, borbottando qualcosa che nessuno sentì ma che tutti intuirono e, infatti, nella stanza il silenzio bruscamente finì.

«Giuda Iscariota ha ragione a lamentarsi», disse l'apostolo più lontano a Gesù.

«Io non ho detto niente», si schermì Giuda Iscariota.

«Allora parlo io», replicò Filippo.

«Nessuno vi impedisce la parola. Che c'è?», domandò calmo Gesù.

«Parlo sì. Noi siamo tutti tuoi apostoli fedeli. Ti abbiamo seguito cambiando le nostre vite: tutti alla stessa maniera. Ma noi per te non siamo tutti uguali», protestò dal fondo della tavola Filippo, alzando la voce per farsi sentire da tutti.

E gli altri annuirono bisbigliando: «È vero. Non siamo tutti uguali».

«Perché pensate questo?», domandò Gesù con la voce calma che cercava di placare la protesta.

E fu un coro. «Perché hai voluto Pietro e Giovanni accanto a te? È da sempre così. Loro due sono più vicini di noi al tuo cuore».

Gesù si alzò dalla tavola sorprendendo i dodici commensali; prese una brocca colma di pane azzimo, la svuotò e la riempì di acqua. Poi si tolse la veste per essere libero nei movimenti, legò un asciugamano intorno alla vita, afferrò la bacinella con le due mani, si avviò verso Filippo, l'apostolo più lontano, si inginocchiò, immerse i suoi piedi nell'acqua, glieli lavò e glieli asciugò. Nessuno osò fiatare. I dodici restarono sbalorditi e lasciarono che Gesù lavasse i piedi a ognuno di loro, sempre sorridente, sempre silenzioso, sempre con gli occhi bassi. I dodici capirono che Gesù stava dimostrando che il suo amore era diviso in parti uguali. Avrebbero voluto ritirare i piedi perché provavano imbarazzo a vederlo inginocchiato, ma nessuno osò fermarlo. Nessuno, tranne Pietro che, quando arrivò il suo turno, bisbigliò: «No, Signore, no». Pietro ritirò i piedi cercando di nasconderli sotto la veste: «Signore, tu lavi i piedi a me? Non posso permetterlo».

Gesù alzò gli occhi verso i suoi, sorrise: «Quello che faccio, tu ora non lo capisci, ma lo capirai».

«Non mi laverai mai i piedi», si accalorò Pietro.

«Pietro, se non ti laverò, tu non sarai mai parte di me», fu deciso Gesù senza concedere replica.

«Ma io voglio essere parte di te», sorrise Pietro. «Certo che voglio esserlo».

Gesù sorrise e incominciò.

«Signore, se questo rito significa fare parte di te, allora lavami, non solo i piedi, ma anche le mani e il corpo», esagerò entusiasta Pietro.

Ma Gesù, con voce severa, fermò il suo entusiasmo: «Chi ha fatto il bagno, non ha bisogno di lavarsi se non i piedi.

Basta questo ed è tutto pulito dentro. E voi così siete puliti completamente». Poi fece una pausa, la sua voce si fece triste: «Ma non tutti, dopo, sarete puliti completamente».

Giuda Iscariota sentì un fremito dentro di sé, abbassò gli occhi arrossendo mentre un pensiero improvvisamente lo fece sudare: "Mi ha scoperto, sa tutto". Ma il suo pensiero si annullò, perché la sua mente si fermò ad ascoltare le parole di Gesù che spiegò il significato di ciò che aveva fatto: «I re governano le nazioni e si fanno chiamare benefattori. Ma non è così. Chi è il più grande tra di voi diventi come il più piccolo e chi governa diventi come il suo servo. Chi sta a tavola si considera più grande di colui che serve. Eppure, vedete, io sto in mezzo a voi come colui che serve, anche se mi chiamate Maestro e Signore. Ed è vero: sono il vostro Signore e Maestro. Però ho lavato i vostri piedi. E anche voi dovete farlo, ognuno deve lavare i piedi all'altro. Vi ho dato l'esempio. Ora fatelo anche voi, perché in verità, in verità vi dico: un servo non è più grande del suo padrone ma nemmeno un padrone è più grande del servo. Sapendo queste cose, sarete beati se le metterete in pratica. Non parlo di tutti voi; io conosco quelli che ho scelto. Ma si deve adempiere la Scrittura. Colui che mangia il pane con me, ha levato contro di me il suo calcagno. Ve lo dico fin da ora, prima che accada, perché, quando sarà avvenuto, crediate che io sono. In verità, in verità vi dico: chi accoglie colui che io manderò, accoglie me. E colui che accoglie me, accoglie colui che mi ha mandato».

I dodici restarono ammutoliti a pensare alle parole di Gesù, ma non capirono fino in fondo. Si domandarono che cosa dovesse accadere perché Gesù aveva detto: «Ve lo dico fin da ora, prima che accada, perché, quando sarà avvenuto, crediate che io sono». Ma nessuno osò chiedere una spiegazione e restarono in silenzio, mentre Gesù, dopo avere lavato i piedi a tutti, si ricoprì con la sua veste, depose la bacinella e l'asciugamano, e tornò a sedersi.

Prese un pezzo di pane e lo mangiò dicendo: «Ho desiderato ardentemente di fare questa cena con voi prima della mia passione».

I dodici si guardarono l'un l'altro con occhi sconcertati e interrogativi, cercando nello sguardo del vicino una spiegazione. "Perché parla di passione?", pensò Pietro e capì che la stessa domanda tormentava tutti gli altri. Voleva chiedere ma non osò e il pensiero svanì sentendo le altre parole di Gesù che aggiunsero sconcerto a sconcerto intorno alla tavola: «Prendete questo calice e distribuitelo fra di voi perché da questo momento non berrò più vino, finché non verrà il regno di Dio». Poi Gesù prese un pezzo di pane azzimo, lo spezzò e ne diede una parte a ognuno di loro: «Questo pane è il mio corpo e ve lo offro. Mangiatelo per ricordarmi sempre». Lo presero e lo mangiarono in silenzio. I loro occhi erano diventati tristi e velati e i loro cuori cominciarono a pesare nel petto, ingrossati dal dolore. Si domandarono come Gesù non si accorgesse dell'atmosfera cupa che stava creando in quella serata che al mattino si era preannunciata come un momento di festa. Parve a tutti che il volto di Gesù fosse rassegnato ad accettare qualcosa di catastrofico che a loro sfuggiva ma che a lui sembrava inevitabile. Cercarono la forza di sorridere, ma il sorriso si cancellò paralizzando le loro labbra in una smorfia di stupore addolorato quando videro gli occhi di Gesù inumidirsi di lacrime.

Sembrò a tutti che Gesù volesse trattenere un pianto che gli tormentava l'anima e che Giovanni invece non riuscì a fermare: «Che succede, Maestro?», domandò.

Gesù gli sorrise dolcemente ma non rispose. Prese invece le brocche e si versò del vino nel calice dicendo: «In questo c'è il mio sangue che viene versato per voi». Poi frenò i loro pensieri, la loro commozione, le loro domande e li gettò in preda all'angoscia dicendo freddamente: «In verità, in verità vi dico: uno di voi mi tradirà».

Un bisbiglio ruppe il silenzio intorno alla tavola. Andrea, Tommaso, Pietro si alzarono sconvolti. Giovanni appoggiò la mano sul suo polso e lo strinse per fargli sentire con il suo affetto che mai avrebbe potuto tradirlo e Gesù gli sorrise con dolcezza per rassicurarlo. «Pensi che sia io? Dillo se lo pensi», uno a uno dissero tutti con risentimento, offesi che il sospetto di tradimento potesse cadere su di loro.

Gesù restò calmo e freddamente continuò: «Mi tradirà colui che sta intingendo il pane nel vassoio».

«Ma stiamo intingendo tutti nel vassoio, Gesù», disse Pietro.

«Sì, tutti: guarda», disse Giuda Iscariota con tono baldanzoso, mentre la paura gli bagnò all'improvviso il corpo di sudore. "Mi ha scoperto", pensò ancora. "Sa tutto". E si sedette passandosi la mano sul volto per asciugare il sudore e temendo che gli altri notassero il rossore apparso all'improvviso sul suo volto.

Ma gli altri non se ne accorsero, preoccupati com'erano a convincere con i loro sorrisi che non erano loro i traditori. Ma Gesù zittì di nuovo il loro bisbiglio, continuando lucidamente: «La mano di chi mi tradisce è con me sulla tavola. Bene per quell'uomo se non fosse mai nato». Giuda Iscariota sentì muovere le sue mani e le sue gambe da un tremore che non riusciva a controllare, pensò che, prima di farsi scoprire dagli altri, dovesse dire qualcosa che avrebbe giustificato la sua agitazione: «Maestro, sono forse io?», tentò. Ma Gesù lo gelò puntando i suoi occhi contro i suoi: «Tu l'hai detto».

«Che vuoi dire?», osò domandare Giovanni emozionato, temendo la sua risposta. «Chi è che ti tradisce?».

«Giovanni, amico mio, è colui per il quale intingerò un boccone e glielo darò».

E lo porse a Giuda Iscariota, con un sorriso che lo invitava a rinsavire, che gli offriva un'ultima occasione, che era una dolce promessa: avrebbe dimenticato.

Ma Giuda Iscariota, sfidandolo con gli occhi, prese il boccone dalle sue mani e lo inghiottì.

Gesù lo agghiacciò con lo sguardo: «Allora, quello che devi fare, fallo presto. Ora vi lascio. Voglio restare solo. Vado a pregare nel giardino Getsemani. Starò al fresco e mediterò».

34

Giuda correva sulla strada che lo portava dal Sommo Sacerdote Caifa. La notte era buia, le stelle e la luna erano scomparse dietro le nuvole. E lui inciampò tre volte, rialzandosi e riprendendo la corsa con le mani e le ginocchia sanguinanti per le ferite procurate dai sassi. Ma non si fermava neppure per calmare il respiro affannoso che gli strozzava la gola e gli seccava la lingua. Pensieri confusi si agitavano nella sua mente: sai, come quando sei sconvolto e non sai quale decisione prendere, e vorresti che il tempo volasse avanti e decidesse che cosa deve accadere, perché tu non sei più padrone della tua vita. «Ho sbagliato tutto», diceva tremando ad alta voce come se volesse fare sentire bene alle sue orecchie. «Credevo fosse un guerriero, poi ho creduto che fosse un pazzo, ora credo, anzi no, so che è veramente il figlio di Dio. Lui sa tutto, ha visto tutto, ha letto tutto nella mia mente. Non posso più tradirlo». La corsa non gli impedì di soffocare il nuovo pensiero che lo assalì: "Mi uccideranno se non parlo... Ormai non posso più fermarmi...".

Stanco, sudato, agitato, arrivò da Caifa e capì che non poteva più tirarsi indietro. I sacerdoti, che si erano riuniti aspettandolo, lo guardarono con occhi glaciali e interrogativi: «Dov'è?».

«Vi porterò da lui, ma non voglio più il denaro».

Caifa con gli occhi gli gettò addosso tutto l'odio che aveva dentro e che era stato scatenato dal dubbio che stesse per tirarsi indietro. Afferrò allora la sacca con i trenta denari che aveva preparato sul tavolo e gliela gettò ai piedi: «Questo è il prezzo che hai chiesto. Ora portaci da lui».

Giuda Iscariota raccolse il denaro, trattenendo il pianto che la paura spingeva nella sua gola; con la testa piegata sul pavimento e le spalle curve, come se quei trenta denari pesassero quintali nella sua mano, si avviò verso l'uscita senza voltarsi per vedere se lo stavano seguendo, ma sapendo bene che i sacerdoti erano dietro di lui.

Fuori c'erano ad attenderlo le guardie che Caifa aveva preparato e un nutrito gruppo di soldati romani, che egli aveva avvertito: «Ci serve il vostro aiuto per arrestare questo pericoloso ribelle che vuole sobillare il popolo contro Roma».

Gesù intanto stava seduto sotto una pianta a godersi il fresco del giardino Getsemani: era, ed è ancora, lettore, un giardino ai piedi del Monte degli Ulivi, anch'esso tuttora luogo di pellegrinaggio a Gerusalemme. È ricco di piante di olive, fra le quali c'era la casupola del guardiano, Marco, un giovane di diciotto anni, figlio del padrone di casa. C'era anche un frantoio per ricavare l'olio dalle olive: il nome Getsemani, infatti, significa "frantoio" in aramaico, la lingua allora più usata dalla gente, che usava invece l'ebraico per i riti sacri. Uno a uno gli apostoli avevano raggiunto Gesù, se ne stavano a gruppetti sotto gli alberi e bisbigliavano: «Che cosa ha stasera? È così malinconico», mormorò Tommaso. «Sembra così triste», disse

Andrea. «Se ne sta lì a guardare il cielo con tanta tristezza negli occhi», notò Pietro. «Che cosa gli abbiamo fatto? Sembra arrabbiato con tutti, come se avesse dimenticato quanto gli vogliamo bene», si rattristò Giovanni.

«Non è come pensate», ruppe il silenzio Gesù e tutti si domandarono come avesse potuto sentire le loro parole appena sussurrate.

«Non sia turbato il vostro cuore», proseguì con dolcezza. «Abbiate fede in Dio e abbiate fede anche in me. Nella casa del Padre mio vi sono molti posti. Io vado a prepararvi un posto; quando sarò andato e vi avrò preparato un posto, ritornerò e vi prenderò con me, per farvi stare con me. Voi saprete trovare la strada per raggiungermi».

Tommaso si fece coraggio e con voce tremante domandò: «Signore, se non sappiamo dove vai, come potremo trovare la strada?».

Gesù lo guardò con tenerezza: sai come? Come tu guardi il bambino quando ti pone tante domande, non capendo ciò che per te invece è semplice, perché fa parte di te e della tua vita. E gli disse: «Io sono la via, la verità e la vita. Se conoscete me, conoscerete anche il Padre: fin da ora lo conoscete e lo avete veduto».

Filippo non capì e timidamente replicò: «Signore, mostraci il Padre e ci basta».

«Chi ha visto me, ha visto il Padre», fu severo Gesù. «Come puoi chiedere di mostrarti il Padre?». Poi si accalorò e lo fissò negli occhi: «Non credi che io sono nel Padre e che il Padre è in me? Le parole, che vi dico, non sono mie, sono parole del Padre. È lui che compie le sue opere. In verità, in verità vi dico: chi crede in me, compirà le opere che io compio e ne farà di più grandi, mentre io starò vicino al Padre. Qualunque cosa chiederete a nome mio, la farò, perché il Padre sia glorificato nel Figlio. Se mi chiederete qualche cosa nel mio nome, io la farò. Se mi amate, osserverete i miei comandamenti. Io pregherò il Padre ed egli vi darà un altro Consolatore, lo Spirito Santo, perché rimanga con voi per sempre».

Parlava guardandoli uno a uno negli occhi, roteando la testa nel giardino, per raggiungerli tutti con il suo sguardo. Li contò: erano undici, e il suo pensiero andò a Giuda Iscariota che se n'era andato: "Satana si è impadronito di lui, ma tu, Padre, salvalo e accoglilo nel Regno dei Cieli".

Vide gli undici sempre più rattristati e tentò di consolarli: «Non vi lascerò orfani, ritornerò da voi. Ancora un poco e il mondo non mi vedrà più; voi invece mi vedrete, perché io resterò con voi».

Si fece avanti Taddeo: «Signore, ma come faremo a vederti se, come dici, non sarai più tra di noi?».

«Oh, Taddeo», si addolcì Gesù, «ancora non hai capito. Ci sarà un Consolatore. Il Padre mio vi manderà lo Spirito Santo che vi insegnerà ogni cosa e vi ricorderà tutto ciò che io vi ho detto. I vostri cuori non devono avere timore. Non restate turbati. Ve l'ho già detto: vado ma tornerò a voi. Se mi amate, state allegri perché io vado dal Padre. Vi ho detto tutto adesso, prima che io vada, così quando andrò, voi crederete a quello che vi ho detto».

«Ma perché ci devi lasciare?», domandò Giovanni avvicinandosi con il viso rigato di lacrime e tenendo gli occhi abbassati perché temeva la risposta.

Gesù appoggiò la mano al suo mento, sollevò il suo viso e lo guardò con dolcezza: «Ascolta, Giovanni. Ascoltate tutti. Quello che vi dirò è il mio testamento».

Gli undici provarono un brivido e si accovacciarono a terra per fare cessare il tremito alle gambe che l'emozione stava procurando. Gesù cominciò a parlare scandendo le parole lentamente: «Io sono la vera vite e il Padre mio è il vignaiolo. Ogni tralcio che è in me senza portare frutto, lo toglie. Ogni tralcio che porta frutto, lo pota perché porti più frutti. Voi siete già mondi, per la parola che vi ho annunziato. Rimanete in me e io in voi. Come il tralcio non può fare frutto se non rimane nella vite, così anche voi, se non rimanete in me. Io sono la vite, voi i tralci. Chi rimane in me, fa molto frutto. Chi non rimane in me, viene gettato via come il tralcio che non è buono e si secca: verrà raccolto, gettato nel fuoco e bruciato. Se rimanete in me e le mie parole rimangono in voi, chiedete ciò che volete e vi sarà dato. Il Padre mio vuole che portiate molto frutto e diventiate miei apostoli. Come il Padre ha amato me, così anch'io ho amato voi. Rimanete nel mio amore. Se osserverete i miei comandamenti, rimarrete nel mio amore, come io ho osservato i comandamenti del Padre mio e rimango nel suo amore. Vi ho detto questo perché la mia gioia sia in voi e la vostra gioia sia piena. Questo è il mio comandamento: che vi amiate gli uni gli altri, come io vi ho amati. Nessuno ha un amore più grande di questo: dare la vita per i propri amici. Voi siete miei amici, se farete ciò che io vi comando. Non vi chiamo più servi, perché il servo non sa quello che fa il suo padrone; ma vi ho chiamato amici, perché tutto ciò che ho udito dal Padre l'ho fatto conoscere a voi. Non voi avete scelto me, ma io ho scelto voi e vi ho riuniti perché andiate e portiate frutto e il vostro frutto rimanga;

perché tutto quello che chiederete al Padre nel mio nome, ve lo conceda. Questo vi comando: amatevi gli uni gli altri. Se il mondo vi odia, sappiate che prima di voi ha odiato me. Se foste del mondo, il mondo amerebbe ciò che è suo; poiché invece non siete del mondo, ma io vi ho scelti dal mondo, per questo il mondo vi odia. Ricordatevi di quello che vi ho già detto: un servo non è più grande del suo padrone. Se hanno perseguitato me, perseguiteranno anche voi; se hanno osservato la mia parola, osserveranno anche la vostra. Ma molti vi perseguiteranno, perché non conoscono colui che mi ha mandato. Chi odia me, odia anche il Padre mio. Se non fossi venuto, se non avessi parlato e fatto opere che nessun altro mai ha fatto, non conoscerebbero il peccato e non avrebbero dunque peccato. Ora invece hanno visto, sanno che cosa è il peccato e hanno odiato me e il Padre mio. Questo perché si adempisse la parola scritta nella loro Legge: "Mi hanno odiato senza ragione". Quando verrà il Consolatore che io vi manderò tramite il Padre, egli mi renderà testimonianza; e anche voi mi renderete testimonianza, perché siete stati con me fin dal principio. Vi ho detto queste cose perché non abbiate a scandalizzarvi. Vi scacceranno dalle sinagoghe; anzi, verrà l'ora in cui chiunque vi ucciderà, crederà di rendere culto a Dio. E faranno ciò, perché non hanno conosciuto né il Padre né me. Ma io vi ho detto queste cose perché, quando giungerà la loro ora, ricordiate che ve ne ho parlato.

«Non vi ho detto prima tutto questo, perché stavo con voi. Ora però vado e vi ho detto queste cose, pur sapendo di rattristarvi. Ora io vi dico la verità: è bene per voi che io me ne vada, perché, se non me ne vado, non verrà a voi il Consolatore; ma quando me ne sarò andato, ve lo manderò. E quando sarà venuto, egli convincerà il mondo su peccato, giustizia e giudizio.

«Molte cose ho ancora da dirvi, ma per il momento non siete in grado di portarne il peso. Quando però verrà lo Spirito di verità, egli vi guiderà alla verità tutta intera, perché non parlerà da sé, ma dirà tutto ciò che avrà udito e vi annunzierà le cose future. Egli mi glorificherà, perché prenderà del mio e ve l'annunzierà. Ora ho finito. Ancora un poco e non mi vedrete; un po' ancora e mi vedrete».

Gli undici non sentirono più il fresco che portava una leggera brezza e muoveva le foglie delle piante. L'angoscia aveva inzuppato le loro vesti di sudore. Stavano tristi e silenziosi a incrociare i loro occhi e ognuno vedeva la paura nello sguardo dell'altro. Consapevoli che qualcosa di grave stava per accadere. Fu Pietro a rompere il silenzio balbettando: «Signore, perdonami. Che cosa significa: "Ancora un poco e non mi vedrete, e un po' ancora e mi vedrete?". Non comprendiamo quello che vuoi dire».

Gesù capì che volevano fargli tante domande ma non osavano. E, guardandoli amorevolmente uno per uno, sai, come il padre che sta per partire guarda il figlio che è triste per il distacco, disse: «In verità, in verità vi dico: voi piangerete e vi rattristerete, ma il mondo si rallegrerà. Voi sarete afflitti, ma il vostro dolore si trasformerà in gioia. La donna, quando partorisce, è afflitta, perché è giunta la sua ora; ma, quando ha dato alla luce il bambino, arriva una grande gioia e non si ricorda più del dolore. Così anche voi, ora, siete tristi; ma vi vedrò di nuovo e sarete felici. E nessuno vi toglierà più la vostra felicità. Quel giorno non mi chiederete più nulla. In verità, in verità vi dico: se chiederete qualche cosa al Padre nel mio nome, egli ve la darà. Finora non avete chiesto nulla nel mio nome. Chiedete e otterrete; e la vostra felicità sarà completa. In quel giorno chiederete nel mio nome e io non vi dico che dovrò pregare il Padre per farvi amare: il Padre stesso vi ama già, poiché voi mi avete amato, e avete creduto che io sono venuto da Dio. Sono uscito dal Padre e sono venuto nel mondo; ora lascio di nuovo il mondo, e vado al Padre».

Gli undici lo guardarono uno a uno negli occhi. Sorridevano: la tristezza si era cancellata dai loro sguardi e anche le lacrime di Giovanni si erano fermate. «Abbiamo capito», dissero uno a uno. «Crediamo che sei uscito da Dio».

Gesù sorrise soddisfatto: «Adesso credete? Ecco, verrà l'ora, anzi è già venuta, in cui vi disperderete ciascuno per conto proprio e mi lascerete solo; ma io non sarò solo, perché il Padre sarà con me. Avrete molti problemi, ma abbiate fiducia; io ho vinto il mondo! Ora ascoltate la mia preghiera al Padre».

Gesù alzò gli occhi al cielo e li alzarono anche gli undici: «Padre santo, custodisci nel tuo nome coloro che mi hai dato, perché siano una cosa sola, come noi. Quand'ero con loro, io conservavo nel tuo nome coloro che mi hai dato e li ho custoditi; nessuno di loro è andato perduto».

Gesù si interruppe un attimo e rivolse il pensiero a Giuda Iscariota. «Nessuno è andato perduto», ripeté abbassando il tono della voce improvvisamente rattristata, «... tranne il figlio della perdizione, perché si adempisse la Scrittura». Poi la sua voce riprese vigore: «Ma ora io vengo a te, Padre, e dico queste cose mentre sono ancora nel mondo, perché abbiano in se stessi la pienezza della mia gioia. Io ho dato a loro la tua parola e il mondo li ha odiati perché essi non sono del mondo, come io non sono del mondo. Non chiedo che tu li tolga dal mondo, ma che li custodisca dal maligno. Consacrali nella verità e verità è la tua parola. Non prego solo per questi, ma anche per quelli che per la loro parola crederanno in me; perché tutti siano una sola cosa. Come tu, Padre, sei in me e io in te, siano anch'essi in noi una cosa sola, perché il mondo creda che tu mi hai mandato. E la gloria che tu hai dato a me, io l'ho data a loro, perché siano come noi una cosa sola. Padre, voglio che anche quelli che mi hai dato siano con me dove sono io, perché contemplino la mia gloria, quella che mi hai dato; poiché tu mi hai amato prima della creazione del mondo. Padre giusto, il mondo non ti ha conosciuto, ma io ti ho conosciuto; questi sanno che tu mi hai mandato. E io ho fatto conoscere loro il tuo nome, perché l'amore con il quale mi hai amato sia in essi e io in loro».

Gesù abbassò gli occhi dal cielo e gli undici videro l'azzurro coperto di lacrime. «Ora è il momento», disse ancora. «Ma, dopo la mia resurrezione, vi precederò in Galilea».

Pietro gli andò vicino: «Signore, dove vuoi andare?».

«Vado in un posto dove per ora tu non puoi seguirmi; mi seguirai più tardi».

«Signore, ma io voglio seguirti ora. Perché non posso? Sono pronto ad andare in prigione con te, e a morire con te. Darò la mia vita per te!».

Gesù lo guardò con un amaro sorriso sulle labbra: «Darai la tua vita per me? In verità ti dico: proprio tu, oggi, in questa stessa notte, prima che il gallo canti due volte, mi rinnegherai tre volte».

Pietro si risentì e, alzando la voce per farsi sentire dagli altri, disse: «Se anche dovessi morire con te, non ti rinnegherò».

Gli altri dieci gli fecero eco: «Mai ti rinnegheremo», e si guardarono l'un l'altro per confermarsi che erano tutti d'accordo.

«Conservate il vostro coraggio per dopo. Vi aspetta un'ardua lotta spirituale», concluse Gesù girando le spalle per salire più in alto lungo un aspro sentiero. Gli undici lo seguirono affannati dal caldo che non c'era, ma che sentivano dentro.

Gesù entrò nel torrente Cedron e lo attraversò sentendo che nemmeno l'acqua gelida in cui affondava i piedi spegneva il fuoco che aveva dentro. «Padre, dammi la forza per superare le ore che mi attendono. Non mi lasciare solo», pregò portando la mano alla gola per afferrare l'angoscia che lo soffocava.

Arrivò al limite del giardino Getsemani, si voltò e vide gli undici che lo avevano seguito: «Sedetevi qui, mentre io vado laggiù a pregare», sorrise. Ma lo seguirono ancora.

Gesù sentì trasformarsi in paura la sua tristezza e la sua angoscia. Vide che Pietro, Giovanni e Giacomo erano anch'essi spaventati, ma, per non rattristarlo ancor più, nascondevano il viso dietro le foglie di un albero. Sorrise: «La mia anima è triste fino alla morte; restate qui e vegliate con me».

Si spostò da loro, si prostrò con la faccia a terra e pregò: «Padre mio. Non sia fatta la mia, ma la tua volontà».

Poi si alzò di scatto chiamandoli uno a uno: «Pietro, Giovanni, Giacomo, Andrea, Filippo, Bartolomeo, Tommaso, Matteo, Giacomo il Minore, Simone Zelota, Taddeo: è giunta l'ora nella quale il Figlio dell'uomo sarà consegnato in mano ai peccatori. Alzatevi, andiamo; colui che mi tradisce si avvicina».

Infatti, mentre Gesù stava ancora parlando, arrivarono al Getsemani con spade, bastoni e torce, centinaia di persone che, vedendo trambusto, avevano seguito le guardie dei sacerdoti e i soldati romani.

«Allora, Giuda Iscariota, sei pronto?», disse il capo dell'armata vedendo che Giuda si teneva in fondo alla fila, tremante di paura. «Sì, come d'accordo, quello che bacerò, è lui: arrestatelo!», disse assicurando che avrebbe fatto ciò che non voleva più fare ma che aveva paura di non fare.

Gli undici apostoli terrorizzati si nascosero dietro gli alberi, appena videro la folla assetata di sangue. Non ebbero nemmeno il tempo di capire che cosa stesse accadendo e di domandarsi come avessero fatto i soldati e la folla ad arrivare fin lassù, nel giardino che sembrava isolato dal mondo intero. Non capirono nemmeno che cosa ci facesse il loro compagno Giuda Iscariota tra quella gente. Né capirono perché si avvicinasse a Gesù e lo baciasse sulla guancia dicendo: «Salve, Maestro!».

Incominciarono a capire, e a nascondersi ancora meglio, quando sentirono Gesù dire, con amarezza infinita: «Amico, per questo sei qui. Con un bacio, Giuda, tu mi tradisci!».

Era il segnale e gli uomini armati circondarono Gesù, che domandò: «Chi cercate?».

«Gesù, il Nazareno», risposero i soldati.

«Sono io!».

Il cielo fu improvvisamente illuminato da un lampo e scosso da un tuono che fece tremare anche la terra. Gli undici apostoli, le guardie, i soldati e la folla alzarono gli occhi in alto: il cielo non minacciava temporale, era sereno.

I soldati indietreggiarono per la paura e caddero a terra, inciampando l'uno contro l'altro, come se fossero stati travolti da una potenza misteriosa.

Gesù domandò di nuovo: «Chi cercate?».

I soldati romani, scossi e turbati, risposero ancora, ma stavolta tremando: «Gesù, il Nazareno».

E Gesù replicò: «Vi ho detto che sono io. Se dunque cercate me, lasciate che questi se ne vadano», e indicò gli apostoli. «È gente che era qui per caso. Non fate loro del male».

Le guardie dei sacerdoti e i soldati romani misero le mani addosso a Gesù per trascinarlo via. Ma Pietro, che, approfittando del trambusto, era andato a prendere una spada nella sala dove avevano cenato, voleva battersi per difendere Gesù e alzò la spada contro Malco, un servo di Caifa. Con la mira degna del più abile guerriero, gli tagliò di netto l'orecchio destro.

«Pietro, rimetti la spada nel fodero», ordinò Gesù alzando la mano minacciosa. «Tutti quelli che mettono mano alla spada periranno di spada. Pensi forse che io non possa pregare il Padre mio, che mi darebbe subito più di dodici legioni di angeli? Ma come si adempirebbero le Scritture, secondo le quali così deve avvenire? Non devo forse bere il calice amaro che il Padre mi ha preparato?». Si fermò per respirare, si calmò e guardò Pietro con dolcezza dicendo: «Non ho forse insegnato a tutti voi: "Porgi l'altra guancia"?».

Poi si avvicinò a Malco che si lamentava sdraiato per terra, con la mano schiacciata sull'orecchio per fermare il sangue.

Gesù gli sorrise, gli mise la mano sulla fronte e, quando la ritirò, il sangue era scomparso e l'orecchio era tornato al suo posto. Malco lo guardò sbalordito: «Ma tu chi sei?», domandò in lacrime. In lacrime erano pure molti soldati che indietreggiarono non osando toccare Gesù.

«Siete arrivati, come se doveste imprigionare un brigante, con spade e bastoni», si lamentò Gesù. «Ogni giorno stavo seduto nel Tempio a insegnare, e non mi avete arrestato. Ma la vostra ora è l'impero delle tenebre?».

«Basta, quest'uomo è uno stregone», gridò uno tra la folla.

«È uno stregone, arrestatelo», fecero eco altri. Gli animi si infuocarono di nuovo. Le guardie e i soldati, aizzati dal grido della folla, temendo il linciaggio, legarono ben strette le mani di Gesù e lo portarono via, verso Gerusalemme, mentre la folla lo percuoteva, lo spingeva e lo ingiuriava.

Gli apostoli restarono nascosti dietro gli alberi per qualche minuto: erano terrorizzati. Poi, mentre la folla si eccitava dietro Gesù, approfittarono della confusione per fuggire lungo sentieri deserti uno a uno, separati.

Una sola persona non abbandonò Gesù e osò seguirlo; era il giovane Marco, che tu ora conosci bene, lettore: è colui che un giorno, mettendo per iscritto i racconti della vita di Gesù che Pietro farà a Roma, darà vita a quello che oggi tu leggi come il "Vangelo secondo Marco". Dunque, Marco era il figlio del padrone del Getsemani e lavorava lì come guardiano. Stava dormendo nella casupola del giardino, quando fu svegliato dal trambusto e dalla luce delle torce. Dalla sua stanza assisté all'arresto di Gesù e d'istinto sentì che non doveva lasciarlo solo. Pieno di sgomento, Marco scese senza neanche vestirsi per la fretta: e, coperto solo da un lenzuolo, corse dietro al corteo. Ma le guardie si accorsero di lui e gli puntarono contro i bastoni con aria minacciosa: «Fermati! Chi sei? Dove vai?». Lo afferrarono per il lenzuolo, che era la sua unica veste, ma Marco lo lasciò cadere e fuggì via nudo. Non era riuscito a seguire Gesù, ma, mentre vagava nudo tra gli arbusti, si sentì fiero di essere stato l'unico ad averci provato.

Gli altri, infatti, erano tutti fuggiti e si erano dispersi. Solo Pietro e Giovanni erano rimasti insieme e fermarono la loro corsa disperata, solo quando si sentirono al sicuro. Fu allora che incrociarono i loro sguardi e l'uno lesse la vergogna negli occhi dell'altro. «Pietro, come abbiamo potuto lasciarlo solo?», mormorò Giovanni quando l'ansimo del respiro ancora gli lasciava uscire le parole a fatica.

«Non lo so, Giovanni, non so che cosa mi abbia preso», si lamentò Pietro coprendosi il volto con le mani, come se volesse nascondere la vergogna.

«Non possiamo lasciarlo. Dobbiamo sapere che cosa gli faranno», rinsavì Giovanni.

«Già, ma come?», domandò Pietro.

«Lo avranno portato dal Sommo Sacerdote Caifa».

«E allora?».

«Conosco un servo in quella casa. Non sa che sono un apostolo di Gesù. Andiamo da lui, ci ospiterà».

«Ma sei sicuro?».

«Fidati, andiamo».

Il servo li fece entrare nel cortile della grande casa di Caifa e li invitò a scaldarsi intorno al fuoco perché di notte la temperatura si era fatta rigida, e il sudore della corsa aveva lasciato sui corpi di Giovanni e di Pietro il gelo della paura. C'era anche la guardiana della casa che osservava Pietro, incuriosita dal tremore delle sue gambe, che non riuscivano a stare ferme nonostante fossero vicino al fuoco. «Ehi, tu non hai freddo; tu hai paura», disse la donna con tono sprezzante. «Non sarai uno degli apostoli di quell'uomo?».

«Non lo sono, e non capisco quello che vuoi dire», rispose Pietro che, impaurito al pensiero di essere identificato come un seguace di Gesù, si alzò e si avviò verso l'uscita. Ma sulla porta incrociò un'altra serva, che aveva incontrato una volta Gesù circondato dagli apostoli. «Costui era con Gesù, il Nazareno», gridò facendo alzare gli altri dal fuoco per avvicinarsi a guardare bene Pietro, che negò questa volta giurando: «Non conosco quell'uomo che voi dite».

In quel momento un gallo cantò, ma Pietro non ci fece caso.

Ma gli altri servi del Sommo Sacerdote, richiamati dal chiasso in cortile, arrivarono e confermarono: «Ma certo, anche tu sei di quelli; la tua parlata ti tradisce! Hai l'accento della Galilea come quello».

«Ma sì, ti riconosco», si avvicinò un altro servo puntando il dito contro Pietro: «Io sono parente di Malco. Io ero lì. Tu sei l'uomo che gli ha tagliato l'orecchio. Eri con lui nel giardino».

Pietro cominciò a urlare imprecando e giurando: «Non capisco quello che dici. Non conosco quell'uomo! Lasciatemi andare». E a spintoni si fece largo per raggiungere l'atrio e uscire.

E, appena fu fuori, sentì, per la seconda volta quella notte, un gallo cantare. Di colpo, Pietro ricordò le parole di Gesù: «Prima che il gallo canti due volte, mi rinnegherai tre volte». E pianse amaramente, inginocchiato a terra.

Intanto, disperato, in lacrime, con il corpo disteso completamente, il viso sprofondato nella sabbia, le mani sanguinanti che scavavano nel terreno per cercare, con il dolore delle ferite a contatto con i sassi appuntiti, un dolore più grande di quello che sentiva dentro, Giuda Iscariota si dilaniava nel rimorso in un luogo lontano da quello in cui era Pietro, il "Campo del vasaio". Sapeva che nessuno poteva sentire il suo grido, ma sperava che il Padre di Gesù nel Regno dei Cieli potesse accoglierlo: «Io non volevo più... Non volevo... Credevo che fosse un guerriero... Un condottiero... Pensavo che tu fossi diventato pazzo, Gesù... Per questo ti ho consegnato a loro, perché ostacolavi la ribellione armata contro Roma».

Gridò ancora più forte: «Ora so che sei il figlio di Dio... Il figlio di Dio e non ho capito... È stato Satana a non farmi capire... O era tutto scritto e non potevo fare niente per ostacolare il disegno delle Scritture... E se era già deciso perché sono stato scelto io?... Allora serviva un... Allora sono stato tradito io... Io non so... So soltanto che non voglio questo denaro». Prese i trenta denari dalla sacca e li gettò lontano sparpagliandoli nel terreno. «Non li voglio... non li voglio».

Continuò a ripetere le stesse parole mangiando sabbia finché la bocca fu piena e il suo grido venne soffocato.

Restò disteso senza forze, lasciando la mente libera di pensare: "Se lo uccideranno, io lo precederò. Se morirà, mi incontrerà lassù... Gli spiegherò, deve ascoltarmi... Deve... Io devo chiedergli perdono".

Si alzò, svuotò con le mani la bocca dalla terra, asciugò le lacrime con il braccio e poi levò il sudore dal viso. Si sentì improvvisamente liberato dall'angoscia che lo aveva divorato. Respirò profondamente per ritrovare tranquillità. Rivolse lo sguardo verso il cielo, sciolse la cintura che gli chiudeva la veste alla vita. Si arrampicò su un albero fino al ramo più alto, si assicurò che fosse solido e che non si sarebbe spezzato con il peso. Vi appoggiò la cintura, facendola penzolare. Guardò ancora il cielo, con la speranza di vedere il Padre di cui Gesù gli aveva tante volte parlato. Non lo vide. Infilò il collo fra le due parti della cintura che penzolavano: le annodò e le strinse fino a sentire che la pelle sanguinava. Ma non sentì dolore. Rivolse per l'ultima volta al cielo gli occhi che avevano ritrovato la serenità di quando, ragazzo, era felice. Ricordò il sorriso di Gesù: pensò che era dolcissimo. Si sentì felice. E si gettò nel vuoto: aspettando la morte che lentamente gli strozzava la gola, continuò a pensare a Gesù e, nell'ultimo istante, il sorriso si impadronì delle sue labbra.

La storia di Giuda finisce qui, lettore. Ma devi sapere anche che i sacerdoti giorni dopo trovarono le trenta monete sparse sul terreno. Non vollero tenerle nelle loro casse e decisero di acquistare invece il "Campo del Vasaio" per seppellirci chi non era ebreo. E da quel giorno quel terreno, dove Giuda si uccise, diventò un luogo di sepoltura, ma cambiò nome e diventò il "Campo di Sangue".

35

Erano le cinque del mattino di venerdì, il giorno che tu ora, lettore, conosci come "Venerdì Santo" della settimana di Pasqua. Gesù stava eretto al centro del palazzo di Caifa. Era tranquillo. Sembrava che non avesse sentito le urla della folla, che pochi giorni prima lo aveva acclamato e che invece nella notte lo aveva insultato accompagnandolo dal giardino Getsemani fino all'ingresso del palazzo di Caifa. Sembrava che le sue ossa non portassero i segni delle percosse dei bastoni con i quali i più scalmanati lo avevano colpito. Sembrava anzi che nei suoi occhi splendesse una luce: sai, quella luce che brilla nello sguardo di chi non ha nulla da temere.

Erano invece nervosi Caifa e i sacerdoti del Sinedrio che gli stavano intorno e che avevano fretta di aprire un processo, di ascoltarlo e di condannarlo a morte.

Caifa era stato chiaro, prima che Gesù entrasse nella stanza: «Questo uomo deve morire», aveva detto ai sacerdoti. «Che non ci siano esitazioni».

«Già, ma tu sai che per la nostra legge una condanna capitale deve essere suffragata da almeno due testimonianze sui suoi misfatti», aveva obiettato il sacerdote Nicodemo che, come hai letto nel capitolo dodicesimo, salvò Gesù dalla aggressione dei mercanti del Tempio e che ora tentava di salvarlo anche da Caifa, perché lo ammirava: le sue parole lo avevano fatto riflettere, anche se non le condivideva tutte.

Ma Caifa lo fulminò con gli occhi e con la voce: «Ho i testimoni, Nicodemo. Li ascolterai».

«Muoviti cauto, Caifa. Anche se senti una parte della folla che lo insulta, quest'uomo è anche amato e ha molti seguaci», ribatterono altri. «Se il popolo si rivolta contro di noi, sarebbe una carneficina».

Il processo iniziò, ma molti degli accusatori non sapevano di che cosa si potesse accusare Gesù.

«Entri il primo testimone», disse Caifa.

E il testimone entrò: Gesù incrociò i suoi occhi, non aveva mai visto quell'uomo, che invece disse di conoscerlo molto bene.

«L'ho ascoltato mentre parlava con un cane ringhioso», disse il testimone. «Quel cane era Satana».

«Come sai che era Satana?», domandò Nicodemo.

«L'ha chiamato lui così. Gli ha detto: "Come vuoi tu, Satana, distruggerò il Tempio"».

Gesù non alzò la testa, che teneva china come se fosse staccata dal collo: sembrava non essere affatto interessato a quello che stava ascoltando. E non alzò neppure gli occhi per guardare chi fosse il secondo testimone che stava entrando. Anche lui disse di avere sentito che Gesù voleva distruggere il Tempio. «E come l'hai sentito?», domandò un sacerdote. «Eri solo?».

«No, ero con l'uomo che avete ascoltato prima di me».

«Allora, dicci come hai fatto a sentire».

«Ve l'ha detto già quello di prima, no? Stava parlando con un serpente e quel serpente era Satana».

«Un serpente, un cane o un gatto?», domandò ancora Nicodemo mantenendo la calma.

«L'animale ve l'ha detto quello di prima».

«Diccelo anche tu».

L'uomo si fermò a pensare, portandosi la mano sulla testa per grattarla. Esitò a rispondere. Poi, dopo avere respirato profondamente, mormorò: «Forse era un gatto».

Il bisbiglio di alcuni sacerdoti diventò prima rumore e poi protesta: «Questi sono falsi testimoni».

Caifa alzò la voce: «Silenzio. Vogliamo mettere sotto processo noi stessi? Come si può pensare che qualcuno abbia cercato falsi testimoni?». Poi si rivolse a Gesù con aria severa: «Allora parla tu. Hai sentito che cosa testimoniano questi contro di te?».

Gesù non rispose.

«Sei tu il figlio di Dio? Sei tu il nuovo Re dei Giudei?», fu diretto Caifa.

Gesù questa volta rispose con una voce calma e chiara: «Se ve lo dico, non mi crederete. Se poi vi farò delle domande, non risponderete».

Come se non avesse sentito, Caifa ripeté: «Sei tu il figlio di Dio?».

«Tu l'hai detto. Io invece vi dico: "Vedrete il figlio dell'Uomo seduto alla destra di Dio, e venire con le nubi del cielo"».

I sacerdoti bisbigliarono: «Come può un uomo in carne e ossa proclamare di essere figlio dell'Unico, Immenso, Altissimo, Inaccessibile Dio?».

«Quest'uomo bestemmia!», gridò uno.

E poi molti, insieme gridarono: «Tu, dunque, ammetti che vai dicendo che sei il figlio di Dio e il Re dei Giudei?».

«Io sono quello che voi dite», fu deciso Gesù.

«Ha bestemmiato. Dice di essere figlio di Dio!», gridò Caifa puntandogli il dito contro. «Abbiamo ancora bisogno di testimoni? Avete sentito tutti quello che egli stesso dice».

«A morte... a morte... a morte!», gridarono i sacerdoti uno a uno alzando la mano destra in alto a mostrare il loro furore. Solo Nicodemo non l'alzò. Si scatenarono anche i servi dei sacerdoti che si avvicinarono a Gesù, gli sputarono addosso e lo picchiarono con le mani armate di bastoni. Gesù restò immobile al centro della stanza, dove poi ritornò il silenzio.

I sacerdoti si guardavano l'un l'altro perplessi. Tra di loro, l'unico a tenere puntati gli occhi su Gesù era Nicodemo. "Quest'uomo va salvato", pensava mentre lo osservava al centro della stanza con le spalle curve, lo sguardo abbassato sul pavimento, esteriormente senza un segno di sofferenza. "Quest'uomo è diverso da tutti", la sua mente cercava una risposta che non riusciva a darsi. "Chiunque sarebbe in ginocchio, impaurito, umiliato davanti a una sentenza di morte. Lui no, sembra rassegnato. Come se sapesse che nulla può cambiare il corso del destino". Gli risuonavano in testa le poche parole di Gesù. "E se fosse davvero il figlio di Dio?", il pensiero prima era un dubbio, poi diventò certezza.

Caifa prese la parola e ruppe il silenzio: «Il Sinedrio condanna a morte quest'uomo».

«Ma tu sai che noi non possiamo eseguire una sentenza capitale. Occorre il consenso dei romani», disse Nicodemo sicuro di potere prendere tempo. E infatti riuscì a prenderne.

«Già, ai romani che importa se lui offende la nostra religione... quando bestemmia dicendo di essere il figlio di Dio», si sollevò un gran vociare e tutti guardavano Caifa in attesa della sua reazione, che però fu rapida e decisa: «E va bene. Avete ragione. Lo porteremo davanti ai romani. Lo processeranno loro».

«Perché dovrebbero processarlo?», domandò Nicodemo guardando con occhi di sfida Caifa, mentre Gesù restava immobile come se tutto ciò che sentiva non lo riguardasse.

«Tu dimentichi, Nicodemo», disse lucidamente Caifa con il tono di chi non ammette più replica, «che quest'uomo dice di essere il Re dei Giudei. Ma la Giudea appartiene a Roma, è governata da Ponzio Pilato e per lui il re è l'imperatore Tiberio. L'uomo dunque sobilla il popolo contro l'imperatore di Roma. Non usa armi, usa la parola che sa procurare ferite più profonde del bastone e delle spade. Per Roma quest'uomo è un pericolo. E Roma crocifigge i ribelli. Consegniamoglielo, Ponzio Pilato lo processerà e lo condannerà».

Era giorno inoltrato e il sole splendeva, quando i sacerdoti arrivarono davanti alla porta del pretorio, la sede dell'autorità romana in Giudea. Avevano incatenato Gesù alle mani, stringendole fino a farle sanguinare. Le catene erano anche alle caviglie; erano più larghe per non impedirgli di muoversi, tuttavia lo avevano costretto a camminare strisciando sul terreno, colmo di sabbia selvaggia e sassi appuntiti, con i piedi nudi che passo dopo passo lasciavano sangue sul sentiero. "Una sofferenza inutile", pensava Nicodemo osservando con pena la lunga striscia rossa che Gesù delineava sulla strada. "Come se quest'uomo potesse sfuggire alla furia di questi invasati".

Davanti alla porta del pretorio, i sacerdoti si fermarono timorosi. «Perché non entriamo?», domandò un anziano sacerdote sfinito dal sole cocente che picchiava sulla sua testa.

«Dimentichi», lo zittì uno più giovane, «che quella lì dentro è terra nostra e quei pagani dei romani vi hanno imposto la sede della loro autorità? È terra che Dio ha dato a noi figli d'Israele e loro l'hanno contaminata con il loro paganesimo».

«Già», si rassegnò l'altro, «entrando verremmo contaminati anche noi e non potremmo partecipare alla celebrazione della Pasqua».

«Diventeremmo impuri anche noi».

«Non vorrai insegnare i principi della nostra religione a me che sono tanto più vecchio».

«Allora perché chiedi?».

«Perché non capisco che cosa facciamo qui fuori sotto questo sole cocente».

Ma il vecchio capì subito, sentendo Caifa dire alle guardie romane: «Dite al vostro governatore Ponzio Pilato che qui fuori ci sono i sacerdoti ebrei che gli hanno portato un prigioniero ribelle di Roma».

Il proconsole Ponzio Pilato non si fece attendere a lungo, ma arrivò alla porta con il passo e il piglio svelto di chi vuole togliersi in fretta un problema di poco conto perché ha altro di più importante da fare. La sua domanda fu diretta e sbrigativa: «Di che cosa accusate quest'uomo?».

«È un malfattore. Dice di essere il Re dei Giudei», fu diretto Caifa. «L'abbiamo trovato mentre sobillava il popolo ebreo contro Roma. Ha cercato di impedire alla gente di dare tributi all'imperatore, affermando di essere più grande di Tiberio perché lui è il figlio di Dio, il Cristo Re».

«Fatti vostri», fu sbrigativo Ponzio Pilato. «Giudicatelo secondo la vostra legge».

«Quest'uomo merita la morte, ma noi per legge non possiamo giustiziarlo. Tu invece puoi e quindi l'abbiamo portato da te».

Ponzio Pilato era perplesso. Capì solo che qualcosa doveva fare, altrimenti la folla radunata davanti al pretorio non se ne sarebbe andata e avrebbe creato disordine. Incuriositi dal chiasso, infatti ai sacerdoti si era unita una moltitudine di ebrei: tra loro c'erano seguaci di Gesù, ma anche scalmanati che, pur senza comprendere fino in fondo quel che stava accadendo, gridavano convulsamente: «È un ribelle, a morte!». Sembravano spinti a urlare più dalla voglia di assistere a uno spettacolo che da convinzioni religiose e politiche.

Gesù alzò gli occhi da terra per la prima volta per osservare Pilato. Lesse imbarazzo nei suoi occhi e ne fu sorpreso: «Padre, sembra che quest'uomo non voglia compiere fino in fondo ciò che è stabilito nelle Scritture. Ma allora, quanto deve durare tutto questo?». Poi girò gli occhi verso la folla e provò pena vedendo tanta gente che non si era mai avvicinata a lui e che pure era lì per accusarlo senza neppure conoscerlo. All'improvviso sentì il cuore stringersi e gli sfuggì un lamento. Tra la folla, lontano, con il volto rigato di lacrime che continuavano a scendere senza freno, gli occhi tristi per una tristezza che mai aveva visto prima, c'erano sua madre Maria, le sorelle di Lazzaro, Marta e Maria, e la Maddalena. Stavano abbracciate, tra uomini e donne sudate che agitavano in alto le braccia e che urlavano con le vene gonfie nel collo: «A morte... a morte...». Ebbe la sensazione che la madre tenesse la schiena curvata come se sentisse lei il dolore delle bastonate che invece si erano abbattute sulla sua schiena. E provò per la prima volta dolore: così lancinante, così profondo, così devastante che gli sfuggì un altro lamento. Si accorse anche, specchiando i suoi occhi in quelli della madre, di ciò che non aveva ancora visto: il suo corpo bagnato dagli sputi che la folla impietosa gli aveva gettato addosso. Capì che lei si sentiva umiliata e provò umiliazione anch'egli perché le stava procurando tanto dolore. Alzò gli occhi al cielo per domandare: «Padre, ma è necessario tutto questo? Non può accadere tutto più in fretta?». Ma abbassò subito gli occhi rispondendosi da solo: se il Padre aveva deciso questo, così doveva essere. Ma più continuava a vedere la madre disperata accanto alla Maddalena, più continuava a provare un dolore devastante.

Fu risvegliato dalla voce dura di Pilato che ordinò: «Portate quest'uomo dentro il pretorio», e poi si rivolse ai sacerdoti e alla folla: «Vi farò sapere presto la mia decisione». E si avviò verso la stanza più grande del palazzo.

Gesù fu portato dentro e durante il cammino provò sollievo pensando che la madre non avrebbe continuato a vederlo in quello stato.

Nella stanza, seduto al centro, c'era Pilato. Le sue guardie, i suoi consiglieri, i suoi servi, stavano in piedi a semicerchio e, nel mezzo del semicerchio, restò in piedi Gesù.

Pilato stava parlando con due dei suoi consiglieri a voce bassa. Nessuno poteva sentire: «Non è chiaro di che cosa è accusato quest'uomo per meritare la morte».

«Pilato», disse uno dei suoi uomini. «La folla fuori è inferocita. I sacerdoti ebrei vogliono crocifiggere quest'uomo. Perché esiti?».

«Perché appartenere a un'altra religione non è una colpa per Roma».

«Ma quest'uomo dice di essere il Re dei Giudei. Questa è ribellione».

«Hai ragione», si convinse Pilato. «Allora è un ribelle politico, non un profeta».

«E per motivi politici puoi condannarlo a morte. La pena è la crocifissione».

Pilato puntò gli occhi su Gesù: «Allora, confessa: tu hai detto di essere il Re dei Giudei?».

Gesù lo guardò con occhi pieni di commiserazione facendolo irritare: «Dici questo da te oppure altri te l'hanno detto sul mio conto?».

Pilato replicò infuriato: «La tua gente e i capi dei tuoi sacerdoti ti hanno consegnato a me. Che cosa hai fatto? Sei il Re dei Giudei?». Attendendo la risposta, si accorse che Gesù non era né spaventato né alterato dal suo urlo minaccioso.

Infatti Gesù gli rispose sorridendo e con dolcezza, facendolo infuriare ancora di più: «Il mio regno non è di questo mondo. Se il mio regno fosse di questo mondo, i miei servitori avrebbero combattuto perché non fossi arrestato. Ma il mio regno non è di qui».

Pilato sottolineò con voce sprezzante: «Hai parlato di regno, dunque ammetti di essere un re».

Gesù rispose ancora con la serenità nella voce: «Sei tu a dire che sono re. In realtà io sono venuto al mondo per rendere testimonianza della verità. Chiunque viene da me per cercare la verità, ascolta la mia voce».

«Davvero, e qual è la verità?».

Gesù non rispose e solo una persona comprese il significato del suo silenzio: la moglie di Pilato, Claudia Procula, che di nascosto dietro una colonna, stava ascoltando. Ricordi, lettore, ciò che hai letto nel capitolo dodicesimo? Claudia giorni e giorni prima aveva salvato Gesù dalla furia dei mercanti del Tempio e lo aveva affidato al sacerdote Nicodemo perché, colpita da quello che diceva, si era dimostrata sua amica. "Possibile che mio marito non capisca che non gli risponde perché è lui la verità?", pensò.

Più guardava Gesù e più Pilato perdeva sicurezza. "Perché quest'uomo non trema come tutti davanti a me?", si domandò. "Perché non ha paura di essere crocifisso? Chi gli dà tanta forza?". Fu in quel momento che vide Claudia dietro la colonna; lei si accorse di essere stata scoperta; guardò il marito con gli occhi sbarrati per la paura, poi gli fece un cenno, e se ne andò nelle sue stanze.

Pilato cominciava a essere infastidito: il prigioniero si mostrava un osso duro e le grida della folla, che arrivavano dall'esterno, non gli davano scampo, doveva prendere una decisione; Claudia sembrava impicciarsi di fatti politici, spiando nascosta tra le colonne; i consiglieri che aveva intorno non avevano più consigli. Sbuffò pensando che si era svegliato pensando di vivere una giornata facile, con poco lavoro, e invece quel giorno, cominciato così bene, si stava rivelando pieno di fastidi.

E infastidito si alzò, incuriosito da Claudia. "Che cosa voleva spiare?", si domandava. In realtà cercava una scusa per prendere tempo: non aveva più domande da fare a Gesù, ma qualcosa doveva decidere.

«Un impegno urgente mi aspetta», disse. «Attendetemi». Poi si rivolse a Gesù: «E tu sei in pericolo. Aspetto di ascoltarti».

Raggiunse Claudia nella sua stanza e l'aggredì: «Mia moglie mi spia. Ma ti rendi conto che figura mi faresti fare se ti scoprissero? La moglie del governatore che spia: che cosa penserebbe l'imperatore di Roma?».

«Pilato, ti ho sempre sconsigliato di venire in questa terra, ricordi?», lo blandì Claudia avvicinandosi e abbracciandolo.

«Sai bene che anch'io non volevo partire. Ma Tiberio non avrebbe accettato il mio rifiuto».

«Ho paura, Pilato».

«Perché, Claudia? Dovrei averne io che sono ogni giorno costretto a prendere decisioni che non vorrei prendere. Come oggi, con questo Gesù».

«Non farlo, Pilato».

«Che cosa, Claudia?».

«Non condannarlo».

«Dunque, mia moglie ora entra nella vita politica?».

«Pilato, ho sognato. Stanotte ho sognato quell'uomo».

Pilato si sedette, guardando la moglie e grattandosi la testa, perché i problemi della giornata sembravano aumentare. «Come puoi avere sognato quest'uomo se non lo conoscevi?», domandò preoccupato ma incuriosito perché, come tutti i romani, dava importanza al significato dei sogni e ne aveva paura.

«Lo conoscevo, Pilato», confessò Claudia con voce tremante.

«Lo conoscevi? E da quando?».

«Mi sono mescolata una volta tra la folla nel Tempio per ascoltare le sue parole».

«Inaudito, la moglie del governatore va ad ascoltare le prediche di un ribelle di Roma. Uno che dice di essere il re della Giudea, come se non sapesse che il re di questa terra è l'imperatore di Roma».

«Pilato, quell'uomo non è un ribelle. È un giusto. Io ho sognato che tu lo avresti condannato a morte proprio oggi. E non potevo sapere che era stato arrestato. Il sogno quindi mi ha avvertito: tu lo mandavi a morte e le nostre vite venivano sconvolte, tu mi perdevi perché io vagavo sui monti disperata in mezzo a una folla di persone che andavano senza meta. La stessa Roma nel sogno tremava dopo la sua morte e ho visto catastrofi per molti. Mi sono svegliata sudata, agitata e terrorizzata. Ma non avevo dato peso al sogno finché non ho visto arrivare Gesù qui davanti a te. Salvalo, Pilato. Devi salvarlo».

Pilato era più sconvolto della moglie. L'abbracciò in silenzio, restando a lungo stretto a lei. «Salvalo», ripeté Claudia, sussurrandogli nell'orecchio, e si sciolse dall'abbraccio solo quando gli sentì dire: «Non lo condannerò».

Lei lo baciò.

Pochi minuti dopo Pilato era già fuori dal pretorio con Gesù. La folla era ancora più scalmanata. Gesù alzò gli occhi verso il punto in cui aveva visto la madre. C'era ancora, sempre abbracciata alla Maddalena. Accanto a loro, c'era anche Giovanni, l'apostolo che lo aveva amato di più. Gesù fu contento che fosse lì, rischiando di essere riconosciuto dalla folla.

Pilato alzò la voce: «Io non trovo in quest'uomo nessuna colpa».

I sacerdoti e la folla lanciarono un urlo. Vennero ripetute le accuse con voci strozzate dalla sete di sangue. Sempre le stesse: «È un ribelle, un nemico di Roma». Pilato si voltò verso Gesù e gli chiese: «Non rispondi nulla? Non senti quante cose testimoniano contro di te?».

Ma ancora una volta Gesù non rispose, riempiendo di grande meraviglia il viso di Pilato.

I sacerdoti insistettero: «Costui solleva il popolo, predicando per tutta la Giudea. Ha cominciato in Galilea ed è arrivato fino a qui».

Pilato si sentì improvvisamente sollevato, pensando di avere trovato finalmente una soluzione: «Quest'uomo è galileo?».

Gli risposero: «Sì, è di Nazaret, in Galilea».

«Bene», spiegò con chiarezza Pilato. «La Galilea è una regione a nord della Giudea e quindi è sotto la giurisdizione del tetrarca Erode Antipa che, in questi giorni di Pasqua, si trova qui a Gerusalemme. Quest'uomo va portato da Erode. Io non c'entro. Il caso è suo».

36

Erode Antipa si mostrò contento, quando si trovò davanti Gesù. «Finalmente, eccoti qui», disse guardandolo con curiosità. «So che hai ridato la vista ai ciechi e che hai resuscitato i morti. Mi hanno anche parlato molto dei tuoi discorsi, ma quelli non mi interessano. Invece sono stupito dalle tue prodigiose guarigioni. Vuoi mostrarmi qualcosa? Ti consiglio di accontentarmi perché io potrei farti liberare».

Gesù restò impassibile, non alzò nemmeno la testa per guardarlo. Erode Antipa ripeté, dando alla voce maggiore vigore per fargli capire che non gli piaceva non essere accontentato: «Ho saputo di te cose meravigliose: hai reso la vista ai nati ciechi, hai sfamato migliaia di persone con pochi pani, hai ridestato un certo Lazzaro dalla morte. Non possiedi più questo potere? Sei tu colui che sfuggì alla morte che fu data a numerosi bambini sotto il regno di mio zio? Mi rammento che tre re dell'Oriente erano venuti da mio zio per vedere un neonato re degli ebrei; il neonato di cui parlavano sei tu? Oppure sei un impostore?».

Gesù ancora non rispose.

«Come osi comportarti così davanti a me?», si infuriò Erode Antipa. «Chi credi di essere? Ti fai chiamare l'uomo dei miracoli e non ne sai fare neanche uno quando ti si mette alla prova? I sacerdoti ti accusano e ti hanno portato da Pilato per farti condannare a morte, ma Pilato ha chiesto di farti giudicare da me. Approfittane. Io sono la tua unica possibilità di salvezza».

Gesù non rispose ed Erode Antipa si alzò ancora più infuriato. Gridò: «Ti avrei salvato, perché avevo sentito raccontare tali e tante meraviglie su di te che ero ben disposto nei tuoi confronti. E invece hai l'insolenza di non rispondermi quando ti parlo. Adesso ti insegno io a stare al mondo». Gli diede uno schiaffo e lo insultò: «Puoi solo essere il re di questo qui», gettandogli in faccia un vermiciattolo che aveva tirato su con le dita dal pavimento dove stava strisciando. Lo schernì ancora, lo offese, lo insultò. E così fecero anche i suoi soldati.

Erode Antipa stava per cedere alla furia che aveva dentro e all'odio che provava per Gesù. Più la folla lo insultava, più si sentiva sazio di soddisfazione. Poi ebbe un sussulto: una delle guardie si avvicinò a Gesù impugnando un bastone con cui violentemente lo colpì al collo. Erode Antipa pensò che il colpo potesse staccare la testa dal corpo. Aspettava l'urlo dell'uomo che odiava, ma Gesù non lasciò uscire dalla sua gola neanche un lamento: il colpo però lo fece barcollare e cadde a terra in ginocchio. Come in un'allucinazione, Erode Antipa vide la testa di Gesù rotolare sul terreno. Ma non era di Gesù: vide quella di Giovanni Battista. In un attimo fu assalito dai ricordi: Erodiade che lo spingeva a uccidere, Salomè che ballava per chiedergli quella testa, lui che aveva ceduto alle sue voglie e aveva fatto uccidere quell'uomo, gli incubi che lo avevano assalito di notte per mesi e che lo avevano fatto pentire di avere dato quell'ordine: «Portatemi la testa del Battista». La paura, i rimorsi, il pentimento erano durati a lungo togliendogli il sonno e la tranquillità. Pensò che non voleva rivivere quelle sensazioni. Si sentì assalire da un senso di paura che lo stava soffocando. Si alzò in piedi e urlò: «Ora basta. Non posso fare un affronto a Pilato. Condannare quest'uomo sarebbe da parte mia un delitto contro il giudizio di Pilato, che ha avuto la cortesia di mandare a me questo prigioniero. Abbiamo perso troppo tempo. Rimandatelo a Pilato, ditegli che lo ringrazio del riguardo che ha avuto nei miei confronti facendo sottoporre quest'uomo al mio giudizio, ma che io, per rispetto della sua autorità, lo lascio giudicare a lui».

Erode Antipa fece un respiro profondo per liberarsi dall'incubo che stava ritornando. E si ritirò nelle sue stanze, senza guardare più Gesù né i soldati intorno, temendo che qualche scalmanato lo costringesse a ripensarci.

Gesù fu ricondotto davanti a Pilato.

L'incubo finito per Erode Antipa, tornò ad assalire Pilato che si trovò ad avere nuovamente di fronte Gesù sempre più silenzioso, sempre più assente, sempre più rassegnato: come se tutto quello che stavano facendo contro il suo corpo e contro il suo animo non potesse scalfirlo.

Pilato ripensò al sogno di sua moglie Claudia, alla promessa che aveva fatto ed era sempre più deciso a non condannare Gesù, anche perché si era convinto che fosse innocente. "I sacerdoti ebrei vogliono farmelo condannare a morte perché sono invidiosi di lui", pensò. "Non c'è altra ragione. Lui esercita su tante persone un ascendente religioso maggiore del loro. Non posso mandarlo a morte per questo". Ma poi lo assalì un altro pensiero: "Già, ma se non lo condanno, mi metto contro i capi religiosi del popolo che sto governando. E rimetterei in libertà un uomo che è pur sempre accusato di avere predicato la rivolta contro i romani dichiarando di essere un re. Se tutto questo si viene a sapere a Roma, l'imperatore Tiberio potrebbe mettere in discussione il mio operato qui".

Tentennava e immaginò che anche i suoi consiglieri si stavano accorgendo della sua insicurezza. Pensò a un compromesso e lo comunicò ai sacerdoti giudei, sperando che fossero soddisfatti: «Voi avete fatto comparire davanti a me quest'uomo come sovversivo; ma io non ho trovato prove per le vostre accuse. E non le ha trovate neppure Erode Antipa, che lo ha rimandato a me. In realtà egli non ha fatto nulla che meriti la morte. Però gli infliggerò un duro castigo. Lo farò flagellare a sangue e poi lo libererò».

Il mormorio si alzò tra i sacerdoti e il popolo e diventò un boato che fece impallidire Pilato: «A morte... a morte... a morte...». Tra la folla, la madre Maria tremò temendo che ormai fosse arrivata la fine e vide che anche il viso della Maddalena e di Giovanni erano rigati di lacrime. Sentendo il suo tremito, Giovanni la strinse a sé mentre pensava che solo il Padre poteva dare tanto coraggio a Gesù, che continuava a stare in silenzio, come se non capisse che la folla si era trasformata in una belva affamata della sua carne e del suo sangue.

Tremava anche Pilato e il tremito impediva alle gambe di stare ferme e costringeva le unghie delle mani ad affondarsi una nell'altra fino a sanguinare. Ebbe un'altra idea per tentare di salvare la vita a Gesù. Ogni anno alla festa di Pasqua il governatore, per tradizione, rimetteva in libertà un prigioniero scelto dal popolo. Pensò che Barabba attendeva di essere giustiziato nelle sue prigioni: "È un uomo violento e pericoloso; è un brigante, un assassino odiato dalla folla". Fece cenno a quattro delle sue guardie di avvicinarsi e a bassa voce ordinò: «Portatemi qui il prigioniero Barabba».

I sacerdoti e la folla videro le guardie allontanarsi e tra loro scese il silenzio. Tutti intuirono che stava per accadere qualcosa e si domandarono quale diavoleria avesse ancora inventato Pilato per evitare la crocifissione. L'ansia interruppe anche le lacrime di Maria che stava con gli occhi puntati su Pilato per studiarne l'atteggiamento e pensò che, se suo figlio non era ancora sulla croce, era per quell'uomo; e allora vedere le guardie allontanarsi, dietro suo ordine, le parve un buon segno.

Ma il boato che univa le urla della gente ritornò appena nella piazza, tra le guardie, comparve Barabba, che fu trascinato accanto a Gesù. «Ancora tu», gridò sprezzante Barabba: solo uno straccio legato intorno alla vita copriva il suo corpo, con i muscoli che sembravano volessero fare esplodere la pelle; era nero per lo sporco che, trascinato dal sudore, colava dai capelli fino a inzuppare lo straccio; dalla sua pelle usciva un odore disgustoso che, sollevato da un soffio di vento, che pure in quella giornata caldissima spirava, arrivava fino a Pilato, alle guardie e da loro fino alla folla: molti si coprirono il naso per non sentire.

Pilato sorrise sentendo quel puzzo che stava imputridendo l'aria: gli sembrò che gli bastasse solo quello per il suo piano. Allora respirò profondamente per non lasciare nei suoi polmoni nemmeno un poco della sua voce e gridò: «Dunque, avete qui davanti a voi Gesù che dice di essere il vostro nuovo re al posto dell'imperatore di Roma... Il Re dei Giudei... E così è un ribelle per voi e per Roma... Ma guardatelo, è innocuo. Egli non sa neppure parlare per difendersi... Sa solo predicare quando è preda della sua follia, ma solo pochi folli come lui lo ascoltano. Fra pochi giorni non avrà più nulla da predicare, resterà isolato, ci dimenticheremo di lui. Vicino a lui c'è l'assassino Barabba. Guardatelo: assomiglia più a una bestia feroce che a un uomo. Anche il suo cervello non è umano e, se mai lo è stato, la pazzia lo ha fatto esplodere in mille pezzi... Dunque guardateli... Guardateli bene... E pensate: quale dei due può essere più pericoloso se lo incontraste di notte nei vicoli bui di Gerusalemme?».

Pilato fermò le sue parole e alzò il braccio verso la folla per invitarla a pensare in silenzio.

Barabba notò che Gesù non si muoveva, come se i suoi piedi fossero incollati alla terra. La sua tranquillità lo innervosì: «Ma sei pazzo completamente? Non vedi che questa gente è assetata di sangue?». Gesù non rispose e non alzò la testa. Barabba continuò: «Vigliacco, se mi avessi seguito... Se avessi combattuto con me, ora sarebbe Pilato a tremare al posto nostro».

Gesù alzò finalmente la testa, la girò verso Barabba, fece penetrare la luminosa dolcezza del suo sguardo negli occhi di lui, impregnati di odio.

Barabba restò colpito da quella dolcezza che non aveva mai visto in un occhio umano. Restò ammutolito con la bocca semiaperta, come se volesse chiedere ma non osasse. Poi fissò attentamente il suo viso ed ebbe la sensazione di vederlo per la prima volta e mormorò: «Ma tu chi sei?

Sei davvero...?», ma non continuò perché il suo turbamento svanì sentendo le parole urlate da Pilato con la sicurezza di chi conosce la risposta: «Allora decidete voi: volete liberare Gesù o Barabba?».

Ma il nome non fu Gesù. Esplose nell'aria il grido: «Barabba!». Pilato impallidì: pensò al sogno di Claudia, pensò che non poteva più non accontentare la folla, pensò che aveva tentennato troppo, pensò che era nei guai.

«Barabba... Barabba... Barabba...», continuava a gridare la folla. Ma Barabba non esultava, guardava invece Gesù che gli sorrideva sereno come se fosse lui a essere stato salvato. Si avvicinarono le guardie per liberarlo dal tormento delle catene, ma Barabba non si sentì libero. Affrontò con i suoi occhi lo sguardo di Gesù e domandò: «Perché io? Perché hai scelto me?». Le guardie lo spinsero verso la libertà, accompagnato dal sorriso dolce di Gesù che però continuava a tormentarlo: «Perché io... perché proprio io?».

Qui, lettore, comincia la storia della nuova vita di Barabba, ma questa è un'altra vicenda. Devi solo sapere che egli aveva letto la verità negli occhi di Gesù e da quel momento fu tormentato da una domanda: perché il figlio di Dio aveva scelto lui, fra tanti, per portare a termine la sua missione? Ma alla domanda Barabba non riuscì mai a dare risposta e visse dilaniato dal rimorso di avere mandato a morte, al posto suo, il figlio di Dio.

37

Il sole era alto e si abbatteva sulle teste della folla come se volesse cacciarla dalla piazza e spingerla al riparo nelle case. Mancavano due ore al pranzo e di solito le donne stavano già nelle cucine per cuocere il cibo, ma quella mattina i fuochi erano spenti e la gente continuava a uscire dalle case attratta dalle urla che arrivavano dalla piazza.

«Flagellatelo!», urlò Pilato sperando di saziare la folla con quel supplizio ed evitare così la condanna a morte. Le guardie si prepararono. Presero le armi che si usavano per il supplizio: bastoni fatti con osso di bue, bastoni fatti con legno rinforzato da uncini di ferro, bastoni trapassati da chiodi la cui punta era pronta a squarciare la pelle. Gesù era al centro della piazza. Gli strapparono di dosso la veste che lo avvolgeva, legarono le mani a un grande anello fissato alla sommità di una colonna, la "colonna dell'infamia", tendendogli le braccia al di sopra della testa a tal punto che i suoi piedi non toccassero il suolo e il corpo penzolasse senza forza.

Il supplizio incominciò. Uno, due, tre, quattro, cinque colpi... dati lentamente, come se le punte dei chiodi e degli uncini non dovessero staccarsi dalla pelle che già dal primo colpo avevano squarciato. Non si staccavano infatti, e il colpo seguente entrava ancora più in profondità. Il sangue riempì presto un buco nel terreno. La folla a ogni colpo gridava e incitava a colpire con più vigore. All'ottavo colpo Maria svenne tra la folla. La Maddalena sperò che non rinvenisse presto per non farle vedere la sofferenza del figlio. Ma lei rinvenne.

La folla non era sazia perché Gesù non urlava di dolore; solo un lamento usciva dalla sua bocca: flebile, lento, continuo, come una cantilena che si alzava nell'aria e si spargeva nella piazza con il suono di una musica di tristezza, non di tortura.

«Più forte... più forte!», gridava la folla convinta che il carnefice fosse troppo debole se dalla gola del prigioniero non uscivano urla disperate, come erano sempre uscite da tutti i flagellati implorando pietà. Il carnefice colpì più forte, ma l'urlo ancora non si sentì e quel lamento cominciò invece a torturare l'animo di molti che bisbigliarono: «Chi è quest'uomo?... Perché non soffre?...».

Invece soffriva: lo vedevano con gli occhi rivolti in alto, mentre muoveva le labbra per parlare; lo vedevano che si rivolgeva al cielo e diceva, diceva; lo vedevano, ma nessuno riusciva a sentire le sue parole, perché i colpi del bastone sul suo corpo facevano un rumore fragoroso che copriva la sua voce. Dopo quaranta colpi lo slegarono. Gesù crollò a terra. Sembrava svenuto, ma non lo era e riuscì a rialzarsi: la folla ammutolì all'improvviso domandandosi come quelle gambe lacerate potessero reggere il corpo.

«Allora, se sei un re, devi avere una corona da re», gridò un soldato alzando verso la folla un cespuglio di rovi spinosi. Li intrecciò e li chiuse a cerchio, a forma di corona. La folla tornò a urlare, dimostrando di gradire la novità. Il soldato poggiò la corona di rovi sulla testa di Gesù, la premette fino a bucare la pelle con le spine. Gli mise poi in mano una canna come fosse lo scettro, gli mise addosso un manto di porpora, colore regale e, per sbeffeggiarlo, piegò le ginocchia, fingendo di prostrarsi al suo cospetto e dicendogli: «Salve, o Re dei Giudei». Le altre guardie sfilarono una a una davanti a lui, ripetendo l'inchino e il saluto: «Salve, o Re dei Giudei». E, dopo l'inchino, ognuno gli dava una bastonata, o gli sputava addosso, o lo colpiva con un pugno.

Maria riprese i sensi proprio mentre Gesù, con il corpo piagato e insanguinato, veniva trascinato via dai carnefici. Gesù con un lembo del manto si asciugò il sangue, che aveva riempito i suoi occhi: voleva guardarla e fissare il suo sguardo per ricordarlo e portarlo dentro di sé. Lei tendeva le braccia verso di lui e seguiva con strazio profondo le orme di sangue che lasciavano i suoi passi.

Pilato, convinto che la folla fosse ormai sazia del disumano spettacolo, aveva ordinato di portarlo verso la prigione. Ma la folla alzò urla di protesta. «A morte... Sulla croce...».

Pilato esterrefatto, furioso, sfinito, gridò: «Prendetelo voi allora e crocifiggetelo. Io non trovo in lui nessuna colpa». I sacerdoti protestarono: «Noi abbiamo una legge e, secondo questa legge, deve morire, perché si è fatto figlio di Dio».

Pilato provò un fremito di paura. Si avvicinò a Gesù: «Chi sei? Non mi parli? Non sai che io ho il potere di metterti in libertà e il potere di metterti in croce?». E Gesù, guardandolo con gli occhi che non avevano perso la dolcezza, nonostante non fossero più azzurri, ma rossi di sangue, gli rispose: «Tu non avresti nessun potere su di me se non ti fosse stato dato dall'alto. Per questo chi mi ha consegnato nelle tue mani ha una colpa più grande».

Pilato provò sgomento non capendo il significato di quelle parole così misteriose e voleva più che mai liberarlo. Ma la folla gridava: «Se liberi costui, non sei amico di Cesare! Chiunque infatti si fa re, si mette contro Cesare». Il grido lo fece rabbrividire: lo stava accusando di tradimento. Si alzò un altro grido: «Non abbiamo altro re che Cesare».

Prima che scoppiasse una rivolta, Pilato si arrese. Però si fece portare un catino pieno di acqua da un servo. Vi immerse le mani e le lavò. La folla mormorò: «Non vuole avere le mani sporche del suo sangue. Si tira indietro». E infatti Pilato alzò la voce chiara e scandita: «Non sono responsabile di questo sangue. Vedetevela voi». E un altro grido si alzò dalla folla sollevando Pilato dal rimorso: «Il suo sangue ricada sopra di noi e sopra i nostri figli».

Pilato, rassegnato e deluso, annunciò scuotendo la testa: «Condanno Gesù di Nazaret alla crocifissione!».

Maria svenne di nuovo. Giovanni e la Maddalena la sollevarono, aiutati da altre donne amiche.

Pilato entrò nel suo appartamento sconvolto, ma ancora più si sconvolse quando si accorse che Claudia era scomparsa. Pensò al racconto del sogno e cominciò a sudare, tremando di paura. Infatti, da quel momento, non la vide più e nessuno ne seppe più nulla: si racconta che lei, sconvolta dalla decisione del marito, se ne andò da Gerusalemme, diventò cristiana e si unì alla folla di seguaci di Gesù, senza mai farsi riconoscere.

38

Era quasi mezzogiorno di venerdì e, fuori dalle porte di Gerusalemme, tutto era pronto per la crocifissione sulla collinetta tondeggiante che gli ebrei, in aramaico, chiamavano Golgota, e che i romani in latino, chiamavano Calvario.

La gente stava arrivando lentamente in anticipo per prendere un buon posto dove vedere bene lo spettacolo. C'era anche un cimitero scavato nella roccia, dove venivano seppelliti i giustiziati, e dove c'erano pronte tre tombe vuote: una per Gesù e le altre per due ladroni che stavano per essere crocifissi con lui. Erano Tito e Dumaco: li ricordi, lettore? Li hai incontrati nel capitolo quinto: aggredirono Giuseppe, Maria e il bambino di quattro anni che tornavano dall'Egitto. Il furore di Tito si era placato davanti agli occhi del piccolo Gesù. Ed era accaduto l'imprevedibile: Tito salvò Maria dalla violenza di Dumaco. Ma poi non aveva cambiato vita ed era stato condannato alla crocifissione con Dumaco, perché insieme, durante una rapina, avevano ucciso una giovane donna ebrea e i suoi due figli. Gesù riconobbe Tito e, vincendo il dolore che gli paralizzava la faccia, riuscì a muovere le labbra per un sorriso di saluto. Tito non poteva riconoscerlo perché era bambino quando lo incontrò e non capì perché quell'uomo lo guardasse con la dolcezza di un fratello. Ma si sentì sollevato pensando che sulla croce lo avrebbe avuto vicino: "Forse non è il figlio di Dio, come dice, ma certo è un uomo buono". Duro fu invece Dumaco: «Proprio questo pazzo dovevano metterci vicino nel giorno della morte», disse ad alta voce, facendo in modo che Gesù lo sentisse.

A questo punto, lettore, devi anche sapere che la crocifissione era il supplizio più atroce che i romani conoscevano: i polsi e i piedi del condannato venivano legati alla croce. Poi venivano trafitti da lunghi chiodi piantati nelle carni finché si conficcavano nel legno. I nervi, i muscoli, i tendini e le ossa di tutto il corpo venivano straziati da atroci contraccolpi a ogni martellata dei carnefici. La croce, imbragata con corde, veniva poi alzata da terra e messa in posizione verticale, mentre il corpo del condannato, per gli scossoni, subiva altri dolori. La morte sopraggiungeva per la perdita di sangue o per soffocamento. L'agonia poteva prolungarsi fino a tre giorni, anche se il condannato spesso moriva prima, stroncato dalle sofferenze insopportabili. Le crocifissioni erano pubbliche: lo spettacolo serviva anche per spaventare tutti coloro che stavano per imboccare la strada dei reati. Per i romani, la crocifissione non era soltanto atroce, ma anche infamante perché il condannato agonizzava per ore esposto agli sguardi di tutti, deriso, insultato. Nessuno poteva confortarlo, perché era proibito a tutti avvicinarsi: i soldati, armati di spade e lance, tenevano gli "spettatori" a distanza. Le pietre e le immondizie lanciate dalla folla riducevano il condannato a un bersaglio senza dignità umana. Non si poteva morire peggio che sulla croce. Non si poteva scendere più in basso di chi finiva sulla croce.

Tre croci, dunque, erano pronte: una per Gesù, due per i ladroni. Intanto all'interno del pretorio, mentre la folla si disperdeva per dirigersi sul Golgota, i soldati strapparono a Gesù il manto regale, che gli avevano fatto indossare per schernirlo e lo rivestirono con la sua veste. Gli schiavi portarono le croci in legno e le gettarono ai piedi dei tre condannati. I carnefici ne sollevarono due e le caricarono sulle spalle di Tito e Dumaco che partirono per il Golgota, seguiti dai soldati romani.

Ma la folla lungo la strada era distratta al loro passaggio: aspettava il terzo condannato.

Gesù era ormai senza forze ma questo non impedì ai soldati romani di caricargli con violenza la croce sulla spalla destra e di ridere fragorosamente quando lo videro barcollare. Poi, ancora impietosamente, lo spinsero a muoversi con il suo peso sulla spalla. Si misero in marcia con lui le guardie dei sacerdoti e i soldati romani. Erano sulla strada principale della città verso la cima del Golgota: un percorso di un chilometro. Precedeva il corteo un trombettiere che proclamava a ogni crocevia la sentenza di morte. Qualche passo indietro c'erano i servi con funi, chiodi e altri strumenti per la croce.

Gesù camminava, curvo e ferito in tutto il corpo, con i piedi nudi e sanguinanti tra la folla in fila ai bordi della strada. Molti gli lanciarono contro insulti, sassi, sputi e immondizie, dalle finestre e dalla strada.

Esausto per la fatica, per il dolore, per il sole, Gesù cadde sotto il peso della croce. «Rialzatelo, altrimenti morirà prima della crocifissione!», ordinò il capo dei soldati. E Gesù si rialzò sollevato con violenza dalle guardie dei sacerdoti che aggiunsero dolore al dolore. Maria sentì il suono delle trombe che annunciavano il passaggio del corteo diretto al Golgota. «Giovanni», implorò, «portami da lui. Voglio vederlo». Giovanni tentò di fermarla. «Restiamo qui. Se ci vede, aggiungerai al suo dolore anche lo strazio di vederti soffrire».

«Sarò forte, non sverrò, non piangerò. Sarò forte, prometto, ma portami, Giovanni».

Maria e Giovanni scesero sul bordo della strada, seguiti dalla Maddalena. Videro passare il trombettiere e i soldati con gli arnesi del supplizio. Maria non riuscì a mantenere la promessa: cominciò a tremare, a piangere, a lamentarsi: «Povero figlio mio».

«Chi è quella donna che tanto si lamenta?», chiese uno tra la folla. Qualcuno la riconobbe: «È la madre del Galileo». La folla la derise indicandola. Uno le mostrò ridendo i chiodi che sarebbero serviti per la crocifissione. Lei si sentì svenire, ma non svenne perché voleva vedere passare Gesù, che dopo poco comparve barcollante, sanguinante, coronato di spine, sotto la pesante croce. Lei si asciugò le lacrime e lo guardò con fierezza e con orgoglio. Lui la vide attraverso il sangue che appannava le sue pupille. La guardò con tristezza ma trovò la forza per disegnare sulle sue labbra un dolce sorriso. Era il suo saluto e lei lo ricambiò con un bacio che appoggiò sulla mano e che poi gli mandò con un soffio spinto dalle labbra.

Gesù la cercò ancora tra la folla ma non la vide. Provò sollievo perché sentiva che le gambe non lo reggevano più e non voleva mostrarsi a lei per terra. E infatti cadde.

Mentre lo rialzavano, le guardie dei sacerdoti giudei

mormorarono: «Questo qui non ce la fa. Non arriverà lassù se qualcuno non lo aiuta a portare la croce».

Passò in quel momento, con i figli Alessandro e Rufo, Simone detto il Cireneo, perché era nato a Cirene, in Libia. Simone faceva l'agricoltore e stava tornando dal suo lavoro in campagna. Era un pagano: le guardie dei sacerdoti lo capirono per gli abiti che indossava e pensarono: "Noi non possiamo aiutare un uomo condannato dai romani, soprattutto sotto la Pasqua. Saremmo contaminati. Ma lui che è pagano può". E lo costrinsero ad aiutare Gesù a portare la croce.

Simone non fu contento dell'imposizione e cercò di rifiutare, ma mentre discuteva, gettò lo sguardo sul corpo di Gesù e ne provò una profonda pietà. Non protestò più e aiutò Gesù a portare la croce. Fecero non più di duecento passi insieme, quando incrociarono lungo i bordi della strada un gran numero di donne che si battevano il petto in segno di dolore. «È terribile quello che state facendo a quest'uomo», gridavano. «È terribile». Gesù riuscì a trovare la forza di ringraziarle con un cenno delle labbra. Ma il suo sorriso scomparve subito appena vide chi erano e disse con una voce flebile che solo a pochi riuscì ad arrivare: «Figlie di Gerusalemme, non piangete su di me, ma piangete su voi stesse e sui vostri figli. Ecco, verranno giorni nei quali si dirà: beate le sterili e i grembi che non hanno generato e le mammelle che non hanno allattato. Allora cominceranno a dire ai monti: cadete su di noi! e ai colli: copriteci! Perché, se trattano così il legno verde, che avverrà del legno secco?».

Nessuno capì. Ma devi sapere, lettore, che molti anni dopo la vicenda che i tuoi romanzieri stanno raccontando, l'imperatore Tito distrusse Gerusalemme e che molte di quelle donne con i loro figli persero la vita: Gesù, secondo molti storici, conoscendo gli avvenimenti futuri, aveva avuto pietà per quelle donne ignare del destino che le attendeva.

Una di quelle donne, Serafia, con un velo in mano, d'impeto si fece largo tra la folla e sbarrò la strada a Gesù: i soldati non erano riusciti a fermarla. Serafia, sconvolta dalla compassione, prese il velo che aveva in testa e disse: «Voglio tergere il volto del mio Signore!». E, con il velo, asciugò delicatamente il sangue e il sudore sul viso di Gesù.

I soldati allontanarono Serafia, che baciò il velo e lo nascose sotto il suo mantello; poi tornò a casa. E a casa scoppiò in lacrime quando vide che sul velo era rimasta impressa l'immagine del volto di Gesù. Da allora Serafia venne chiamata Veronica: nome mezzo latino ("vera") e mezzo greco ("ikon") che significa "vera immagine".

Gesù cadde per la terza volta, mentre Simone il Cireneo tentò invano di sorreggerlo. Ma ancora una volta si alzò, fece ancora pochi passi e arrivò sul Golgota.

Lì i soldati gli offrirono da bere del vino mescolato con mirra. Fu l'unico barlume di pietà dei carnefici: quella bevanda inebriante era una specie di anestetico, perché il condannato, stordito dal vino mirrato, sentiva un poco meno il dolore del supplizio. Ma Gesù rifiutò di bere. «Berrò invece fino in fondo il calice amaro, questo che è pieno della sofferenza», mormorò pronto a sopportare il dolore.

Era mezzogiorno. Gesù fu spogliato. Gli lasciarono solo uno straccio intorno ai fianchi per coprire le sue nudità.

«Vieni, gran re, prendiamo le misure per il tuo trono!»,

risero i carnefici mentre lo mettevano sulla croce che era distesa per terra. Gli tirarono le braccia e le gambe fino a slogarle. E gli spezzarono le ossa, facendo schizzare il suo sangue, e conficcandogli a martellate nei polsi e nei piedi enormi chiodi. Non un grido uscì dalla sua gola, ma il viso si contrasse in una smorfia di dolore e i denti si affondarono nelle labbra fino a farle sanguinare.

Tutti videro quanto stava soffrendo e tutti si aspettavano di sentirlo gridare per fare uscire il dolore dal suo corpo. Ma non gridò mai; e fu allora che la folla si zittì. Anche i più scalmanati restarono ammutoliti domandandosi: "Come può soffrire così tanto senza urlare? Chi gli dà tanta forza?". E furono assaliti dal dubbio: "Se fosse veramente il figlio di Dio...". E il dubbio li fece tremare.

Quando il corpo di Gesù fu legato saldamente al legno, i carnefici issarono la croce in verticale, sentendo tutte le ossa del suo corpo scricchiolare. Nel terreno era pronta una buca profonda: vi immersero il palo verticale della croce, e la riempirono di terra. Per fissare il palo saldamente, bagnarono abbondantemente il terreno.

Gesù dalla croce guardava in terra i suoi carnefici e il suo lamento non era di sofferenza ma di preghiera: «Padre, perdonali, perché non sanno quello che fanno».

I soldati romani strapparono il suo mantello in quattro parti e ne presero una per uno, come trofeo. La tunica di Gesù era invece senza cuciture, tessuta tutta d'un pezzo. «Non vale la pena rovinarla. È il trofeo più grosso. Non stracciamola, ma tiriamo a sorte a chi tocca», dissero. E se la giocarono a dadi.

Tenuta a distanza dai soldati, la folla stava a guardare.

Molti stavano in silenzio con gli occhi velati di lacrime; solo qualcuno lo schernì: «Ha salvato gli altri, salvi se stesso, se è il Cristo di Dio, il suo eletto». Altri ancora, scuotendo il capo, gridarono: «Tu che distruggi il Tempio e lo ricostruisci in tre giorni, salva te stesso! Se tu sei figlio di Dio, scendi dalla croce!».

Anche i sacerdoti lo schernirono: «Ha salvato gli altri, non può salvare se stesso. Se è il re d'Israele, scenda ora dalla croce e gli crederemo. Ha confidato in Dio; lo liberi lui ora, se gli vuole bene. Ha detto infatti: "Sono figlio di Dio!"».

Giovanni sentì, li fulminò con gli occhi e disse con voce commossa ma severa: «Non capite. Non può scendere dalla croce. Era scritto nelle Scritture. Ci sta mostrando la sofferenza fino alla fine perché solo così capiremo quello che stiamo facendo. Soffre per farci comprendere, per farci cambiare. Soffre per mostrarci quanto dobbiamo patire anche noi, in silenzio, per salire nel Regno dei Cieli».

Le parole di Giovanni passarono di bocca in bocca tra la folla. E nessuno ebbe più il coraggio di schernire, di inveire, di gridare. Ai piedi della croce finalmente scese un silenzio irreale che dentro tutti provocava un dolore straziante. Capirono che il silenzio del dolore fa più male del grido di dolore.

Dumaco, il ladrone appeso sulla croce alla sua destra, gli gridò disperato: «Non sei tu il Cristo? Salva te stesso e anche noi!». Tito, l'altro ladrone, lo fermò con un soffio di voce dolcissimo: «Taci, Dumaco. Lui è condannato alla nostra stessa pena. Ma per noi è giusto, perché riceviamo il giusto per le nostre azioni. Egli invece non ha fatto nulla di male». Poi trovò la forza per girare la testa verso Gesù e mormorò: «Gesù, ricordati di me quando entrerai nel tuo regno». Ma pensò che non l'avesse sentito perché la sua voce era troppo debole.

Ma Gesù sentì e trovò la forza per rispondergli ad alta voce per farsi sentire: «In verità ti dico, oggi sarai con me nel Paradiso».

Gesù vide la madre tra la folla. Stava ancora abbracciata alla Maddalena e a Giovanni. «Donna, ecco tuo figlio!», mormorò Gesù indicando Giovanni con gli occhi: lei non udì le parole ma le comprese osservando il movimento delle sue labbra. Comprese anche Giovanni quando lui gli disse: «Ecco tua madre! Giovanni, d'ora in avanti prenditi tu cura di lei come un figlio, al posto mio». Maria non voleva che lui la vedesse piangere e tratteneva il pianto. Ricordò le sue paure quando era bambino, quando sapevano solo lei e Giuseppe che era il figlio di Dio, quando non voleva neanche parlarne perché temeva quel che sarebbe successo. E ora stava vedendo quel che fin dall'inizio non poteva evitare che accadesse. E, mentre ricordava, sentì il suo cuore salire su quella croce.

Improvvisamente il sole cocente scomparve fra nuvole nere che in pochi attimi portarono la notte in pieno giorno. Era poco più di mezzogiorno e il buio durò fino alle tre del pomeriggio, seminando panico tra la folla e tra i soldati. Gesù sentiva che le poche forze rimaste si stavano separando dal suo corpo. Il suo respiro si fece affannoso: «Dio mio, Dio mio, perché mi hai abbandonato?», mormorò.

Poi guardò un soldato che sotto la croce era terrorizzato dal buio e impietosito dal suo corpo martirizzato. Gesù si fece sentire con quel poco di voce che gli restava: «Ho sete». Il soldato stava accanto a un vaso pieno di una bevanda dissetante fatta di acqua e aceto, che i romani chiamavano "posca". Vi immerse una spugna che, quando fu imbevuta, pose in cima a una canna che accostò alla bocca di Gesù per dargli da bere.

Gesù sorrise al soldato. Toccò con le labbra l'acqua e l'aceto, poi mormorò: «Tutto è compiuto! Padre, nelle tue mani consegno il mio spirito».

Reclinò la testa e morì. Aveva trentatré anni.

La storia finisce qui, lettore. E, come quella che ti abbiamo raccontato nell'altro libro *La grande storia di padre Pio*, anche questa ci lascia con gli occhi umidi e il cuore triste. Ma asciughiamo i nostri occhi, perché, come tu sai, la storia è solo all'inizio: Gesù risorge e sale nel Regno dei Cieli, accanto al Padre; i suoi apostoli portano le sue parole tra la gente; e nasce il pensiero di fede che cambia la storia dell'uomo.

È quel pensiero che ascolti ogni volta che entri in Chiesa per la Messa e che ti regala sollievo nei momenti difficili della vita. È quel pensiero che ti porta a pregare, convinto che sarai ascoltato. È quel pensiero che ti fa provare rimorso, quando sai che con le tue parole o il tuo comportamento hai ferito qualcuno.

Tuttavia, quando stai nella Chiesa, il tuo cuore non è mai allegro, perché guardi davanti a te e vedi quel corpo inchiodato sulla croce che non ti lascia dimenticare quel che accadde nella vicenda che hai appena letto. Vorresti cancellare quella visione e vederne un'altra: Gesù che risorge. Ma, se la vedessi, dimenticheresti quanta sofferenza sa procurare l'uomo. Se la vedessi, non capiresti quanto poca è la tua sofferenza di fronte a ciò che subì la dolce figura sulla croce con il sangue che colora il suo corpo. Se la vedessi, saresti spinto a fare festa nella Chiesa perché sarebbe la casa della gioia: ma la gioia puoi trovarla ovunque. Lì dentro invece devi stare in silenzio per trovare l'altra gioia: quella dell'anima. E la trovi anche quando non hai seguito ciò che quella croce insegnò, perché ricordi bene che lui disse: «Chi è senza peccato scagli la prima pietra». Infatti accolse anche Tito, un ladrone e un assassino, assicurandogli: «In verità ti dico, oggi sarai con me nel Paradiso».

La storia qui può proprio finire, lettore, perché il sorriso sulle tue labbra può prendere il posto della lacrima.

Molti anni dopo...

Pietro	crocifisso a testa in giù a Roma da Nerone
Andrea	flagellato e ucciso su una croce a X a Patrasso
Giacomo	decapitato a Gerusalemme
Filippo	inchiodato a un albero a testa in giù a Hierapolis
Bartolomeo	scorticato a frustate a Licaonia
Tommaso	ucciso a pugnalate in India
Matteo	martirizzato e ucciso a colpi di spada in Etiopia
Giacomo il Minore	lapidato e finito a bastonate a Gerusalemme
Taddeo	ucciso a bastonate per ordine dei sacerdoti a Suamyr (Persia)
Simone Zelota	giustiziato in Terra Santa
Giovanni	l'unico a morire di morte naturale in Turchia. Ma prima dovette subire un atroce martirio: a Roma fu immerso in una vasca di olio bollente

Fonti

LIBRI: *Inchiesta su Gesù*, Corrado Augias, Mauro Pesce, Mondadori – *Vita di Gesù*, Ferruccio Parazzoli, Oscar Mondadori – *L'uomo Gesù*, Adriana Destro, Mauro Pesce, Mondadori – *Vita di Gesù*, a cura di Francesco Grisi, Ernest Renan, Biblioteca Economica Newton – *Io, Gesù*, Gilbert Sinoué, Neri Pozza – *La congiura contro Gesù*, Gordon Thomas, Armenia – *Un uomo tradito*, Jean-Yves Leloup, Edizioni Arkeios – *Ben Hur*, Lewis Wallace, Gherardo Casini Editore – *Vita di Gesù Cristo*, Giuseppe Ricciotti, Mondadori – *La Sacra Bibbia*, Libreria Editrice Vaticana – *Gli apocrifi del Nuovo Testamento*, a cura di Mario Erbetta, Marietti – *Le parole dimenticate di Gesù*, a cura di Mauro Pesce, Fondazione Lorenzo Valla/Mondadori – *La vita di Gesù nelle visioni mistiche della beata Anna Katharina Emmerick* – *La dolorosa Passione di Nostro Signore Gesù Cristo*, Anna Katharina Emmerick, Editrice Shalom – *Vita e insegnamenti di Nostro Signore Gesù Cristo secondo le visioni della suora agostiniana Anna Caterina Emmerick*, Anna Katharina Emmerick, Edizioni Segno – *Gesù*, Klaus Berger, Queriniana – *Introduzione al Cristianesimo*, Eugen Biser, Borla – *Gesù e Yahvè. La frattura originaria tra Ebraismo e Cristianesimo*, Harold Bloom, BUR Biblioteca Universale Rizzoli – *Gesù ebreo*, Riccardo Calimani, Mondadori – *Gli albori del cristianesimo*, James D. Dunn, Paideia – *Gesù di Nazaret. Annuncio e Storia*, Joachim Gnilka, Paideia – *I personaggi dei Vangeli*, Louis Goosen, Bruno Mondadori – *L'essenza del cristianesimo*, Romano Guardini, Morcelliana – *Un ebreo marginale: ripensare il Gesù storico*, John P. Meier, Queriniana – *Ipotesi su Gesù*, Vittorio Messori, Società Editrice Internazionale – *Gesù di Nazaret*, Joseph Ratzinger, Rizzoli – *Gesù e la sua gente*, Paolo Sacchi, Edizioni San Paolo – *La persona di Gesù Cristo nei quattro Vangeli*, Rudolf Schnakenburg, Paideia – *Indagine su Gesù*, Antonio Socci, Rizzoli – *Il Gesù storico.*

Un manuale, Gerd Theissen, Annette Merz, Queriniana – *Commentario teologico del Nuovo Testamento*, Paideia – *Grande lessico del Nuovo Testamento*, Paideia – *La storia di Gesù*, Rizzoli – *Nuovo grande commentario biblico*, Queriniana.

DVD: *Gesù di Nazaret*, Franco Zeffirelli – *La più grande storia mai raccontata*, George Stevens.

La grande storia di padre Pio

dagli stessi autori

SANDRO MAYER e OSVALDO ORLANDINI

È una vita fuori dal comune quella che scorre nelle pagine del libro, la storia di un uomo che al secolo si chiamava Francesco Forgione e visse dal 1887 al 1968. Il mondo lo conosce come padre Pio da Pietrelcina, il suo volto è raffigurato in ogni dove, ma, a quarant'anni dalla morte, sulla sua vicenda umana rimane ancora molto da dire, molto da sapere. Soprattutto se si accantona qualsiasi intento apologetico o, viceversa, ogni pregiudizio. Con accuratezza e rigore, Sandro Mayer e Osvaldo Orlandini ricostruiscono avvenimenti, dettagli, contesto culturale "in presa diretta", come se scoprissero padre Pio insieme ai loro lettori. Ripercorrono la sua vera esistenza sullo sfondo della grande Storia del nostro Paese. E lo fanno con sensibilità e partecipazione, con un linguaggio che parla al cuore. Partendo dai documenti di cronisti e dalle testimonianze dirette, gli autori rendono viva la materia storiografica immaginando anche dialoghi, sensazioni, sguardi, movimenti. Più romanzo storico che biografia tradizionale dunque: con uno stile trasparente, chiarissimo, coinvolgente, i fatti sono narrati come se stessero avvenendo proprio ora. Così chi legge avrà finalmente la possibilità di conoscere davvero Francesco Forgione, di sapere come diventò padre Pio; entrerà in punta di piedi nella sua quotidianità e nel mistero luminoso della sua santità.

CAIRO EDITORE